팀장의 꿋

팀장의 꽃

초판 1쇄 인쇄 2023년 2월 17일
초판 3쇄 발행 2023년 5월 22일

지은이 고태현, 김은주, 안나은, 이상현, 이정희, 한길화, 한숙기

편집 정은아

디자인 바이텍스트
마케팅 임동건
마케팅 지원 안보라, 김미나
경영지원 이지원

펴낸이 최익성
출판 총괄 송준기
펴낸곳 파지트
출판등록 2021-000049호

제작지원 플랜비디자인

주소 경기도 화성시 동탄원천로 354-28
전화 031-8050-0508   **팩스** 02-2179-8994
이메일 pazit.book@gmail.com

ISBN 979-11-92381-33-6   03320

차이를 만드는 리더의 7가지 도구

팀장의 끗

Leading the Team

고태현·김은주·안나은·이상헌
이정희·한길화·한숙기 지음

성공과 실패를 결정하는 팀장의 한 끗

pazit

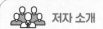 저자 소개

고태현(Heather) | 모두가코치가되는세상 대표 | PCC, KPC
사람을 세우는 일을 소명으로 알고, 넘어진 리더를 도와주기 원하며 모두가 코치가 되는 세상을 꿈꾸는 코치입니다. 지난 10여 년간 전문코치로서 직장인, 커플, 대학생, 학부모들을 대상으로 자기분석을 통해 이루어지는 커리어, 라이프 코칭을 제공해왔고 코칭적 기법을 적용하여 고객이 원하는 영어 구사 수준까지 도달하도록 돕는 영어 코칭도 진행하면서 총 2,500시간 이상 코칭했습니다. 그리고 최근에는 중소기업 자문 코칭과 임원 코칭으로 비즈니스 영역을 확대하고 있습니다.
현재 모두가코치가되는세상 대표이며, 한국코칭학회 상임이사, 커리어컨설턴트협회 이사, 한국코치협회 스포츠멘탈연구회 전문위원입니다. 개발 프로그램으로는 '스몰 미라클 코칭' 워크숍(Small Miracle Coaching Workshop)', '헤더스 코칭쇼(Heather's Coaching Show)', '셀프 코칭을 위한 시간(Self-coaching Time)', '코칭으로 러닝(Coaching to Learning)', '영어학습을 위한 코칭'이 있습니다. 《리더십을 위한 코칭(Coaching for Leadership)》과 《쿼바디스-팬데믹 시대, 죽음과 리더의 실존적 도전(Quo Vadis?)》를 번역하였고 《영어학습을 위한 코칭》 프로그램 교재와 《스몰 미라클 코칭》 워크북을 집필했습니다. 매달 '헤더스 코칭쇼'와 '맨프레드 리더십론과 코칭' 프로그램을 진행하고 있으며, 브런치에서 《셀프 코칭을 위한 시간》을 연재 중입니다.
한스코칭 비즈니스코칭 2기 연구위원
https://www.everyoneisacoach.com | E-mail: lifetreecoach@gmail.com

김은주(Emma) | 유레카-스페이스 대표 | KPC
다양한 심리평가도구를 활용한 자기 이해, 자기계발, 역량개발을 위한 교육 및 코칭 활동을 통해 개인과 조직의 행복한 변화와 성장을 돕고 있습니다. 교육심리와 상담심리 전공을 통해 인간에 대한 이해와 심리평가의 전문성을 갖추고 이후 심리평가 전문기관인 어세스타에서 20년 넘게 연구소장으로 근무하였습니다.
MBTI, CPI, NEO-PI Big 5, STRONG, TKI, Firo-B 등 글로벌에서 인정받고 있는 대표적인 심리검사도구의 Training for Trainer 전문가로, 검사개발과 전문가 양성을 진행해왔고, 검사를 활용한 리더십 개발 프로젝트 및 역량개발 퍼실리테이터로 활동하였습니다.
유레카-스페이스의 대표로 '모든 인간은 무한한 가능성을 가지고 있다'는 코칭의 핵심 철학에 따라 다양한 심리검사도구를 활용하여 리더의 자기 인식을 돕고 자기다움으로 자신의 강점과 가능성을 극대화할 수 있도록 돕는 유레카 코치로 활동하고 있습니다.
한스코칭 비즈니스코칭 2기 연구위원
E-mail: getnewej@naver.com

안나은(Na-eun) | People Team
개인과 조직의 성장을 돕는 코치(KPC)&퍼실리테이터

대학에서 교육공학을, 대학원에서 경영학을 전공하고 대기업에서 20년 가까이 조직생활을 해왔습니다. 마케팅, 재무, 인사 업무를 두루 경험해왔지만 가장 오랜 기간, 가장 애정하는 업무는 사람을 대하는 일이었고, 다양한 인재개발과 조직문화 프로젝트를 진행해왔습니다. 리더십/온보딩/직무 역량 개발 프로그램 기획 및 운영, 역량 모델링, 역량진단과 리더십진단 개발, 조직문화 프로그램 기획 및 운영 프로젝트들을 직접 경험하며 리딩해왔고, 현재는 리더십 코치 및 퍼실리테이터로도 활동하며 전문 영역을 넓히고 있습니다. 신입사원부터 임원까지 모든 구성원들이 조직 내에서 더 의미 있게 기여하며, 서로를 존중하며 일할 수 있는 조직을 만드는 데 일조하고자 노력 중입니다.
한스코칭 비즈니스코칭 2기 연구위원
E-mail: betterway@naver.com

이상현(Kai) | Buzzvil Product Manager | KPC

그저 애자일을 잘 실천하고 싶었습니다. 애자일을 처음 접했을 때 '이거다' 싶었습니다. 불확실성 높은 현실에서 이것만 한 전략이 있을까 싶은 마음에 애자일 방법론과 도구들을 닥치는 대로 공부했습니다. 그런데 막상 잘 안 되었고, 공부가 부족해서라고 생각했습니다. 스크럼이나 XP, 칸반 같은 방법론을 더 공부해도 변하는 건 그다지 없었습니다. 답답한 마음에 애자일 선언문을 다시 읽다 눈에 띈 게 '개인(individuals)'이었습니다. 애자일 원칙과 가치에서 왜 '개인'들을 중요시했을까를 생각하다 보니 일은 결국 사람, 즉 '개인'이 하는 것이었습니다. 주체로서의 한 개인에 대한 이해 없이 방법론만으론 안 된다는 걸 알게 된 것입니다. 이때부터 코칭, 퍼실리테이션, 조직문화 등을 공부했고 이런 것들의 근간이 되는 이론들을 공부하고 실천하기 시작했습니다. 그제야 뭔가 좀 돌아가기 시작했습니다. 여전히 삐걱거리긴 하지만 이 삐걱거림의 이유를 이해하고 받아들일 수 있게 된 것입니다.
현재는 스타트업에서 제품 관리자(Product Manager)로 일하면서 코칭과 애자일 철학을 실천하며 개인과 조직의 변화를 돕고 있습니다. 인간답게 일하면서 성과 내는 방법을 늘 고민하며 실험하고 피드백 받기를 반복하고 있습니다.
한스코칭 비즈니스코칭 2기 연구위원
E-mail: sanghyun.lee8209@gmail.com

이정희(Nanna) | HNOplus 대표 | KPC

'홍익인간'을 삶의 모토로 가슴에 품고, 개인과 조직을 이롭게 하는 일에 좋은 도구가 되고자 노력해왔습니다. 99.9퍼센트 순도 높은 코치의 삶을 지향하며, 앎과 삶이 일치하는 진정성 있는 온전한 모습으로 존재하고자 합니다. 광운대학교에서 코칭심리(석, 박사)를 전공하였으며, 개인과 조직의 행복한 변화와 성장을 돕는 전문코치와 퍼실리테이터로 활동 중입니다. 현대자동차그룹, 삼성, SK하이닉스 등 조직문화 개선 및 리더의 코칭 리더십 개발을 돕고 있으며, 코칭의 영향력을 현장에서 검증하고자 노력하는 코칭심리 전문가입니다.
사람을 이롭게 하는 좋은 도구는 끊임없이 연마되어야 하고, 그 수련 과정은 곧 삶이며 기쁨입니다. 난나(Nanna)는 '나는 나(I'm myself)', '나은(Better) 나', '나는(Flying) 나'가 되기 위해 오늘도 정진 중입니다.
한스코칭 비즈니스코칭 2기 연구위원

E-mail: jhyah@naver.com

한길화(Kira) | 인사조직개발 전문가 | 등대지기 성장 코치

등대처럼 지지하고 기를 세워주며 성장을 돕는 코치가 되고자 수련 중입니다. 대학에서 영문학과 경영학을, 대학원에서 Global HRD를 전공하였습니다. 국내 대표 서비스 기업에서 인재개발 업무를 시작으로 물류, IT, 안전 인증, 반도체의 다양한 산업 군의 글로벌 회사에서 인재개발 및 조직개발에 집중하여 역량을 쌓아왔습니다. 현재 HR Business Partner로서 현장형 코치로 활발히 활동 중입니다.
23년 동안 성과중심의 인사를 실천해오면서 조직개발과 성과 향상을 위한 다양한 솔루션과 프로그램을 찾고 조직에 적용해왔습니다. 코칭을 만나면서 성과의 핵심은 성장임을 깨달았습니다. 리더가 성장 마인드셋을 바탕으로 코칭 커뮤니케이션을 실천하는 코칭 리더십을 발현할 때 직원과 리더의 신뢰가 형성되고 직원 몰입과 성과 향상의 선순환이 형성됨을 체험하고 있습니다. 인사 전문가이자 비즈니스 전문 코치로서 리더와 조직의 성장을 도우며 조직 현장에서 코칭 문화를 구축하고자 노력하고 있습니다.
한스코칭 비즈니스코칭 2기 연구위원

E-mail: kira0807@naver.com

한숙기 | 한스코칭 대표

조직 리더를 위한 리더십 개발 및 코칭 전문가로, SK, LG, 삼성, 현대 등 한국의 대표적 그룹 사와 글로벌 기업들과 함께 일해왔습니다. Leader-as-coach 프로그램의 한국화 프로젝트 를 글로벌 맥락에서 진행했으며 코칭의 나라별 현지화 과정을 리딩하는 마스터 코치의 경험 도 쌓았습니다. 세계 최고 명성의 코칭 훈련 프로그램 '코액티브 코칭(미국 CTI사)'의 한국 파 트너이자 core curriculum 5단계를 리딩하는 유일한 한국인 리더입니다. 또한 GROW 모델 의 창시자 John Whitmore 경의 영국 PCI사 Asia-Pacific 대표 리더입니다. 최고경영자에서 실무형 중간리더까지, 각 레벨에 맞는 역량개발 및 코칭 전략을 수립하고 프로그램을 개발 해왔습니다. 각 기업에 맞는 코칭 도입 전략을 수립하는 데 강점이 있습니다. 기업 전문 코치 를 양성하기 위해 《비즈니스 코칭 연구 과정》을 개발했고 연간 운영 중입니다. 최초의 임원 코칭 사례집인 《임원코칭의 블랙박스》를 번역 출간했으며 한국코치협회에서 수여하는 올해 의 코치상(2018년)을 수상했습니다.

www.hanscoaching.com | E-mail: star@hanscoaching.com

어떤 조직이든 팀장은 있습니다. 누군가는 팀장을 거쳐 갔고, 누군가는 지금 팀장이며, 누군가는 미래의 팀장입니다. 팀장은 직원과 경영진을 잇는 다리로 최고경영진의 전략이 실행되도록 팀을 움직이며, 또한 현장의 상황을 상부로 전달하여 적절한 의사결정이 이루어지도록 합니다. 그래서 우리는 팀장을 조직의 허브라고 지칭했습니다. 현재 팀장이라면, 그리고 앞으로 팀장을 준비하고 있다면 고려해야 할 내용을 7개의 장에 걸쳐서 단계별로 기술하였습니다.

최근 코칭의 가치를 인식하는 기업이 많아지고 있습니다. 리더에게 코칭 리더십을 교육하는 것이 리더 개발에서 빼놓을 수 없는 핫 아이템이 됩니다. 신임 팀장의 필수 교육으로 코칭 스킬 과정을 제공하거나, 주 1회 또는 월 1회 피드백을 정례화하는 조직이 늘고 있습니다. 원온원 미팅을 통해 구성원에게 진정한 관심을 표현하라고 합니다. 수시 피드백을 통해 성장 대화를 나누라고 합니다. 개인별 동기부여 대화를 통해 2030의 자발성을 이끌어내지 않고는 성과에 한계가 있기 때문입니다. 코칭리더십은 아름다운 동시에 파워풀합니다. 조직의 관점과 개인의 욕구, 임파워먼트와 피드백, 직접적 도전과 개인적 지지를 두루 담는 연금술입니다.

그렇다면 코칭 리더십은 현실에서 얼마나 작동할까요? 워라밸에 진심인 구성원의 칼퇴 후 혼자 남아 시간과 싸워야 하는 팀장, 승진이나 좋은 성과에는 노골적으로 관심 없다는 2030세대와 감정 교류 없이 일하는 팀장, 부족한 점을 꼭 집어 알려줄 피드백 스킬이 부족해 머뭇거리는 팀장, 딱 시킨 것만 하는 구성원에 대해 믿음을 갖기 힘든 팀장…. 한마디로 시간 부족, 감정 부족, 기술 부족, 믿음 부족은 오늘날 팀장의 일상을 지배하는 4대 부족입니다. 그들의 변화를 어떻게 도와야 할까요? 많은 고성과자가 리더를 기피하고 있고, 맡더라도 리더로서 자신의 역량을 믿지 못합니다. 특히, 성과 내기는 잘하지만 사람 관리의 어려움을 호소하는 분들이 많습니다. 자신을 사람 관리 못 하는 리더로 규정해버리고 아예 노력을 포기하는 경우가 많아 안타깝습니다. 모든 사람은 좋은 팀장이 될 수 있습니다. 적어도 지금보다 더 나은 팀장이 될 수 있습니다. 이 믿음이 이 책을 쓰게 한 강력한 동기입니다.

구글 산소 프로젝트의 결과가 말해주듯, 리더가 어떠하냐에 따라 조직 성과가 좌우됩니다. 리더가 자신의 역량을 잘 발휘하고 즐겁게 일하면 일터도 그렇게 됩니다. 리더를 세워주는 코칭은 리더 본인을 위해서뿐 아니라 조직을 위해서도 의미 있는 일입니다. 조직 리더를 성장시키는 일에 가치를 느끼는 일군의 사람들이 코치입니다. 가치를 느끼지만 쉽지 않습니다. 인간의 온전성을 믿는 철학은 아름답지만 변화의 임무는 녹록지 않습니다. 그들을 효과적으로 돕기 위해서는 많은 공부가 필요합니다. 그들의 눈높이에서 그들의 고민을 탐구하기 위해 지난 8개월간 함께 모여서 공부했습니다.

이 책의 저자들은 한스코칭의 〈비즈니스 코칭 연구과정〉 2기 참가자들로, 함께 한 8개월간의 학습 여정을 글의 형태로 바꾸고자 뜻을 모았습니다. 각자의 리서치와 공동의 토의 과정을 글에 담았습니다. 조직의 허브라 할 수 있는 팀장을 타깃으로 하여 일곱 가지 주제를 선정했습니다. 하는 일이 이미 사내코치인 글로벌 기업의 HR 비즈니스 파트너, 4,000시간 이상의 성과 워크숍을 진행해온 퍼실리테이터 겸 코치, 애자일 방식을 지향하는 스타트업 비즈니스 리더, 세계를 리딩하는 초일류 기업에서 구성원 육성 업무를 하는 HRD 리더, 사명으로 코칭 비스니스를 이끌고 있는 19년 차 코치, MBTI/CPI 등 대표적 진단 도구와 코칭을 연결하는 진단 전문가, 내면 탐구에 의한 자기 발견을 통해 개개인의 코칭 리더십을 강화하는 리더십 코치.

이 팀은 강점이 있습니다. 조직 내 코칭의 여러 이해관계자가 들어간 훌륭한 조합입니다. 코치의 입장에서뿐만 아니라 HR의 입장이나, 리더의 입장에서 사안을 보고 성장 솔루션을 찾으니 균형감을 유지할 수 있었습니다. 리더가 알아야 할 코칭 스킬을 제시하면서도, 코치가 강조하는 부분이 팀장에게 얼마나 현실적으로 보일지 고려했고, 리더들에게 바라는 조직/HR의 기대를 반영할 수 있었습니다.

여러 관점이 합해졌습니다. 리더의 성장이라는 공동의 목표에 대해 미묘하게 상이한 각자의 입장을 통합하니 더욱 견고한 해법이 되었습니다. 코칭은 끝이 없습니다. 완성이란 없습니다. 모든 과정이 배움이고 모든 고객이 경이입니다.

물론 이 책은 부족함이 많습니다. 언급된 사례에 공감이 잘 안 되거나 제시된 스킬이 빈약해 보일 수 있습니다. 실행 가능해 보이지 않는 해법도 있습니다. 이는 저자들의 역량과 경험의 한계인 동시에 개인화를 지향하는 코칭의 본래적 속성 때문일 것입니다. 동일한 사안에 대해 그게 누가 가진 사안이냐에 따라 해법이 다릅니다. 하나의 문제에 1,000개의 해법이 있고, 1,000개의 문제에 하나의 해법이 있습니다. 이러한 코칭의 맥락 의존성에도 불구하고 보편적인 방법론을 제시하려 했습니다. 싱거운 일반론이 아니라, 조금이라도 간이 들어간 체계적 내용을 담고자 했습니다. 완벽한 답이 아니더라도 이 책을 읽는 리더분들이 자신의 생각을 더해서 자신에게 맞는 해법을 만들어가는 단초가 되었으면 합니다.

　이 책은 크게 일곱 가지 주제를 다룹니다. 팀장에게 필요한 마인드셋, 소통의 핵심인 감정 다루기, 회고를 통해 하나의 팀 되기, 피드백으로 모두가 성장하기, 성장 중심의 평가 면담하기, 작은 자아를 극복하고 진정 영향력 있는 리더로 성장하기로 구성되었습니다. 어느 하나 소홀히 할 수 없는 팀장의 과업입니다. 팀장이 된 유능감보다 무력감이, 조직을 리딩하는 보람보다 중압감이, 사람들과 함께하는 즐거움보다 실망감이 크다면 이 책을 추천합니다. 이 책을 통해 나도 괜찮은 팀장이 될 수 있겠구나 하는 한줄기 자기 긍정성을 발견한다면 우리의 성공입니다.

　자신의 성과에 대해 스스로 책임지고 주도적으로 나아가는 조직, 부서의 경계를 넘어 서로 협업하는 조직, 거리낌 없이 자유롭게 의견을 나누며 솔루션을 찾아가는 조직, 일하면서 성과도 내고 성장도 하는 행복한 조직…. 이 모든 것의 시작은 자신을 신뢰하는 팀장님입니다. 그런 팀장님을 저희 7명의 코치가 온 마음으로 응원합니다.

한숙기

공동 저자 7명을 대신하여

차례

1장

'조직의 허브', 팀장으로 나아가기

01 시작, 설렘과 두려움 사이의 선택

02 3가지 전환, 3I Shifts

2장

관계의 시작,
감정

3장

단단한 팀,
팀워크

4장

성장과 성과를 위한 대화, 피드백

5장

어떻게 해도
어려운 평가

6장

함께 자라기,
C-Player

7장

나아가는 힘,
자기 자신

1장

'조직의 허브', 팀장으로 나아가기

01

시작, 설렘과
두려움 사이의
선택

시작의 계기

A 리더 자리가 공석이다. 나의 상사가 될 자리이다. 회사는 리더를 조직 안팎에서 찾고 있다. 수개월 동안 외부 후보자를 인터뷰했지만 조건이 딱 맞는 사람을 찾지 못했다. 빨리 리더 자리가 채워져야 조직이 안정을 찾고 성장 동력을 키울 수 있을 텐데…. 나도 빨리 내 업무에 집중해서 성과를 내고 싶다. 헤드헌터는 내부 사정을 잘 아는 나에게 미팅을 요청했다. 나는 우리 회사 제품의 성격과 비즈니스 상황, 타깃팅을 하고 있는 산업군, 주요 고객, 마케팅 방법을 친절하게 설명해주었다. 헤드헌터는 마지막으로 나에게 적합한 사람을 소개해줄 수 있는지 물었다. 마음속에 꼭 맞는 한 사람이 떠올랐다. 바로 '나' 자신이었다.

나는 이미 수개월 동안 리더 권한 대행을 해오고 있었다. 나만큼 우리 조직에 대해 잘 알고, 애정을 갖고 팀을 이끌 수 있는 사람이 또 있을까! **나는 유능한 나를 추천했다.** 그렇게 나는 외국계 IT 회사 지사장이 되었다(**자기추천형**, 우미영, '나를 믿고 일한다는 것'에서 요약 발췌).

B 사장님이 나를 부르셨다. 사장님은 내가 참여하고 있는 신사업 TF를 정식 조직화한다고 하셨다. 그러면서 붙인 한마디. **"갑작스럽겠지만 팀 리더를 맡아줄 수 있나요?"** 이것은 청유가 아니라, 통보였다. 굉장히 당황스러웠다. 나는 학창 시절에 반장, 부반장, 학회장 등 장이라는 장은 항상 피해왔다. 그 이유는 나 자신이 리더와는 맞지 않는다고 생각했기 때문이다. 사장님의 통보를 거스를 수 없어서 팀 리더를 맡았다. 6개월 정도만 하면 좋은 인재를 나의 상사로 뽑을 줄 알았는데 3년 반 넘게 실장을 하고 있다(**기습지명형**, 배달의민족 배민상회 이동진 실장, 세바시 강연에서 요약 발췌).

C 외국계 회사의 엔지니어, 직급은 부장, 올해 나이 43세. 나의 스펙이다. 업계 호황으로 몇 년째 조직이 빠르게 성장하고 있다. 부장 직급에서 팀장이 아닌 사람은 내가 유일하다. 몇 년 전부터 팀장을 맡겠느냐는 제의를 받아왔지만 계속 거절했다. 수줍음 많고 조용한 나는 팀장이라는 직책이 버겁게 느껴졌다. 내가 그 스트레스를 감당할 수 있을지, 그런 스트레스와 책임을 굳이 감내하면서 팀장이 되어야 하는지…. 팀장이 되면 초과 근로수당도 없고, 임원이 될 수 있는 것도 아닌데….

어쩔 수 없이 팀장이 되어야 했다. 팀장직 제의를 거절하면 더 이상 이 조직에 있을 수 없는 분위기였다. 나는 이제 팀장이다(**등떠밀려형**, 외국계 회사 팀장 사례).

누군가는 리더가 되어야 하고, 누군가는 팀장이 됩니다. 팀장이 되는 계기에는 세 가지가 있습니다. 자신에 대한 자신감과 의욕을 갖고 스스로를 추천한 '자기추천형', 준비가 안 된 상태에서 갑자기 지명을 거절할 수 없이 리더 직책을 수락하게 된 '기습지명형', 하고 싶지 않아 고사해 왔지만 분위기상 더 이상 밀려날 곳이 없어 어쩔 수 없이 팀장이 된 '등떠밀려형'. 당신은 어떤 유형이었나요? 아직 팀장이 아니라면 어떤 팀장 스토리를 갖고 싶으신가요?

세 가지 유형은 리더가 되고 싶은 의지와 조직의 리더 포지션 제안에 따라 달라집니다. 팀장 자리에 각기 다른 반응을 보이지만 그 내면을 보면 공통점이 있습니다. 첫째, 모두 리더라는 자리에 대해 설렘과 동시에 두려움을 갖고 있습니다. 둘째, **설렘과 두려움 사이에서 용기를 갖고 리더가 되기로 선택**했습니다. 팀장 인사권은 회사에게 있으므로 회사의 일방적인 결정으로 보입니다. 그러나 모든 팀장은 '자신이 선택'했기 때문에 팀장이 되었습니다. **용기는 두려움이 없는 상태가 아니라 두려움에도 불구하고 계속 전진해 나아가는 것이라고 합니다.** 팀장을 해야 하나, 내가 팀장을 할 수 있을까? 이런 의구심을 품는 것의 정체는 팀장이 된다는 것에 두려움이 있어서입니다. 두려움의 정체는 하기 싫어서가 아니라 '내가 잘할 수 있을까?' '좋은 팀장이 되어야 하는데…' '나보다 더 잘하는 사람이 있지 않을까?'라는 '꽤 괜찮은 팀장'이 되어야 한다는 책임감 때문입니다. 책임감으로 인해 두려움이 올라옴에도 팀장이 되기로 용기 있는 선택을 한 당신, 그리고 용기 있는 선택을 할 미래에 팀장이 될 독자 여러분, 축하드립니다. 팀장을 선택한 것만으로도 자기 성장의 큰 걸음을 내디딘 것입니다.

두려움 속에서의 선택

팀장이라는 보직을 앞에 두고 두려움을 느끼는 것은 당연합니다. 앞서 소개된 자기추천형, 기습지명형, 등떠밀려형 모두 정도의 차이는 있지만 두려움이 있습니다. 최근 '리더 포비아leader phobia'라는 현상이 조직의 이슈가 되고 있습니다. **리더 포비아는 '지도자 기피 현상'으로**, 책임과 희생이 필요한 리더 직책을 꺼리는 현상입니다. 전문가들은 사회 체계와 조직 구조가 전보다 투명해지면서 리더의 권한과 혜택은 줄어드는 반면, 책임은 그대로인 환경을 이유라고 분석합니다. 치열한 경쟁속에서 자리 잡은 개인주의도 리더 포비아의 원인이라고 지적됩니다.

게다가 코로나19로 생활 패턴의 급격한 변화를 요구받고, AI와 VR, 메타버스 등의 빠른 기술 변화로 전과는 전혀 다른 세상이 온다는 기사를 매일 접하는 환경에서 우리 뇌는 두려움을 더 많이 감지하고 있습니다. 두려움이 커지는 환경 속에서 리더를 자처하는 것은 더 큰 용기가 필요합니다.

팀장 보직에 대해 파괴적인 두려움을 키우는 것은 리더에 대한 편협한 인식도 한몫합니다. 우리는 종종 어떤 일의 진짜 대상이 되기 전에 보다 큰 두려움을 느낍니다. 고3보다 고3 직전의 겨울방학 때 더 긴장을 많이 하고 초조해한 경험이 있으시죠? 롤러코스터를 탈 때도 360도 회전할 때보다 빠른 낙하를 위하여 천천히 높이 올라갈 때 더 무서워합니다. 결혼도 하지 않았는데 부모가 되는 것에 대한 걱정부터 앞서기도 합니다. 리더에 대해서도 그럴 수 있습니다.

> 리더는 타고나는 것이다.
> 외향적이어야 좋은 리더가 될 수 있다.
> 리더는 바쁘고 피곤하기만 하다.
> **완벽한 사람만이 리더를 해야 한다.**
> 리더는 제일 능력 있고 제일 똑똑해야 한다.
> 리더는 실패하면 안 된다.

리더십에 대한 다양한 오해와 편견들이 있습니다. 이는 경험에 기반한 것이 아니라 풍문으로 접한 리더에 대한 잘못된 이해 때문입니다. 직접 경험했다면 내가 겪어봤거나 관찰한 소수 리더의 사례를 바탕으로 만들어낸 신화입니다.

처음부터 완벽하지 않아도, 외향적이지 않아도, 반장 한번 해본 적이 없는 리알못(리더십을 알지 못하는)이라도 두려움을 이기고 리더의 길을 선택해서 리더가 된 사람들도 많습니다. 리더로서 자신의 또 다른 모습들을 발견하고 더 좋은 리더가 되기 위해 지속적으로 자신을 수련하며 리더로 성장해나갑니다. 이들은 넘어지고 실패하고 좌절하면서도 더 좋은 리더가 되기 위한 길을 포기하지 않습니다. 그 아픔 안에서 삶의 희열과 설렘, 성장의 기쁨과 충만이 함께하기 때문입니다. 팀장이 되기로 아름다운 선택을 한 바로 당신처럼요. 윈스턴 처칠은 "실패는 치명적인 것이 아니다. 중요한 것은 그 과정을 지속하는 용기이다"라고 말했습니다. 팀장이라는 과정을 지속하는 리더는 어떤 존재일까요?

팀장의 존재 가치

이 책에서 **리더란 '조직과 개인의 성과와 성장을 위해 영향력을 발휘하여 긍정적인 변화를 만들어가는 사람'으로 정의합니다.** 리더의 사명은 조직원의 성장을 독려하여 조직 역량의 발전을 꾀하고 궁극적으로 개인과 조직의 성과를 지속적으로 창출하고 그 방식과 수준을 꾸준히 향상하는 것입니다.

그렇다면 리더가 없다면 성과 창출이 어려울까요? 구글에서는 '과연 팀장이 필요한가' '팀장이 없으면 어떻게 될까'라는 의문을 품고 '팀장 없애기' 프로젝트를 진행했습니다. 2001년도에 구글에서 진행한 '디스오그 프로젝트'는 SW팀에서 팀원들이 보다 더 자유롭고 자율적으로 일할 수 있도록 팀장을 없애는 실험을 했습니다. 관습적으로 리더가 반드시 있어야 한다는 고정관념에 도전해본 것이지요. 얼마 지난 후 SW팀원들에게 물었습니다. "팀장이 없으니까 일하기에 어떤가요?"라는 질문에 SW팀원들은 팀장이 필요하다며 다시 팀장을 만들어달라고 요청했습니다. 처음에는 팀장이 없으니 눈치 볼 사람도 없고 원하는 방식대로 일을 진행하는 것처럼 느껴졌지만, 얼마 지나지 않아 팀장의 필요성을 느꼈다고 합니다. 그리고 **자신의 일에 관심을 가져주고 함께 논의하고 의사결정을 도와주고 팀원 간의 여러 니즈를 중재해줄 수 있는 팀장을 요청했습니다.**

미국 콜로라도대학에서도 리더가 있는 조직과 리더가 없는 조직을 20년 동안 비교 분석했습니다. 그 결과 리더가 존재하지 않는 조직은 시간이 갈수록 발전하지 않고 오히려 악화된 모습을 보였습니다. 반대로 리더가 있는 조직은 상대적으로 더 높은 성과를 일관적으로 보였습니다. 리더가 없다고 아예 성과를 창출하지 못하는 것은 아니겠지만, 리더가 있을 때 팀원들이 일에 더욱 몰입하고 더 협력하면서 보다 효과적인 성과를 창출할 수 있습니다. 어느 글로벌 기업의 CHRO(최고인적자원관리자)는 인사 전략의 핵심은 '중간관리자의 개발과 육성을 주축으로 팀을 성장시키는 것'이라며 팀장 육성에 대한 투자를 강조했습니다. 팀장, 조직에 없어도 되고 있어도 되는 보직이 아닙니다. **팀장은 조직의 중요한 성장 동력이자 전략적 핵심인재입니다.**

리더의 필요성은 코로나19로 인해 더욱 커졌습니다. 시장조사 전문 기업 엠브레인 트렌드모니터가 전국의 만 19~59세 직장인 남녀 1,000명을 대상으로 포스트코로나 시대의 '리더십'에 대한 인식 조사를 실시했습니다. 응답자의 62%가 코로나19 확산 이후 '팀 내 리더의 역할이 더욱 중요해진 것 같다'고 답하였습니다. **코로나19로 인해 일하는 환경**

과 구조가 급격히 변하는 상황에서 리더의 필요성과 그 역할의 중요성
은 더욱 커지고 있습니다. 그중에서도 리스크 관리와 커뮤니케이션 역량의 중요성이 더욱 부각되고 있습니다. 응답자의 81.2%가 '리더에게 무엇보다 커뮤니케이션 능력이 중요하다는 것을 알게 되었다'고 답했습니다. 코로나19 확산 속에 조직 내 '리더'의 역량이 중요하다는 것을 체감하는 직장인들이 많아졌습니다(신수정, "코로나19 시대, 곁에 '좋은 리더'가 있나요?", 산업종합저널, 2020년 12월 5일.)

시대의 변화에도 불구하고 '좋은' 리더는 꼭 필요합니다. 처음 팀장이 되었을 때에는 '반드시 좋은 리더가 되어야지'라고 다짐합니다. **좋은 리더가 되는 첫 단추는 역할 전환을 잘해야 합니다.** 대한민국 대표 신임 팀장, 김하선 씨를 만나봅시다.

02

3가지 전환,
3I Shifts Identity, Interaction, Influence

김하선 씨는 뛰어난 15년 차 설계 엔지니어입니다. 기술적 난제를 잘 풀고 문제가 해결될 때까지 포기하지 않는 집념으로 고객과 미국 본사로부터 탁월하다는 인정을 받아왔습니다. 조직 규모가 커지면서 설계 팀의 팀장 자리가 생겼고, 회사는 김하선 씨를 팀장으로 발탁했습니다. 김하선 씨는 지금까지 자신의 노력과 성과를 인정받은 것 같아 뿌듯하기도 했지만, 사람 관리나 조직 관리는 해보지 않았는데 잘할 수 있을지 걱정도 되었습니다. 그래도 '나 아니면 누가 하겠어'라는 마음으로 흔쾌히 수락했습니다. 팀원들도 모두 오래 함께해온 후배들이고 설계에 관해서는 자신만큼 잘 아는 엔지니어도 없으니 내심 자신도 있었습니다. 그렇게 엔지니어 김하선 씨는 12명 팀원의 팀장이 되었습니다.

김하선 씨는 엔지니어 시절, 팀장들은 본인보다 기술적으로 내공이

깊지 못하다고 느꼈습니다. 어려운 설계 이슈에 대한 해결책이나 실마리라도 알려주길 바랐는데 그 전 팀장들은 그렇게 해주지 못해서 혼자 며칠을 끙끙대며 해결했던 경우가 많았습니다. 김하선 씨는 자신이 일했던 팀장들과는 다르게 선배같이 친근하게 다가가고 멘토처럼 모르는 것을 세세히 알려주는 팀장이 되고 싶었습니다. '무엇부터 해야 하나' 막막했지만 엔지니어별로 담당하고 있는 개발 업무부터 파악했습니다. 업무를 파악하면서 팀원별로 업무 내용과 진행하는 방식을 들여다보니 모두 하나같이 성에 차지 않고 답답했습니다. 설계의 핵심을 파악하지 못하는 팀원, 답이 나올 때까지 파고들어야 하는데 한두 번 해보고 안 된다고 하는 팀원, 설계 내용을 생산팀에 잘 설명하고 전달해야 하는데 생산팀과 갈등을 겪는 팀원, 본사에 지원을 요청해야 함에도 혼자 문제를 끌어안고 있는 팀원. 미덥지 못하고 불안했습니다.

처음에는 한 명씩 다 도와주고 싶은 마음에 업무를 하나하나 봐주었습니다. 그러다 보니 다른 일을 할 시간이 전혀 없어 상사와 여러 유관 부서에서 요청하는 업무에 지연이 생겼습니다. 밤에도 주말에도 컴퓨터 앞에 앉아 일을 합니다. 이렇게 희생하며 일하는데 팀원들은 고마워하기는커녕 이상하게 김 팀장을 꺼리고 부담스러워하는 눈치입니다. 김 팀장은 배신감마저 들며 날로 날카로워집니다.

김하선 씨는 팀장이 되었지만 엔지니어의 마인드, 엔지니어의 업무 방식에서 벗어나지 못했습니다. 팀원을 도와주고 팀의 성과를 내려는 순수한 의도는 있었지만, 그 접근 방식이 효과적이지 못했습니다.

[그림 1-1] 팀장의 3가지 전환(3I shifts)

Identity shift(정체성 전환)

Interaction shift(관계 전환)

Influence shift(영향력 전환)

팀원

팀장

팀원에서 팀장으로의 3가지 전환

정체성 전환	개인 성과자에서 한 팀을 이끄는 리더가 되었음을 인식하여 리더로서 추구할 목적이 무엇이고 어떤 리더가 될지 자신의 정체성을 명확히 하기
관계 전환	팀장으로서 누구와 어떤 관계를 만들어가야 할지를 명확히 하기
영향력 전환	팀장으로 누구에게 어디까지 영향력이 미치는지를 생각하고 어떤 영향력을 발휘할지 명확히 하기

처음 팀장이 되면 3가지 부분3I shifts에서 전환이 필요합니다. 정체성 전환Identity shift, 관계 전환Interaction shift, 영향력 전환Influence shift입니다. 하나씩 살펴보겠습니다.

정체성 전환Identity Shift

팀장이 되면 첫 번째로 전환해야 하는 것은 정체성입니다. 정체성이란, '나는 누구인가'라는 질문에 대한 답입니다. '나는 어떤 팀장이다'라는 정체성이 정립되어야 팀장으로서 무엇을, 어떻게 해야 하는지 정리

됩니다. 팀장이 되면 '무엇부터 해야 하지?'라는 질문을 스스로 던지거나, 상사 또는 인사팀에게 물어봅니다. 아마도 상사는 "팀의 성과를 책임지고 만들어내세요"라고 할 것이고, 인사팀은 "팀원을 성장시켜주세요"라고 답할 것입니다. 우리는 보통 '행동' 중심으로 생각하고 소통하기 때문입니다.

행동 변화에 매우 효과적인 방법은 정체성 변화입니다. 정체성이 행동에 미치는 영향은 생각보다 큽니다. 초보 운전자가 처음 운전대를 잡으면 긴장을 많이 해서 손에서 땀이 나고 시야는 좁아지고 어깨에 힘이 잔뜩 들어갑니다. 이때 '긴장을 풀어야지', '어깨에 힘을 빼야지', '앞을 똑바로 봐야지'라고 행동 변화에 초점을 맞추더라도 긴장은 쉽게 풀리지 않습니다. 심호흡을 크게 하면서 '나는 베스트 드라이버야', '나는 운전을 차분히 잘하는 베테랑 드라이버야'라고 자신의 정체성을 다시 규정하는 순간, 신기하게 긴장이 풀리고 호흡이 안정됩니다. 이런 정체성의 영향력을 NLP^Neuro Linguistic Programming(신경언어프로그래밍) 심리치료에서는 뉴로로지컬 레벨^Neurological Level(신경논리단계)로 설명합니다. 뉴로로지컬 레벨이란 인간의 의식 레벨을 말합니다. 정체성은 상위의식 레벨로 가치관과 신념, 역량, 행동 및 환경의 하위의식 레벨에 깊은 영향을 미칩니다. 상위 레벨이 바뀌면 하위 레벨의 변화는 자연스럽게 따라옵니다. **따라서 '성과를 내야지'라고 행동 변화만을 생각하는 것보다 '나는 성과를 창출하고 팀원을 성장시키는 리더가 될 거야'라고 팀장으로서의 정체성을 명확히 설정하는 것이 효과적입니다.**

[그림 1-2] 뉴로로지컬 레벨

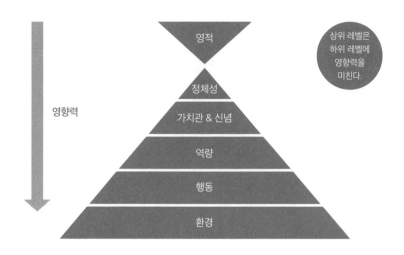

그런데 팀원에서 팀장으로 정체성을 전환하는 것은 쉽지 않습니다. 이는 마치 정해진 트랙을 달리던 기차가 갑자기 트랙을 변경하는 것과 같습니다. 기차가 트랙을 변경하려면 저항이 생기는데 그 저항보다 큰 에너지가 필요합니다. 인간의 뇌도 마찬가지입니다. 과거에 하던 것, 특히 과거에 해서 성공했던 방식이 제일 안전하게 느껴지기 때문에 그대로 하려는 관성이 크게 작용합니다. 때문에 **의식적으로 구체적이고 명확하게 정체성을 세우지 않으면 과거의 행동 패턴을 그대로 하게 됩니다.**

김하선 씨는 좋은 팀장이 되고자 마음먹었지만 아직 엔지니어의 정체성에 머물러 있습니다. 엔지니어 때 탁월했던 자신의 역량만을 중심으로 팀장 역할을 수행하려고 했습니다. '역량의 덫competency trap'에 빠진 것입니다. 스탠퍼드대학의 제임스 마치 교수는 경력 발전 과정을 연구하면서 '역량의 덫'을 정의하였습니다. 고대 그리스 신화의 이카로스처럼 과거의 성공이 오히려 독이 되는 성공의 덫을 뜻합니다. 과거에 성공을 가져다준 역량에 집착하여 환경 변화에 필요한 신규 역량의 필요성을 인지하지 못하거나 새로운 역량 습득을 거부하게 되는 것입니다. 이는 새로운 직책에서 요구하는 역량과 보유 역량의 불일치를 일으켜 여러 갈등을 발생시킵니다.

정체성이 명확하지 않은 상태에서 역량의 덫에 빠진 초보 팀장의 가장 흔한 실수는 마이크로 매니징입니다. 자신이 해왔던 방식을 그대로 팀원들에게 요구하고 모든 세부 사항을 직접 챙기지 않으면 불안해지기 때문입니다. 마이크로 매니징을 하면 리더는 새로운 역량을 개발할 시간도, 에너지도 없습니다. 그렇지만 실무를 잘 아는 것이 리더에게 불리한 것도, 좋은 팀장이 될 수 없는 것도 아닙니다.

런던카스경영대학원 아만다 구달의 연구에 따르면 사람들은 직장에서 실무를 유능하게 해온 관리자와 일을 할 때 보다 안심하고 일한다고 합니다. 구달은 직원들이 상사에 대해 느끼는 감정에 주목했습니다. 무엇이 직장에서 직원들의 행복도를 높이는지, 직원들은 무엇에 불만을 갖는지에 대해 조사했습니다. 구달의 연구 결과, **상사가 직원들의 직무만족도에 가장 큰 영향을 미쳤습니다.** '사람들은 직장이나 직무가 싫어서 퇴사하는 것이 아니라 상사 때문에 퇴사한다'는 말을 증명했는데, '상사의 전문 지식이 부족하다'는 것이 상사에 대한 가장 공통적인 불만이었습니다. **필요한 경우, 자신의 업무를 상사가 대신할 수 있을 정도로 기술적 유능함이 있어야 하고, 실무적인 가이드나 구체적으로 업무에 도움을 줄 수 있어야 관리자에 대한 만족도가 올라간다는 것입니다.** 자신이 사용하는 프로그램을 잘 모르는 상사가 지시를 하면, 불필요한 업무로 인해 시간을 낭비할 수 있다는 것이 이유입니다(Artz, Goodall, Oswald, "If Your Boss Could Do Your Job, You're More Likely to Be Happy at Work", HBR, 2016). **유능한 실무 역량을 갖추었다는 것은 잘 활용한다면 좋은 리더가 되는 대단한 자원이 됩니다.** 역량의 덫에 빠져서 마이크로 매니징을 하지 않는다면 말이죠.

　김 팀장이 엔지니어로서의 탁월한 역량 위에 리더로서의 정체성을 갖추었다면 팀원의 일을 빼앗아 직접 처리하는 초보 팀장의 실수를 하지 않았을 것입니다. 오히려 엔지니어의 전문성을 바탕으로 팀원들의 현재 역량을 파악하고 부족한 부분을 어떻게 개발하는 것이 효과적인지 자신의 경험과 전문적인 지식, 네트워크를 활용하여 지원해주었을 것입니다. 실무에 대해서 필요한 경우 조언해주지만 실제 진행은 팀원이 할 수 있도록 기회를 주는 최고의 팀장이 될 수 있었을 것입니다. **'팀장'으로서 자신은 누구인지, 어떤 사명과 가치로 팀을 이끌 것인지를 먼저 정립하는 정체성 전환은 팀장 초기에 반드시 필요합니다.**

　다음의 질문에 답하면서 팀장으로서의 정체성을 정리해보십시오.

　· 내가 되고 싶은 팀장의 키워드 3가지는 무엇인가?

· 내가 추구하는 팀장 이미지에 대한 은유적 상징물은 무엇인가?

· 내 삶의 핵심 가치는 무엇인가?

· 팀장 키워드와 은유적 상징물은 나의 가치와 어떻게 연결되는가?

카카오의 김범수 의장은 어느 신문과의 인터뷰에서 회사는 젊은 CEO에게 맡기고 자신은 '나만이 할 수 있는 일'을 찾아서 하겠다고 밝혔습니다(손인해 기자, NEWS1, 2021. 02). 이는 팀장에게도 적용됩니다. **팀원이 해야 하는 일은 팀원이 할 수 있도록 맡기고 팀장만이 할 수 있는, 팀장이 해야 하는 일을 찾아서 함으로써 팀의 성과와 성장을 만들어가야 합니다.**

관계 전환 Interaction Shift

팀장으로서의 고유한 정체성을 정했으면 이제 팀장으로서 펼쳐나갈 관계에 대한 정리가 필요합니다. 경영컨설턴트이자 경제학자인 오마에 겐이치는 《난문쾌답》에서 삶을 바꾸는 방법으로 '시간을 달리 쓰는 것, 지내는 공간을 바꾸는 것, 만나는 사람을 바꾸는 것', 세 가지를 제시합니다. **팀장의 관계 전환은 '만나는 사람에 대한 변화'를 뜻합니다.**

팀장으로 누구를, 어떻게 만나는지는 중요합니다. **만나는 사람이 팀장의 정체성에 영향을 미치고, 만나는 사람을 통해서 영향력이 발휘되기 때문입니다.** 조직은 사람들로 구성되어 있고 다양한 사람들의 관계로 엮여 있습니다. 팀장은 팀원일 때와는 다른 관계를 만들어갑니다.

그 대상과 관계의 종류가 달라져야 합니다. 관계는 소통의 양과 질로 만들어집니다.

일주일의 일과를 생각해보십시오. 누구와 어떤 소통을 하였습니까? 직함은 팀장이 되었는데 팀원일 때와 똑같은 사람들을 만나고, 똑같은 방법으로 소통하고 있지는 않은가요? **팀장으로서 만들어가야 할 관계를 체계적으로 계획하기 위해 키맨 관계 전략**Key Man Interaction Strategy**을 소개합니다.** 육하원칙으로 팀장의 관계 전략을 세울 수 있습니다.

Who: 팀장인 나의 키맨(key man, 핵심관계자)들은 누구인가?

- 기존의 관계에서 관계를 더 강화해야 하는 사람은 누구인가?
- 새롭게 관계를 형성해야 하는 사람은 누구인가?
- 특히 앞으로 3개월 동안 집중해야 하는 대상은 누구인가?
- 반드시 들어가야 하는 대상: 팀원, 상사 및 상사의 상사(이제 팀장은 상사의 상사도 관리해야 하는 보직이므로), 핵심 고객(팀원일 때 집중 관리하는 고객과 팀장으로서 관리하는 고객이 달라짐), 협력 관계를 맺어야 하는 다른 팀의 팀장들 등
- 키맨은 보통 팀원을 제외하면 5~7명 정도가 적당하다. 너무 많으면 관리할 수 없다.

Why: 키맨과의 관계는 왜 중요하며, 관계의 의미는 무엇인가?

- 키맨이 나에게 키맨인 의미를 생각해볼 필요가 있다. 그냥 상사니까 중요한 것이 아니라 상사의 존재가 나에게 주는 의미가 무엇인지 정리해보는 것이다. 또한 나는 키맨에게 어떤 존재가 될 것인지, 내가 그들에게 왜 필요한 존

재인지에 대한 정리도 필요하다.

- 예를 들어 상사의 의미는 '엄격한 멘토'로, 나는 상사에게 '믿고 맡기는 후배'로 선정할 수 있다. 또는 나는 팀원에게 '다정한 지지자'로, 팀원은 나에게 '아이디어 뱅크' 등으로도 할 수 있다.
- 이렇게 관계의 의미를 긍정적으로 설정하면 관계를 보다 능동적으로 만들어 갈 힘이 생긴다.

When: 키맨들과 소통 주기, 빈도, 시간은 언제로 할 것인가?

- 언제, 얼마나 자주 키맨들과 소통할 것인가?
- 관계 형성이 자연스럽고 안정적으로 될 때까지 키맨과 주기적인 만남을 갖고 소통의 시간을 가져야 한다. 최소 소통의 주기와 빈도를 정해놓지 않으면 업무에 밀려 소통의 시간을 놓칠 수 있다. 팀원은 매일, 상사는 일주일에 한 번, 상사의 상사는 한 달에 한 번, 핵심 고객은 일주일에 한 번, 타 팀의 팀장은 한 달에 한 번씩 등으로 최소한의 관계 형성 주기를 정해놓고 한 달에 한 번씩 실천 정도를 리뷰해보자.
- 각 키맨들과의 소통 시간이 30분, 1시간씩 매우 길 필요는 없다. 개별 면담을 한다면 30분씩 하면 된다. 전화로 3~5분 정도 대화하는 것도 주기적으로 한다면 충분히 친밀감과 신뢰를 쌓을 수 있다.

What: 소통에서 무엇을 파악할 것인가?

- 키맨들이 나에게 원하는 것과 내가 제공할 수 있는 것은 무엇인가?
- 처음 팀장이 되면 팀원들을 포함하여 키맨들과 일대일 면담이 필요하다. 나

의 키맨들이 어떤 사람인지, 그들이 필요한 것이 무엇인지를 파악해두자. 관계의 초점을 맞출 수 있다.

- 키맨들의 개인적인 욕구^{personal needs}, 실용적인 욕구^{practical needs}를 파악한다 (표 1-1. 개인적인 욕구 & 실용적인 욕구 참조).

세계적인 리더십 개발 회사인 DDI는 리더가 맺는 모든 상호작용에서 충족시켜야 할 두 가지 니즈를 제시합니다. 실용적인 욕구는 채워주지만 개인적인 욕구는 채워주지 못한다면, 일은 잘하지만 인간미가 부족하다는 평을 듣습니다. 반대인 경우는 사람은 참 좋은데 업무 능력이 부족하다는 평을 받게 됩니다. 리더의 상호작용은 항상 두 가지 욕구를 모두 충족시켜야 합니다. 팀장으로서 자신의 소통 관계에 대해 두 가지의 욕구를 기준으로 점수를 매겨보세요. 부족한 점이 보일 겁니다. 그 부분을 더욱 신경 써준다면, 키맨과의 관계는 신뢰로 다져질 것입니다.

[표 1-1] 개인적인 욕구 & 실용적인 욕구

개인적인 욕구	실용적인 욕구
직장에서의 상호작용에서 사람들이 기대하는 존재에 대한 욕구	리더와의 상호작용에서 얻고자 하는 구체적인 업무 관련 욕구
• 존중받기 • 이해받기 • 인정받기 • 신뢰받기 • 지지받기	• 의사결정 • 갈등 해결 • 해결 방안 수립 • 계획 작성 • 업무에 대한 피드백 등

출처: DDI Site(The Importance of the Basics in Developing Leadership Skills | DDI, ddiworld. com)

How: 어떤 방식으로 소통할 것인가?

- 키맨들이 나에게 원하는 것과 내가 제공할 수 있는 것은 무엇인가?

- 사람마다 선호하는 소통 방식이 있다. 그 방식을 파악해두고 가능할 때 그 방

팀장의 꿋

식에 맞춰서 하면 효과적으로 소통할 수 있다. 일반적으로는 문자나 이메일보다 전화 또는 대면이 소통에 효과적이다. 오해가 적고 궁금한 사항들을 한번에 해결할 수 있기 때문이다. 코로나19로 대면이 어렵거나 장소가 떨어져 있다면 차선책으로 전화나 이메일 등을 활용할 수 있다. 상사는 대면을 선호하지만, 팀원들은 전화나 대면보다 문자나 이메일을 선호할 수 있다.

- 마인드 마이너^{Mind Miner}로 활동하는 송길영 님에 따르면 MZ세대들은 전화통화를 매우 부담스러워한다. 부담을 넘어 무례하다고까지 생각하는 경우도 있다. 휴대전화 첫 화면에 아예 통화버튼이 없는 사람들도 있다. 그만큼 통화보다는 앱이나 문자, 카톡 사용을 선호한다는 것이다. 이런 MZ세대 팀원은 미리 잡힌 미팅이나 면담이 없는데 상사가 갑자기 전화하면 긴장하거나 부담스러워할 수 있다. 평소 친밀도와 신뢰가 잘 쌓여 있다면 전화도 좋은 소통 방법일 수 있다. 그래도 전화하는 시간은 주의할 것! 너무 이른 시간이나 퇴근 이후, 주말에는 전화, 문자는 삼가는 것이 좋다.

- 가장 중요한 것은 소통 방식을 서로 합의하는 것이다. 팀원이 선호하는 소통 방식을 확인하고 가급적 맞춰주어야 한다. 서로 선호하는 소통 방식이 다를 때에는 팀장의 소통 방식을 설명하고 미리 양해를 구하는 것도 방법이다.

Where: 어디에서 소통할 것인가?
- 상대방이 편하게 느끼고 선호하는 효과적인 소통 장소는 어디인가?
- 소통의 장소는 다양하다. 팀장 자리뿐만 아니라 상사의 사무실, 흡연실, 복도, 카페 등 키맨을 만나는 모든 곳이 소통의 장소가 된다. 키맨의 취향이나 선호하는 곳을 파악해둔다면 보다 편안하게 관계를 발전시킬 수 있다.

키맨 관계 전략을 표로 만들어보면 계획을 세우고 관리하기 좋습니다.

[표 1-2] 키맨 관계 전략

Who (키맨은 누구)	팀원 1	팀원 2	상사	타 팀 팀장	고객
Why (관계의 의미)					
When (소통 주기, 빈도)					
What (파악할 내용) • 개인적인 욕구 • 실용적인 욕구					
How (소통 방식)					
Where (소통 장소)					

키맨 관계 전략을 보고 부담을 먼저 느끼는 분도 있을 것입니다. '아, 이렇게까지 해야 하나?'라는 생각도 들 것입니다. 또는 '관계를 이렇게 목적을 갖고 만들어가야 하나'라고 불편할 수도 있습니다. 우리는 지금 팀장으로의 역할 변화를 이야기하고 있습니다. 기존 방식만을 고수해서는 변화를 만들 수 없습니다. 변화하기 위해서는 매우 의도적인 노력이 필요합니다. 우리 팀의 성과와 성장을 위해 내가 정성을 들여야 하는 대상이 누구인지, 도움을 받아야 하는 대상은 누구인지를 파악할 수 있습니다. 이를 통해 그들과 현재의 신뢰와 협력 수준을 평가해보고 앞으로의 방향을 잡아야 합니다.

영향력 전환 Influence Shift

팀장으로서 역할 전환은 영향력 전환으로 완성됩니다. **많은 전문가가 리더십의 존재 가치를 한마디로 '영향력'이라고 합니다.** 앞서, 리더란 "조직과 개인의 성과와 성장을 위해 '영향력'을 발휘하여 긍정적인 변화를 만들어가는 사람"으로 정의하였습니다. 이 정의에서 리더가 영향력을 발휘하는 목적과 그 결과를 알 수 있습니다. 목적은 조직과 개인의 성장에 있고, 결과는 긍정적인 변화를 만드는 것이지요. **긍정적인 변화의 핵심 요소 중 하나는 신뢰와 협력 구축입니다.**

팀장으로서 나의 영향력이 잘 발휘되는지 평가하고 싶다면 자신에 대한 신뢰도와 나와 함께 일하고 싶어 하는 정도를 파악해보십시오. 그 평가의 주체자는 앞서 관계 전환에서 파악한 키맨들입니다. 키맨들이 나를 얼마나 신뢰하고 있는지, 나와 어느 정도로 함께 일하고 싶은지가 내가 보이는 영향력의 양과 질입니다.

초보 팀장 김하선 씨는 팀장으로서의 정체성을 수립하지 못했습니다. 팀장이 되고 나서도 팀원들을 마이크로 매니징하면서 관계를 팀원에게만 고정하며 관계의 원을 키우지 못했습니다. 초반에 마음먹은 '업무를 잘 알려주는 팀장' 대신 '업무를 간섭하고 지적하는' 영향력이 미친 결과는 불신과 자존감 하락으로 나타났습니다. 팀원들은 '팀장님은 나를 믿지 못해, 나를 인정하지 않아'라는 불신, '나는 팀장님보다 실력이 없어'라고 자존감이 낮아지게 된 것입니다. 이 상태가 지속하면 팀원들의 동기가 떨어지고 나아가 팀 성과는 더 발전하지 못합니다. 긍정적인 변화가 아니라, 뜻하지 않았지만 나쁜 영향력이 발휘된 것이죠.

나쁜 팀장보다 더 안 좋은 것은 영향력이 없는 팀장입니다. 회사는 팀장에게 권한을 줍니다. 채용권부터 의사결정권, 업무배분권, 인사평가권, 승진권 등 팀장은 다양한 권한을 부여받습니다. 물론 팀장 혼자서 모든 것을 마음대로 결정할 수 있는 것은 아닙니다. 보통은 각 권한마다 가능한 범위가 주어집니다. 그래도 팀장은 자신의 의지와 판단으로 그 범위 안에서 권한을 행사합니다. 그 권한으로 영향력을 발휘하여 긍정적인 변화, 즉 조직과 개인의 성과와 성장을 이끄는 책임을 주는 것입니다. **영향력이 없다는 것은 존재감이 없다는 것입니다. 영향력이 없는 팀장은 무능한 팀장이라는 낙인이 붙습니다.** 팀장의 존재가 굳건하지 않으면 팀의 구심점이 약해지고, 곧 팀 전체를 무기력하게 만들기 때문입니다.

좋은 팀장은 좋은 영향력을 발휘하는 사람입니다. 하버드대학의 동기부여 대가 데이비드 맥클리랜드 교수는 유능한 리더는 권력 욕구가 높다고 밝혀냈습니다. 그의 연구에 따르면 **유능한 리더는 다른 사람들에게 영향을 미치는 행동을 의미 있게 생각했습니다.** 개인적 성공을 위해 권력을 추구하기보다는 조직 전체에 이익을 줄 수 있는 영향력을 키워나갈 수 있기를 바랐습니다. 권위주의가 아닌 절제되고 통제된 이타적 권력입니다(데이비드 맥클리랜드, 데이비드 번햄, 《권력은 최고의 동기부여이다》, 2016). 이를 다른 말로 '선한 영향력'이라고 합니다.

맥클리랜드 교수는 **선한 영향력을 보이는 리더와 함께 일하는 직원들 또한 권력을 갖고 싶어 하는 강한 의욕을 불러일으킨다**고 했습니다. 직원들 역시 리더처럼 선한 영향력의 주체자가 되고 싶어 한다는 것입니다. 리더가 자신에게 주어진 권한을 '선한 영향력'으로 전환할 때, 구성원들에게 성장하고 싶다는 생생한 의욕을 불러일으켜 자신의 업무와 성장에 책임감을 갖고 완수해나갈 수 있는 힘을 줄 수 있습니다. 자신이 팀원 시절에 성취하고 싶었던 과업을 달성했던 것처럼 팀원들도 그렇게 할 수 있도록 기회를 주고 독려하는 것이지요.

선한 영향력을 보이는 가장 효과적인 방법은 무엇일까요? 리더가 본을 보이는 것입니다. 마하트마 간디는 이렇게 말했습니다. "제가 평소 살아가는 모습을 잘 살펴보십시오. 제가 평소 어떻게 생활하고, 먹고, 앉고, 말하고, 행동하는지를. 저의 이 모든 것을 합한 것이 제 신앙이자 메시지입니다." 리더의 생활양식 자체가 리더가 주는 메시지이자 영향력임을 강조하고 있습니다.

TED의 명연설가이자 《나는 왜 이 일을 하는가》의 저자 사이먼 샤이넥은 애정과 신뢰는 한 번의 이벤트로 생기지 않는다고 말합니다. 커플 관계에서 여자는 갑자기 다이아몬드 반지를 건넸다고 남자의 사랑을 신뢰하지는 않습니다. 매일 아침 일어나 휴대전화를 보기 전에 웃으며 굿모닝 인사를 해주고, 퇴근했을 때 기분이 다운되어 있다면 다가와서 무슨 일 있었냐고 다정하게 물어봐주는 일상의 행동에서 남자의 사랑을 느끼고, 이는 애정에 대한 믿음으로 이어집니다.

조직에서도 마찬가지입니다. 1년에 한 번 보너스를 주었다고, 몇 년에 한 번 승진시켜 주었다고 팀장에 대한 신뢰가 생기지 않습니다. 매일 아침 웃으면서 반겨주는 인사. 간단한 이메일 보고에도 꼭 '감사합니다. 수고하셨습니다'라고 회신해주는 작은 성의. 고객 보고서에 실수했을 때, 영업 수주에 실패했을 때, 업무 방향에 갈피를 못 잡고 있을 때 다그치기보다는 방향을 잡아주고 고객 앞에서 실수를 커버해주는 모습. 업무 성과가 낮을 때 당연하다고 생각하는 것이 아니라 상사들에게 어필해주는 모습. 이렇게 매순간 팀장의 반응으로 영향력은 형성됩니다. **영향력은 프로그램이나 이벤트가 아닙니다. 리더의 존재 방식, 그 자체입니다.** 이런 선한 영향력으로 신뢰와 협력 구축이라는 결과를 얻을 수 있습니다.

지금까지 팀장으로서의 역할 전환에 필요한 3I Shift를 살펴보았습니다. 여러분의 이해를 돕기 위해 3I를 세 가지 레벨로 나눠보았습니다. 레벨 1은 이직을 유발하는 '나쁜 팀장', 레벨 2는 성장하고자 노력하는 '좋은 팀장', 레벨 3은 팔로워들이 팬처럼 따르는 '탁월한 팀장'입니다. 혹시라도 '나쁜 팀장' 레벨에 나오는 생각이나 행동을 무의식에서라도 하고 있지 않은지 점검해보십시오. 여러분께서 '좋은 팀장'을 넘어 팬덤을 형성하는 '탁월한 팀장'으로 나아가는 데 이 책의 내용이 밑거름이 되기를 희망합니다.

[표 1-3] 나쁜 팀장-좋은 팀장-탁월한 팀장의 3I

	레벨 1. 나쁜 팀장 이직 유발 레벨	레벨 2. 좋은 팀장 꽤 괜찮은 레벨	레벨 3. 탁월한 팀장 팬덤 형성 레벨
정체성	• 잘난 나의 실력을 인정 받아야 한다(내가 스타다). • 조직의 '짱'이어야만 위로 올라갈 수 있다. 그래서 나는 팀장이어야만 한다. • 팀원들은 나의 성과를 위해 존재한다.	• 팀원들을 존중하고 도움이 되는 팀장이 된다. • 말이 통하는 팀장이 된다. • 팀원들을 성장시키는 팀장이 된다.	• 팀원에게는 역량의 사다리가 되고, 상사에게는 든든한 버팀목이 된다.
상호작용	• 나의 실력을 인정해줄 상사에게 잘 보인다. • 팀원들의 아이디어나 성과는 나의 것으로 만든다. • 임원에게 보내는 메일은 나만 쓸 수 있다. 모든 것은 나를 통해서만 나간다. • 팀원들은 나보다 경험이 짧고 잘 모르니 들을 가치가 없다. • 야간, 주말에도 팀원들은 나의 연락에 상시 대기하고 있어야 한다. • 팀원들이 답답하고 게을러서 아침부터 저녁까지 짜증 난다. • 타 부서와의 미팅에서 팀원이 실수하면 질책한다. 팀원은 혼나지 않으면 알아듣지 못한다.	• 팀원, 상사, 함께 일하는 다른 부서의 팀장들과도 정기적인 대화를 갖는다. • 팀원들의 의견은 항상 경청한다. 내가 아는 것과 다르더라도 일단 듣는다. • 의견이 다르면 물어본다. • 회사의 경영 현황, 정보 등을 가능한 자주, 정확하게 공유하여 팀원들도 회사 상황을 이해하도록 돕는다. • 팀원의 성장을 위하여 담당 프로젝트에 대한 보고는 직접 할 기회를 준다. • 필요한 경우에는 타 부서에도 적극 협조한다. • 미팅에서는 팀원들을 보호하고 우리 팀을 대변한다.	• 진심의 인간관계를 맺는다. • 키맨들의 '개인적인 욕구, 실용적인 욕구'를 잘 파악하고 필요한 부분을 채우려고 노력한다. • 장기적으로 헌신할 가치가 있는 사람임을 입증한다. 즉 일상에서의 말과 행동, 의사결정, 업무 처리, 권한 행사 등 모든 면에서 자신이 추구하는 가치와 일관된 모습을 보인다. • 직급, 나이, 성별에 상관없이 모든 사람을 존중한다. • 팀과 조직의 비전, 희망을 꾸준히 언급하고 상기한다. 어려운 장애물도 솔직히 공유한다. • 특히 어려운 환경에서 포기하지 않고 전진한다.
영향력	• (자기 생각) 난 똑똑하고 일을 잘해. • (팀원 생각) 저 팀장하고 같이 일하면 죽어…. ⇨ '팀장 바꿔주세요. 팀장님 때문에 회사 가기 싫어요'라고 인사팀에 탄원서를 제출하거나 회사를 떠난다. • 결국 팀장은 직위해제된다.	• 팀원들과 신뢰가 쌓인다. '우리 팀장님은 나를 지지하고 도와주는 분이야.' • 협력할 수 있는 팀워크가 구축된다. 팀원들이 팀의 공동 목표를 위하여 협력한다. 타 부서와도 협력이 잘 이루어진다.	• 뛰어난 인재들이 따르고 싶어 한다. • '나도 저 리더와 함께하고 싶다. 따르고 싶다. 그 가치관을 공유하고 실천하는 사람이 되고 싶다. 그것이 자랑스럽다.' • 어려운 환경에서도 끝까지 리더와 함께한다.

LEADING

THE TEAM

2장

관계의 시작,
감정

01

리더의
감정 체크인

글로벌 기업의 핵심가치 내재화를 위한 팀 세미나 중 '소통과 협력'을 강화하기 위한 시간이었습니다. 토의 주제 중 하나는 정해진 시간 내에 일을 마치지 못한 후배 직원과 소통하는 방법이었습니다. "그래… 어떻게, 뭐부터 하면 이것을 해결할 수 있을까?" 사수는 적극적으로 급한 불부터 끄기 위해 노력하는 모습을 보였습니다. 하지만 그 순간 속마음을 묻자, (조금 과장해서 우스갯소리로) "너한테 맡긴 내가 잘못이지" "역시나구나…" "회사가 놀이터니?" "일정을 미리 체크하지 못한 내 잘못이지" 등 공허한 자책과 상대를 비난하는 말뿐이었습니다. 신뢰가 무너지는 순간이었습니다. 임기응변으로 일은 잘 처리되었겠지만, 감정의 골은 깊어졌을 겁니다.

기업의 리더들과 수년 동안 소통하면서 감정이라는 주제를 다루어왔습니다. 그때마다 리더들은 '그런 거 몰라요' '그런 거 생각할 새가 있나요?' '감정은 사치입니다' 등 낯설고 친숙하지 않다는 동일한 반응을 보였습니다. 내로라하는 유수 기업의 리더들과 조직의 감정은 어디로 사라진 걸까요? 과연 이대로 감정을 외면한 채 살아가도 괜찮은 건가요?

대부분의 리더는 성과를 내는 것보다 사람, 즉 관계가 더 어렵다고 말합니다. 실무자로서 혼자만 잘해도 성과를 인정받을 수 있었다면, 관리자라는 보직을 맡고부터는 성과 창출의 방법이 바뀌는 것입니다. 나 혼자가 아닌 조직 구성원을 통해 성과를 이끌어내는 것이라는 역할에 따른 인식의 전환이 필요한 것입니다. 앞장에서 다루었듯이 관리자로서 매니징이 중요한 것에 비해 관계를 잘 다루는 법에 대해서는 준비가 되어 있지 않습니다. 록펠러는 "관계 능력을 높이는 것은 하늘 아래 그 어떤 것보다 가치 있다"라고 합니다.

그럼 어떻게 해야 관계 능력을 높일 수 있을까요? 피터 셀러베이와 존 메이어(1990)는 자신과 다른 사람의 정서를 인지하고 식별하여 그 결과를 생각과 행동에 활용하는 능력이 정서지능이라고 소개합니다. 타인이 보내는 비언어적인 정보뿐만 아니라 감정을 잘 인지하고 자신의 감정을 조율해서 소통한다면 어디에서든 누구와도 좋은 관계를 유지할 수 있다고 강조합니다. 일을 잘 해낼 수 있는 역량을 키우는 것도 중요하지만, 그 역량을 잘 펼칠 수 있는 환경을 조성하는 것과 잘하고 싶다는 감정이 들게 하는 것이 우선입니다.

《감정의 발견》을 집필한 예일대 마크 브래킷 교수는 한 인터뷰에서 흥미로운 리더십 연구 결과를 언급한 바 있습니다. 코로나 팬데믹 이전에는 구성원들이 자신들의 어려움을 공감해주고 도움을 주는 리더를 원했다면, 팬데믹 이후에는 자신의 감정을 잘 조절하는 리더를 훨씬 더 선호한다고 합니다. 이는 불확실한 상황에서 자신의 감정을 잘 이해하고 관리할 수 있는 리더의 역량이 훨씬 더 중요해진다는 의미로 해석됩니다. 리더 자신과 조직 구성원의 감정을 잘 살피고, 이를 소통과 성과를 위해 연결하는 것이 무엇보다 중요합니다. 이를 위해 조직에서 경험하게 되는 다양한 감정들 중 팀장인 자신의 감정을 먼저 인식하고 조절하는 것이 선행되어야 할 것입니다. 팀장이 되고 나서 경험하게 되는 다양한 감정들을 먼저 만나보겠습니다.

리더의 외로움

다음은 신임 팀장 그룹 코칭의 한 장면입니다.

코치 팀장이 되고 나서 느끼는 가장 큰 변화는 무엇인가요?
A 팀장 외로움이요. 평소에 친하게 지내던 팀원들과 데면데면해지고 은근히 슬슬 피하는 눈치도 보이고, 예전 같지 않은 모습에 당황스럽기까지 합니다.
코치 그러셨군요. 정말 낯선 경험이셨을 것 같아요. 평소 팀장님은 친근하고 다정다감하신데, 팀원들의 달라진 모습에 그럴 만도 하셨겠어요.

> **B 팀장** 그 이야기를 듣다 보니 저도 예전에 저의 팀장님이 떠오르네요. 저는 오히려 잘 지내오다가 팀장이 되면서 관계가 소원해지고 거리감을 두는 모습에 무척 서운했었습니다.

팀장 보직을 맡고 역할에 따른 많은 변화 중에 '외로움'이라는 단어가 먼저 불쑥 튀어나옵니다. 이 외로움은 어디서 비롯된 것일까요? 무엇이 이런 감정을 불러오게 했을까요? A 팀장의 속마음은 다음과 같습니다.

> 며칠 전까지만 해도 형, 동생처럼 가깝게 지내던 후배와 식사하는 자리조차 뜸해졌다. 일찍 출근해서 함께 마시던 커피 한잔도 눈치를 보게 된다. 밥 한번 먹자고 선뜻 말하기도 꺼려진다. 어쩌다 사석에서 이야기를 나누다 보면 말꼬리를 흐리거나 말을 하다 마는 조심스러움마저 느껴진다. '내가 이렇게 소외되는 사람이었나? 이 외로움은 뭐지?' 낯설기만 하다.

A 팀장은 혼자 일하는 것보다 동료들과 함께 밀어주고 끌어주면서 일하는 것이 얼마나 효과적인지를 잘 알고 있습니다. 일이 힘들어도 사람을 통해 문제를 해결해나가며 성과를 만들어내는 것이 얼마나 중요한지 잘 알고 있습니다. 팀장 역할이 주어졌을 때, 그런 동료들을 믿고 기꺼이 팀장 보직을 수락했을지 모릅니다. 그러나 막상 팀장이 되고 보니 아군이라고 생각했던 선후배들은 온데간데없고 공허함과 외로움이

밀려옵니다.

　남의 일로만 생각했었던 일이 막상 자신의 일로 닥치고 나니 당황스러웠을 것입니다. 대인관계에 강점이 있는 A 팀장은 다를 줄 알았을 겁니다. 한편으로는 자신이 팀원이었을 때를 기억해보면 어쩌면 자연스러운 일일지도 모릅니다. 예를 들어, 1박 2일 팀 워크숍을 갔는데 2인 1실을 써야 하는 상황입니다. 그러나 누구도 팀장과 같은 방을 쓰고 싶어 하지 않았습니다. 왜 이들은 팀장을 이토록 어려워 하는 걸까요? 팀장은 나에게 업무를 지시하고 피드백하며 평가를 하는 사람이기 때문입니다. 아무리 좋은 선배여도 그런 역할 자체가 주는 거리감과 부담감은 존재할 수밖에 없습니다.

　리더에게 외로움은 숙명입니다. 지독하고 치열하게 고민해야 하는 외로운 순간들이 많이 있습니다. 팀장들은 이러한 외로운 정서에 대해 간과하지 않길 바랍니다. 외로움은 상대에게 이해받지 못하거나 공감받지 못한 마음의 상태입니다. 따라서 이런 외로움과 고립감이 지속된다면 우울감이나 스트레스에 시달리게 됩니다. 리더의 감정은 전염emotional contagion되기도 합니다. 이러한 부정적 정서는 팀 전체뿐만 아니라 중요한 의사결정에도 영향을 미칠 수 있습니다.

　그럼 감정을 어떻게 관리해야 할까요? 외로움이 숙명이라면 외로움 뒤에 숨어 있는 두려움을 봐야 합니다. 혹시 무능한 팀장으로 보일까 봐, 심약한 부분을 보이면 팀원들도 불안해하고 위기감을 느끼게 될까

봐 걱정될 수도 있습니다. 팀장의 역할을 수행하는 나는 어떤 사람인지에 주목해봅니다. 지극히 인간적인 면모, 어떤 것을 선호하고, 어떤 부분에서 힘든 감정을 느끼는지, 즉 나약함을 드러내고 상호 신뢰와 공감대를 형성하는 것입니다.

여기서 리더의 나약함은 약점이나 못난 모습만을 의미하는 것은 아닙니다. 솔직함이 담긴 진정성 있는 자기 개방인 것입니다. 리더는 모든 상황에 대해 답을 알고 있고, 무슨 일이든 완벽하게 해내는 사람이 아님을 보여주는 것입니다. 팀장도 때때로 실수할 수 있고, 잘 모르는 부분이 있다면 솔직하게 인정하는 모습입니다. 팀장은 업무를 지시하고 평가하는 사람만이 아닌 함께 성과를 만들어가는 존재라는 것을 보여주는 것입니다.

허심탄회하게 말하고 들어주는 누군가만 있어도 덜 외롭습니다. 코칭을 통해 내면의 감정에 접촉하고 앞으로의 솔루션을 찾아가는 것도 좋은 방법 중 하나입니다. 장기적인 측면에서는 사내에서 솔직하게 소통할 수 있는 관계 네트워크를 구축하는 것도 중요합니다. 늘 '예스'라고 말하는 팀원이 아닌 솔직한 피드백을 줄 수 있는 팀원, 나의 경험이나 실수도 마음 터놓고 나눌 수 있는 동료, 수평적·수직적으로 관계들을 형성하여 거리감을 줄이고 친밀한 대화를 자주 나누길 바랍니다. 역할과 사람을 분리해서 팀장 역할을 수행하길 바랍니다. 때로는 완장을 내려놓고 온전히 인간적인 모습을 보여주는 시간을 마련해보면 어떨까요?

진짜 하고 싶은 말

매년 〈포춘〉지에 기업문화가 우수한 GWP^{Great Work Place} 100대 기업을 선정합니다. GWP는 미국의 로버트 래버링^{Robert Levering} 박사가 20년간 기업 현장연구를 통해 재무적 성과가 뛰어난 기업들의 문화적 특징을 정립한 개념으로 다음 세 가지의 요소로 정리할 수 있습니다.

첫째, 서로가 신뢰해야 한다.

둘째, 자기가 하고 있는 일에 자부심을 가져야 한다.

셋째, 신바람 나게 자신이 하고 있는 일을 즐겨야 한다.

팀장이라면 누구나 꿈꾸는 조직문화가 아닌가 싶습니다. 서로를 신뢰하고 자신의 일에 자부심을 느끼며 즐겁게 일하는 팀 문화를 무엇보다도 기대하지만 뜻대로 되지 않을 때가 있습니다. 팀 워크숍에서 가장 많이 나오는 단어 중 하나는 '신뢰'입니다. 너나 할 것 없이 강조하고 있는 신뢰는 대체 어디서부터 어떻게 쌓을 수 있는 걸까요?

중요한 결재를 받던 이 과장은 팀장에게 또 한차례 불편한 말을 들었습니다. 그 순간 나누지 못한 두 사람의 속마음을 들여다볼까요?

> 김 팀장의 속마음 이번에 진급한 이 과장은 5년 차라면 이 정도 보고서는 깔끔하게 해와야 하는 거 아니야? 믿고 맡길 수가 없어. 이 정도 연차면 일을 잘할 때도 되었는데, 가져오는 보고서는 늘 마음에 들지 않는군.

이 과장의 속마음 결재를 받기 위해 팀장님 앞에 서면 이제 식은땀까지 나기 시작한다. 업무지시를 하실 때 다소 고압적인 언행은 머리를 하얗게 만들고, 이번에는 또 무엇을 갖고 트집을 잡으려나 걱정부터 앞선다. 팀장님 앞에 서면 마치 뇌 기능이 마비가 된 듯 얼음 상태가 되어버린다. 얼마 전 팀 전체 회의 시간의 일도 그렇다. 모처럼 용기 내서 한마디 했건만 돌아오는 건 침묵뿐이었고, 괜한 말을 했다는 후회뿐이었다. 가만히 있으면 중간이라도 갈 수 있었을 텐데 나의 무지함과 무능함을 한 번 더 각인시키는 순간이 되어버렸다.

김 팀장과 이 과장 사이에는 신뢰가 깨져 있고, 이 과장은 더 이상 즐기면서 일을 할 수 없는 게 분명해 보입니다. 세상의 어떤 팀장도 의도적으로 이런 분위기를 원하지 않을 겁니다. 둘만의 문제가 아닌 팀 전체, 나아가서는 성과에도 영향을 미칠 수 있기 때문입니다. 서로 어긋나기 시작한 퍼즐 조각의 시작은 어디일까요?

팀장의 입장에서 보고서가 기대에 못 미칠 때 물론 실망스럽고, 언짢을 수 있습니다. 마음에 쏙 드는 보고서를 만들려고 애쓴 이 과장 역시 속상하고, 안타까울 것입니다. 실무적으로 많은 경험을 하고 인정을 받아서 팀장 자리까지 올라간 것이라면 그 어떤 팀원이 팀장의 실무 능력을 단숨에 뛰어넘을 수 있을까요? 업무적으로 다소 부족한 것은 당연한 일일지도 모릅니다.

김 팀장과 이 과장 사이에 신뢰를 회복하기 위해 제일 먼저 해야 하는 것이 무엇일까요? 무엇보다도 업무를 지시하기 전에 기대사항을 합의하는 것입니다. 원하는 보고서가 무엇인지 명확히 하는 것입니다.

- 김 팀장은 이번 보고서에 어떤 기대사항이 있나요?
- 이 과장에게 기대하는 역량은 무엇인가요?
- 팀장에게 믿을 만한 보고서는 어떤 건가요?

이것은 내용들은 업무지시 전에 팀장의 머릿속에 정리되어야 하는 내용입니다. 당연히 '알아서 잘해오겠지. 기대 이상은 해오겠지'라고 생각하는 것은 합의되지 않은 가정과 기대일 뿐입니다. 서로의 의도가 분명하게 합의되지 않아서 크고 작은 갈등을 초래합니다.

기대하는 보고서가 아닐 때 왜 이런 일이 일어났으며 다음에 어떤 상황이 펼쳐질지 머릿속으로 자신만의 이야기를 만들게 됩니다. 인지적 해설을 토대로 한 판단과 감정은 사실이 아님에도 사실처럼 느껴질 때가 있습니다. 우리의 뇌는 효율성을 지향하기 위해 상황을 빠르게 판단하고 대처하는데, 이를 과학자들은 선입견이라고 부릅니다. 여기서 김 팀장의 감정은 판단이나 선입견에서 비롯된 것입니다.

- 이 과장은 경력에 비해 일을 잘 못 해.
- 이 과장이 가져오는 결과물은 늘 부족해.
- 이 과장은 책임감이 부족해.

이렇게 선행된 생각은 실망스러운 감정을 만들어냅니다. 이 과장의 행동을 관찰하고 그가 처한 상황을 살피기보다는 그의 성격이나 타고 난 기질적 요인과 관련해서 가정하는 것을 '기본적 귀인 오류fundamental attribution error'라고 합니다.

김 팀장은 이 과장에게 집안 사정이 있었거나 과도한 업무로 인해 다소 부족한 결과물을 가져왔을 수도 있다는 정황을 알지 못하기 때문에 그저 능력이 부족하거나 책임감이 없다고 판단했을 수 있습니다. 하지만 이것이 자신의 상황이라면 정반대로 해석하게 됩니다. 내가 성격적인 결함이 있어서가 아니라 보고서를 잘 만들어낼 수 없었던 불가피한 상황이나 사정이 있는 것입니다.

팀원이 업무를 잘 수행하지 못했을 경우 그동안 축적된 경험 데이터를 기반으로 한(아닐 수도 있는) 판단이나 선입견이 개입하게 됩니다. 정말 '늘, 매번' 부족했나요? 한 가지 사건을 영속적으로 지속할 것이라고 믿고 있나요? 이 과장은 단 한 번도 마음에 들게 업무를 한 적이 없을까요? 영속성의 함정에 빠져 일시적인 것을 영구적인 것으로 판단하는 것입니다. 부분적인 것을 전체로 해석하고, 하나의 사건을 그 사람의 본질로 바라보는 것에서 오는 오류입니다. 감정은 이런 잘못된 생각이나 판단들로부터 비롯됩니다. 감정을 일으킨 판단과 평가들은 관계의 방해꾼이 됩니다. 구성원들 중에 부정적 감정이 드는 팀원이 있다면 감정의 왜곡을 가져오는 나의 생각 렌즈를 면밀하게 살피고 나의 사고(감정) 패턴을 아는 것이 중요합니다.

사실인지, 판단인지를 필터링하는 것이 첫 단계이지만 많은 노력이 필요합니다. 예를 들어 김 팀장은 이 과장에게 간밤에 급한 일로 전화를 했지만, 이 과장은 받지 않았습니다. 김 팀장은 무시받는 기분이 들어 더욱 화가 났습니다. 사실, 이 과장은 야근을 하면서 급한 일을 처리하느라 전화를 받지 못한 것입니다.

전화를 받지 않은 것과 전화를 받지 못한 것에는 큰 차이가 있습니다. 전화를 받지 않았다고 생각하니 나를 무시한다고 판단하게 되면서 더욱 불편한 감정이 들게 됩니다. 전화를 받지 못할 피치 못할 사정이 있다고 생각한다면 기다려볼 수 있고, 늦더라도 회신을 달라는 메시지를 남길 만한 여유가 생깁니다. 그렇다면 이 사례에서 좀 더 사실적인 접근은 무엇일까요? 상대의 상황을 정확히 알지 못하는 상황에서는 "전화가 연결되지 않았다"가 보다 중립적인 정보 처리입니다. 사실을 있는 그대로의 사실로 바라보는 연습이 필요합니다.

다음의 자기 점검 질문을 통해 다른 관점을 가져보세요.

- 팀원이 처한 상황에 대해 내가 어떤 가정을 하고 있는가?
- 내 생각이나 판단이 틀릴 가능성은 없는가?
- 나는 현재 발생한 문제에 대해 어떤 기여를 했는가?
- 팀원의 행동을 해석할 수 있는 다른 관점은 무엇인가?

커뮤니케이션은 라틴어에서 왔으며, 의미는 '공유하다', '전달하다', '함께 논의하다'라는 의미를 담고 있습니다. 따라서 소통은 각자의 경험치에 따라 만들어진 생각, 가치관, 신념, 감정, 기대사항 등을 나누는 공유 활동입니다. 대화를 시작하기 전에 무엇을 공유할지 미리 준비하는 것이 중요합니다. 누구도 불편한 관계를 극대화하기 위해, 상대를 비난하려는 목적으로 대화를 시작하지는 않을 겁니다. 적어도 팀장들이라면….

그렇다면 김 팀장은 어떤 말을 공유하고 싶었을까요? 진짜 전하고 싶었던 말은 무엇이었을까요? 다음은 김 팀장의 기대사항입니다.

"이 과장이 능력을 잘 발휘하면 좋겠다."

"이번 일이 잘 성사되어 우리 팀의 성과로 이어지면 좋겠다."

"이번 일에서 장애물이 있다면 아낌없는 지원을 해주고싶다."

대화를 하기 전에 어떤 감정과 기대사항을 공유할지 미리 정리하고 시작하길 바랍니다(구체적인 전달 방법은 4장 참고).

진짜 감정

"지각하는 팀원을 보면 화가 나요!"

"마감일을 지키지 못하는 팀원을 보면 울화가 치밀어 오릅니다."

"회의 중에 주식을 보고 있는 팀원들 보면 화가 나서 미칩니다."

'화가 많이 나요' '울화가 치밀어 오릅니다'라는 말을 자주 쓰게 됩니다. 어쩌면 습관적으로 화를 만나고 있는지도 모르겠습니다. 굴러가는 축구공을 잡으려고 찻길에 뛰어드는 어린 아들에게 화를 내는 엄마의

'화'는 무엇일까요? 순식간에 위험을 감지한 엄마는 아들의 안전을 위해 소리치고 다그친 것입니다. 그 호통에 묻혀 가려진 엄마의 속마음은 무엇인가요? '위험해! 조심해!'라는 외침과 함께 진심으로 걱정하는 마음일 것입니다. 아들의 안전을 위해 화를 내는 엄마를 보며 사랑을 느끼지 못할 사람이 있을까요? 부모와 자식 사이에는 의심의 여지가 없는 사랑이 전제되어 있기에 가능한 것입니다.

직장은 어떤가요? 팀장이 안타까운 마음에 화를 내면 그것이 사랑, 걱정, 염려로 자동 정화되어 온전하게 전해지나요? 그저 화를 잘 내는 팀장, 욱하는 팀장, 감정조절이 잘 안 되는 팀장입니다. 간혹 화는 잘 내지만 뒤끝 없는 팀장님이라고 하면서 애써 좋은 점을 찾아보기도 합니다. 앞의 사례에서 화 이면에 미처 살펴보지 못한 진짜 감정을 무엇일까요?

감정은 중요한 신호^{signal}입니다. 감정은 현재 나의 욕구를 인식할 수 있는 정보를 제공합니다. 욕구가 충족되면 긍정적인 감정을 경험하게 되고, 욕구가 충족되지 않으면 부정적인 감정을 느낍니다. 감정의 이름을 붙이기 이전에 어떤 욕구가 있는지 살펴봅니다. 〈그림 2-1〉의 빙산 모델을 보면 우리가 관찰할 수 있는 말과 행동은 빙산의 일각에 불과합니다. 말과 행동을 통해 유추해볼 수 있는 감정은 수면 바로 아래에 있고, 감정을 일으키는 욕구는 수면 깊은 곳에 자리합니다.

[그림 2-1] 빙산 모델

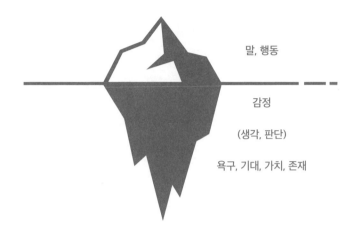

말, 행동

감정

(생각, 판단)

욕구, 기대, 가치, 존재

다음의 코칭 사례를 통해 살펴봅니다.

"지각하는 팀원을 보면 화가 나요!"

이 팀원을 바라보는 팀장에게는 어떤 욕구, 기대가 있을까요? 빙산 모델에서 볼 수 있듯이, '말과 행동 - 감정 - (생각, 판단) - 욕구, 기대, 가치, 존재'가 있는데, 감정과 욕구 사이에는 생각이나 판단이 작동하게 됩니다. 감정보다 선행된 팀장의 판단, 선입견은 무엇인가요?

'요즘 세대는 참 게을러.'

'자기 멋대로군.'

'MZ세대들의 근태는 나 때 같지 않아.'

이러한 생각으로부터 한숨, 실망, 한심스러운, 답답한 등의 감정이 생깁니다. 이에 따라 세대 차이를 운운하면서 관계를 포기하거나 딱히 방법을 몰라 답답해하면서 전전긍긍할 수 있습니다. 때로는 감정을 조절하지 못하고 표출해버리는 순간이 올지도 모릅니다.

수면 깊은 곳에 자리한 욕구, 기대, 가치, 존재 측면을 살펴보면 팀장은 성실, 근면, 책임감의 가치가 중요했습니다. 신임 팀장이 되고 나니 조직관리가 뛰어나다는 인정을 받고 싶고, 팀원들로부터는 존중받는 팀장이 되고 싶었던 것입니다. 이러한 가치, 욕구, 존재로부터 안타까움, 불안함, 두려움, 속상함 등의 감정을 경험합니다. 정말 놀라운 발견입니다.

팀장은 도무지 이해되지 않는 팀원에게서만 원인을 찾으려고 했습니다. 하지만 이 감정의 발원지는 너가 아닌 나의 내면에 있었습니다. 진짜 감정을 만나게 되면 진정 내가 원하는 것을 향해 한걸음을 내디딜 수 있습니다. 신임 팀장으로서 받게 될 리더십 평가와 팀원의 인사부 기록부에 오점을 남기게 될지 모른다는 걱정도 있었겠지만, 유능하면서 좋은 리더가 되고 싶은 진실한 마음을 만나게 될 것입니다.

이러한 선한 마음을 어떻게 전달하면 좋을까요? 누군가에게 개선이 필요한 행동에 대해 말하고 싶을 때, **너**로 시작하면 공격이 되지만, **나**로 시작하면 나의 감정과 구체적인 기대사항을 보다 잘 전달할 수 있습니다.

행동	문제를 야기시킨 상대방의 행동을 **사실 그대로** 말하기 OO 팀원은 최근 3차례 연속으로 지각을 하더군요.
감정	상대방의 행동으로 인한 **나의 감정** 말하기 자율근무제를 시행하면서 HR부서에서 근태 관리를 철저히 하고 있는데, 팀원 관리를 제대로 못 한다고 지적을 받을까 염려가 됩니다.
기대사항	상대방의 행동에 대한 나의 **구체적인 기대사항** 말하기 앞으로는 이와 같은 일이 발생하지 않게 미리 연락해주면 좋겠어요.

네가 (행동)하니까, 나는 (감정)해서, 앞으로 (기대사항)해줄래?

마크 고울스톤Mark Goulston의 《뱀의 뇌에게 말을 걸지 마라》에서 인간은 세 개의 뇌가 있다고 소개합니다. 대화의 시작을 '너You'로 시작하게 되면 뇌는 이성적인 사고를 멈추고 자신을 보호하는 데 에너지를 쓰게 됩니다. "너는 왜 매번 지각이야?"라고 대화를 시작한다면, 그 말을 들은 상대(너)는 공격이나 위험한 상황으로 인지하게 됩니다. 위험을 감지한 상대는 자신을 보호하기 위해 파충류의 뇌(뱀의 뇌)가 투쟁fight과 도피flight 반응을 하게 됩니다. 이런 현상을 '감성지능emotional intelligence'의 창시자인 심리학자 다니엘 골만Daniel Goleman은 '편도체 납치amygdala haijak'라고 합니다. 감정과 사고를 관장하는 뇌의 조종사(전두엽)가 통제권을 상실하고 비행기의 조종대를 뱀에게 빼앗기게 된 것이나 다름없습니다. 사람의 모습이지만 파충류(뱀) 뇌의 관장으로 이성적 사고를 하지 못하는 상태라고 할 수 있습니다. 만만한 상대 같으면 싸울 것이고, 만만치 않은 상대라면 그 권력 앞에서 꼬리를 감추며 숨어버리는 행동을 선택할 것입니다. 이럴 때는 다시 평온한 상태가 될 때까지 기다렸다가 대화를 시도하는 것이 좋습니다. 아니면 애당초 파충류(뱀)의 뇌에 통제권을 상실하지 않도록 '너'가 아닌 '나'로 시작하는 대화를 시도해보면 어떨까요?

팀원들의 감정
체크인

동기부여가 필요해 보이는 팀원:
의욕적이지 않고 마지못해 일하는 듯한 팀원

저번에도 업무를 지시할 때 이런 모습을 보였으니 일에 대해 의욕이 없는 게 분명하다는 확신이 드시나요? 나의 판단과 해석에서 출발하면 걷잡을 수 없이 마음이 멀어집니다. 그동안 열심히 일해온 팀장들은 이런 팀원을 만나게 되면 옛날 생각이 스쳐 지나가면서 '나 때는 이러지 않았는데…. 회사에 오면 당연히 열심히 해야 하는 거 아닌가?'라는 생각과 함께 복잡한 감정들이 밀려옵니다. 일은 어떻게든 해나가겠는데, 다양한 팀원들을 어떻게 다루어야 할지 난감합니다. 리더십 교육을 꾸준히 받아왔지만 모든 것이 경우에 따라 다르기에 매번 고민스럽습니다. 결론부터 말씀드리면 모든 이슈를 해결할 수 있는 마스터키가 있는 것은 아닙니다. 하지만 팀원들의 마음을 열 수 있는 단 하나의 열쇠는 신뢰입니다. 모두가 저마다 그럴만한 이유가 있을 거라고 믿어주고, 그것에 대한 호기심을 갖고 다가가는 것입니다. 팀장이 좋은 리더가 되고 싶듯이 팀원들도 도움이 되는 팀원이 되고 싶다는 믿음에서 출발하는 것입니다. 잠시 나의 판단이나 해석을 보류하고, 마음을 열고 다가가기 위해 다음의 대화 프로세스로 진행해보세요.

관심 대화로 시작하기
"요즘 어때요? 많이 바쁘죠?"
"출근해서 A 팀원을 가장 즐겁게 하는 것은 뭔가요?"

공감대 형성하기
"새로 시작한 일로 많이 힘들죠?"

다가가는 질문하기
"요즘 부쩍 힘들어 보이던데, 지금 하고 있는 일은 어떤가요?"
"누구와 일할 때 케미가 잘 맞나요?"
"가장 강력한 에너지원(원동력, 동기)은 무엇인가요?"
"현재 하는 업무를 더 잘 해내기 위해 필요한 역량이나 지원이 있다면 무엇인가요?"
"아무 제약이 없다면, 어떤 것을 해보고 싶나요?"
"팀장으로서 놓치고 있는 게 있으면 말해줄래요?"

이때 핵심 포인트는 적절한 질문도 중요하지만, 어떤 답변이 나오는지 호기심 가득한 눈빛과 따뜻한 가슴으로 경청하는 것입니다.

1단계 경청:

자기 중심적 경청(무슨 질문을 할까? 어떻게 나의 주장을 할까?)

1단계 경청은 자신의 내면의 소리를 듣는 것입니다. 나의 의견, 판단, 느낌과 주관적인 해석이 개입하게 되면 경청의 몰입도가 떨어지고, 상대의 존재에 대해 관심이 없습니다. 지금 말하고 있는 내용이 상대방에게 어떤 영향을 미치고 있는지 인식하지 못하게 됩니다. 예를 들면, 상대가 하는 말과 유사한 자신의 경험을 떠올리게 됩니다. "나도 비슷한 경험이 있는데…. 네가 힘든 건 힘든 것도 아니야"라면서 상대가 하는 말을 멈추게 합니다. 또는 '말도 안 되는 소리를 하고 있군.' '아, 바쁜데 말이 너무 장황하네.' 이런 내면의 소리가 단순한 환경적인 제약이 아닌, 자신의 패러다임이나 선입견, 판단으로부터 발생한다면 이를 제거하기가 쉽지 않습니다. 따라서 이러한 나의 상태를 끊임없이 알아차리고, 상대에 대해 호기심을 갖고 경청하려는 노력이 필요합니다.

2단계 경청:

상대 중심 경청(무슨 이야기를 하고 있나?)

모든 관심이 상대에게 집중되어 있으며, 세심한 주의를 기울이며 상대의 말을 경청합니다. 상대방이 말하는 세부 내용과 그 의미를 이해하는 데 집중합니다. 상대의 현재 상태에 집중하며, 상대방이 생동감 있고 창의력을 발휘하고 있는지, 위축되거나 무관심하거나 무언가에 저항하고 있는 상태인지를 파악하며 듣는 것입니다.

"요즘 많이 무기력하군요."

"자신이 한심하게 느껴졌군요."

"새로운 일을 맡는 것이 두렵군요."

3단계 경청:

총체적 경청(상대의 기분, 에너지, 내면의 생각까지 경청)

다양한 관점에서 듣는 것을 포함하여 부드럽게 집중하는 경청입니다. 정서적인 변화를 간파하고 직관을 통해 느껴진 것을 더 많이 드러내며 말하는 것입니다. 상대방이 어떤 영향을 받고 있는지 상태의 변화를 지각하고, 그 변화를 좀 더 깊게 탐색하며 듣습니다. 더 깊은 곳에 있는 상대의 욕구와 기대사항 등을 듣습니다.

"정말 잘 해내고 싶었다는 게 느껴져요."

"팀에 도움이 되고 싶었군요."

"당신이 이번 일을 수행하는 과정을 보면서 얼마나 성실하고 책임감 강한 사람인지 알게 되었어요."

대단한 스킬은 아니지만, 어떤 팀원이든 간에 앞서 판단하거나 평가하지 않고 근황을 잘 탐색하며 초점 있는 대화를 한다면 뜻밖의 혜안을 만나게 됩니다. 이때 정말 중요한 것은 취조하듯이 질문하는 것이 아닙니다. 문제 너머에 있는 사람의 본질에 접근하는 질문을 하고 진심으로 공감하며 경청하는 것입니다. 질문을 던진다는 것은 그 답변을 존중하고 잘 들을 준비가 되어 있다는 의미가 전제되어 있습니다. 좋은 질문을 하고 잘 듣지 않는다면 그 질문은 무용지물이 됩니다. 단계별 경청을 하면서 발견된 내용들(꽃송이)을 잘 묶어서 꽃다발을 만들어 다시 돌려주는 것이 반영적 경청입니다.

"당신은 ○○을 중요하게 생각하는 ○○한 분(존재)입니다."

감당하기 어려운 감정을 경험한 사람에게 필요한 것은 문제에 대한 조언이나 해법을 주는 것이 아닌, 진심으로 잘 들어주는 것입니다. 상대방에게 자신의 감정에 대해 말할 수 있는 시간과 공간을 허락해주는 것은 그들에게 다시금 삶에 대한 통제권을 갖게 하는 것입니다. 이러한 대화를 하는 것만으로도 팀원의 역량을 향상하고 동기를 강화하는 데 큰 도움이 될 것입니다.

눈물을 쏟는 팀원:
성과평가 면담 시, 왈칵 울음부터 터뜨리는 팀원

울음에 익숙하지 않은 팀장들은 적잖게 당황스러울 수 있습니다. 그 순간 그런 자신의 감정을 알아차리는 것 또한 중요합니다. 당황한 팀장은 빠른 속도로 과거 경험들을 통해 그럴듯한 가설을 세웁니다. '열심히 했는데 승진에서 누락돼서 억울한 건가? 아니면 나한테 감정이 있나? 집에 무슨 일이 있는 건가? 어쩌면 말 못 할 사정이라도….' 어떻게 해야 할지 방법을 찾느라 머릿속이 분주합니다. 그동안 크고 작은 일들을 잘 해결해온 팀장은 이 순간에도 빠르게 해결책을 찾고자 애를 쓰게 됩니다.

이 순간, 최고의 문제해결은 무엇인가요? 눈물을 멈추게 하고 눈물의 원인을 규명하여 시원한 해결안을 제시하는 것일까요? 방법을 찾느라 바빴던 모든 안테나를 내가 아닌 상대에게 집중해보길 바랍니다. 지금 이 순간 무슨 일이 일어나고 있는 건지 상대에게 물어보길 바랍니다.

"지금의 울음은 어떤 의미인가요?"

"어떤 감정이 드나요?"

스스로 감정의 버튼을 찾을 수 있도록 기다려줍니다. 혹시 그 감정을 알지 못할 때는 조심스럽게 감정을 읽어주는 것도 방법입니다.

"생각지도 못했던 결과를 받아서 많이 속상한가요?"

"정말 열심히 노력했는데 억울한 마음도 들 것 같네요."

"어떤 마음인지 이야기해줄 수 있나요?"

감정의 문을 열고, 그 감정을 발견할 수 있게 도와주는 것입니다.

이 지점에서 언어의 톤앤드매너가 중요합니다. 감정에 있어서 중요한 것은 호기심과 진정성을 갖고 따뜻하게 다가가는 것입니다. 그리고 그 감정을 충분히 공감해줍니다. 공감의 핵심은 정서를 알아주는 것입니다. 최대한 상대의 입장이 되어 그 심정을 헤아려 보려고 노력하는 것입니다. 자기심리학의 하인즈 코헛은 공감을 '심리적 산소'라고 합니다. 산소는 꺼진 불도 살아나게 하는 가연성이 있고, 생명체에게는 생명을 이어갈 수 있는 중요한 성분이기도 합니다. 공감을 충분히 해주었을 뿐인데, "이제 살 것 같아요. 제 마음을 알아주는 것만으로 충분합니다"라는 고백을 듣게 될지 모릅니다.

바로 그 자리에서 모든 감정이 해소되지 않을 수도 있습니다. 공감은 위로와 안정감을 주지만 최종 솔루션은 아닐 수 있습니다. 잠시 감정을 추스를 수 있는 시간을 갖고 나중에 다시 이야기를 나눠보는 것을 추천합니다. 울음을 터뜨린 그 순간에 모든 것을 정리하려고 하지 말고, 시간을 두고 생각을 정리할 수 있도록 기다려주는 것이 좋습니다.

번아웃을 호소하는 팀원

번아웃burn out은 최근 팀장 코칭에서 자주 등장하는 이슈 중 하나입니다. 번아웃은 의욕적으로 자신의 목표 달성에 몰두하는 사람일수록 극도의 피로감과 소진 상태를 경험하는 현상으로 연소, 탈진, 소진증후군이라고도 합니다. 마치 다 타버리고 남은 연탄재처럼 일이나 삶에서 모든 에너지를 소모하여 신체적, 심리적으로 균형이 무너진 상태를 의미합니다. 대표적인 증상으로는 '내가 왜 이 일을 해야 하는지 모르는 상태'이며, '무엇을 해야 하는지 동기와 욕구가 사라진 상태'입니다. 이것이 반복적으로 학습된다면 무기력으로 이어지기도 합니다.

코로나 팬데믹을 거치면서 코로나 번아웃Corona Burnout Syndrome이라는 신조어가 출현하고, 구성원의 마음방역이 우선이라고 강조합니다. 무엇보다도 번아웃은 개인이 스스로 먼저 관리해야 하는 것이지만, 조직 차원에서도 살펴봐야 할 중요한 마음 관리입니다.

우리는 언택트 시대에 살고 있습니다

코로나19로 인해 기업 3곳 중 1곳이 재택근무, 화상회의 등 원격근무 방식을 도입했습니다. 또한 코로나19 이후로 업무 방식의 변화 실태 조사에서 '코로나19 이후 원격근무를 시행했다'고 응답한 기업은 34.3%로 코로나 이전보다 4배 이상 증가했습니다. 막상 직접 해보니 대면 못지 않게 업무 효율성이 비슷하거나 84% 개선되었고, 직업 만족도도 83%로 증가했다고 보고되었습니다(대한상의, 2020.06).

빠르게 변화하는 시대에 대응하는 우리의 효율적인 업무 방식은 또 다른 차원의 소진을 불러오고 있습니다. 재택근무가 장기화하면서 물리적 공간이 제공하던 유대감, 소속감이 박탈되며 구성원들은 상실감, 외로움, 짜증, 근심, 소외감, 고립감 등의 심리적 문제를 겪는 경우가 높아졌습니다. 하물며 근무 시간에 개인적인 용무를 보는 경우에는 죄책감마저 느끼게 된다고 합니다. 언택트 상황에서 퍼스널 케어가 더욱 강조되고 있습니다. 같은 공간에서 일을 할 때에는 교류하는 시간이 허락되었지만, 스마트 워크가 보편화되면서 유대감을 형성하는 것에 더욱 세심한 노력이 필요합니다.

재택근무하는 팀원에게 하면 안 되는 말

"집에서 일하니까 좋지?"

"얼굴 좋아졌네."

"자리비움이 길던데 집안일로 바쁜가 봐? 일은 언제 해?"

차마 내뱉지는 않았지만, 잠시 이런 생각을 한 적이 있을까요?

재택근무하는 팀원의 입장에서는 차라리 회사에 출근하는 게 더 낫 겠다 싶을 정도로 고군분투하고 있을 가능성이 큽니다. 자녀가 있는 경 우 각자의 방에서 온라인 수업과 업무를 병행하고, 끼니때마다 식사를 챙겨야 하는 부모의 역할까지 수행해야 합니다. 일과 가정이 분리되지 않은 채 업무를 하고 있을 구성원의 입장을 십분 헤아리고 공감해준다 면 어떨까요?

"김 책임, 재택근무하느라 수고가 많지? 애들도 돌보면서, 일까지 차 질없이 해내는 게 쉬운 일이 아닌데, 급한 업무들을 잘 처리해줘서 고 마워요."

"이 연구원, 아무리 바빠도 점심은 꼭 챙겨 먹어가면서 해요."

서로 각자의 위치에서 애쓰고 있음을 알아주고 공감해준다면, 정서 적 연결감을 느끼며 조금 더 힘을 내볼 수 있을 것입니다. 연구에 따르 면, 조직 내에서 상사와 동료의 정서적 지지는 무엇보다도 직무에 대 한 스트레스를 낮추고 번아웃을 덜 겪게 하는 것으로 확인됩니다. 물 론 팀장 또한 언택트 상황에서 팀원을 챙기는 것이 쉽지 않을 텐데 여 러모로 신경 쓰고 있는 팀장 자신에게도 위로와 인정의 자기 대화^{self-talk} 를 자주 시도해보길 바랍니다.

우리는 비효율적이거나 비효과적인 업무 관성으로 살고 있습니다

많은 연구에 의하면 조직 차원에서 비합리적인 업무량이나 비효율적 업무 방식, 마이크로 매니징, 형평성, 공정성, 투명성이 보장되지 않는 업무 등으로 인해 번아웃이 발생할 수 있다고 합니다.

"가뜩이나 바쁜데 또 회의야?"

"회의가 너무 많아. 회의 때마다 보고서 제출이 너무 많아!"

"이런 그레이존 업무는 언제까지 내가 해야 하는 거지?"

"굳이 내가 하지 않아도 되는 일을 신입이라는 이유로 계속 도맡아 해야 하네. 억울하다."

한숨 섞인 볼멘소리가 들리는 듯합니다.

일 잘하는 사람에게 업무가 몰리거나 역할이 모호한 일을 지속적으로 하게 되는 경우, 또는 주 업무와 관련 없는 잡무들을 하는 경우 번아웃의 단초가 되기도 합니다. 과하게 업무에 몰입하게 되면 높은 업무 강도와 고강도 압박으로 인해 에너지 소진이 가속화됩니다.

번아웃에 대한 마음방역을 위해 다음을 시도해보기 바랍니다.

첫째, 무엇보다도 구성원의 강점을 이해하고 업무별로 구성원에게 어떤 기대사항이 있는지 공유하고, 역할과 책임을 명확히 합니다.

"어떤 업무에 관심이 있나요?"

"원하는 커리어를 위해 더 개발하고 싶은 역량은 무엇인가요?"

"현재 업무를 수행하는 데 역량 수준은 어떠한가요?"

"우리 팀에서 기대하는 모습은 어떤 건가요?"

"아무 제약이 없다면, 어떤 것을 시도해보고 싶은가요?"

"현재의 역할 수행 시, 좀 더 개선되었으면 하는 것은 무엇인가요?"

이러한 질문들을 통해 팀원의 니즈를 파악하고, 팀장의 기대사항을 조율하여 그들의 강점을 잘 발휘할 수 있도록 돕습니다.

둘째, 완벽한 휴식입니다. 클린 브레이크^{clean break}라고 하는 진짜 휴일, 진짜 주말을 갖는 것을 의미합니다. 일과 삶이 분리되지 않아서 주말에도 일을 하는 경우가 종종 있습니다. 어떤 팀장은 여행지에도 노트북을 가져가서 간간이 급한 업무를 처리한다고 합니다. 문자, 전화, 업무 관련 네트워크에 새 글이 뜨면 몸은 퇴근했지만, 마음은 여전히 회사 업무에서 벗어나지 못하는 경우가 많습니다. 완벽한 휴식을 위해서 글로벌 자동차 기업 다임러는 '메일 온 홀리데이^{Mail on Holiday}'를 시행하고 있는데, 휴가자의 메일함에 새로 온 메일이 전달되면 자동으로 삭제되는 시스템입니다.

"우리 팀의 클린 브레이크 수준은 어느 정도인가요?"

"우리 팀에서 클린 브레이크를 위해 멈추어야 할 것, 지속해야 할 것, 새롭게 시도해볼 것은 무엇인가요?"

이러한 질문들을 통해 완전한 휴일을 위해 자유롭게 의견을 나누어보길 바랍니다. 혼자서 끙끙거리고 있는 상황들도 마음 편히 꺼내놓고 좀 더 나은 방향으로 나갈 수 있는 토의의 장을 마련해보기 바랍니다.

셋째, 일에 대한 자신만의 의미를 명확하게 정하는 것입니다.

번아웃에 대한 면역력을 키우기 위해서 무엇보다 중요한 것은 나는 무슨 일을 하는 사람인지 일의 의미와 가치, 영향력, 공헌력에 대한 성찰을 통해 자신의 삶과 일에 대한 의미를 재조명해보는 것입니다.

매슬라크 교수는 번아웃 상태를 정의하고 측정하기 위해 매슬라크 번아웃 인벤토리MBI를 만들었습니다.* MBI는 번아웃 여부를 확인하기 위해 세가지 기준을 적용하였는데, 그중에 하나인 탈진 또는 총체적인 에너지 부족 상태를 체크하는 것입니다. 여기서 혼란스러울 수 있는 것은 번아웃을 일으키는 탈진과 피로감을 구분하는 것입니다. 누가 봐도 피곤해 보이고, 저러다가 제풀에 지쳐 번아웃될 것 같다고 염려해본 적이 있나요? 대부분 직장에서 워커홀릭에 가까워 보이는 동료 중에 힘들어 보이는데도 긍정적인 에너지를 풍기는 직원들이 있습니다. 누가 시켜서가 아니라 스스로 업무에 몰입해서 즐겁게 일하는 팀원이 있습니다. 반면에 주어진 일을 꾸역꾸역 마지못해 해내는 팀원도 있습니다.

가장 큰 차이가 무엇일까요? 남다른 사명감으로 자신의 일을 즐기는 직원은 자신의 일에 대해 자부심을 갖고 그 의미와 영향력에 대해 명확하게 인지하고 있습니다. 반면 수동적인 직원은 특별한 동기 없이 스스로 하기보다는 지시와 명령을 기다리며, 의미 없이 강박적으로 분주하게 움직일 가능성이 큽니다.

단순한 업무지시와 급한 일을 그때그때 처리하는 데 급급하기보다는 잠시 멈추어서 일에 대한 자신만의 의미를 확고하게 정할 수 있는 시간을 갖는 것이 중요합니다. 이는 개인의 번아웃 예방에도 도움이 될 뿐만 아니라 성과 측면에서도 장기적으로 더 효과적입니다.

---

* 박정열, "팬데믹 시대, 리더에게 필요한 조직 내 심리방역", DBR 327호, 2021

넷째, 조직 내 대상objective **같은 중요한 타인이 존재하는 것입니다.**

여기서 대상은 중요한 타인을 의미하며, 부모는 자기 대상self-objective 의 대표적인 예입니다. 하인즈 코헛"은 누구나 타인으로부터 인정받고 싶은 자기애적 욕구가 있다고 합니다. 그렇기 때문에 자신의 존재에 대해 긍정적으로 반응을 보여주는(미러링) 자기 대상이 평생 필요하다고 강조합니다. 양육자의 관점에서 아이의 성장을 위해 부모가 자기 대상이 되어주듯이, 입사 초년생부터 성장기까지 함께하는 팀장은 조직 구성원에 자기 대상이 될 수 있습니다.

직장 내에서 자신의 존재를 인정해주고, 전폭적인 신뢰와 지지를 보내주는 동료가 많아진다면 자존감을 회복하고, 관계로부터 오는 정서적인 소진을 줄이는 데 많은 도움이 됩니다. 또한 불안이나 우울 같은 부정적인 감정으로부터 벗어나 건강한 사회인으로 거듭날 수 있을 것입니다.

다섯째, 완벽주의perfectionism**를 극복하는 것입니다.**

인간은 본래 교정반사를 갖고 태어납니다. 교정반사는 상대방의 문제를 적극적으로 고쳐주고 싶은 욕구를 의미합니다. 실무에 대한 경험과 능력을 겸비한 팀장은 각종 보고서를 보면 피드백을 해야 할 부분들이 자동적으로 볼드 처리되곤 합니다. 팀원들의 성장이라는 이유로 비난과 질책이 쏟아지고, 이를 감당해야 하는 팀원은 보고하는 자리가 두

•• Heinz Kohut(1913-1981), 정신분석학자, 교수, 자기심리학(Self Psychology)의 대가

려워집니다. 완벽주의적 성향을 갖고 있는 팀원은 완전한 무결점을 위해 애쓰기보다는 타인과의 관계에서 오는 불안으로부터 자신을 보호하고자 노력하게 됩니다. 완벽함을 추구하는 기저에는 '두려움'이라는 정서가 지배적입니다. 자신의 무능함이나 무가치함이 드러나지 않게 하기 위해 며칠 밤을 지새우면서 자신을 보호하기 위한 철옹성을 쌓아가는 것입니다. 이런 시간들과 함께 결과물과 하나가 된 팀원은 팀장의 날카로운 피드백이 곧 자신의 존재를 거부하는 것처럼 받아들일 수 있습니다. 이때 당황한 팀원은 상황을 모면하기에 급급할 것이며, 합리적인 이유나 변명을 찾느라 애를 쓰게 될 것입니다.

팀장까지 완벽주의 성향을 가진 경우라면 더 많은 신체적, 정신적 에너지 소모로 이어질 가능성이 큽니다. 실제 팀원들의 하소연 내용 중 다수는 팀장의 기대치가 매우 높다는 것입니다. 어쩌면 답정너에 가까운 '한번 맞춰봐' 식의 팀장 마음에 쏙 드는 보고서를 만드는 데 많은 시간과 열정을 투자해야 할지 모릅니다. 그렇게 해서 한 번에 인정을 받는다면 문제가 없겠지만, 완벽함을 향한 팀장의 과도한 피드백은 반복적인 수정, 보완으로 이어질 것입니다.

무엇보다도 팀장의 높은 기준은 목표 달성 및 성과의 질을 높이는 데 중요한 요소입니다. 다만, 완벽주의 성향과 높은 기준을 제시하는 것을 구분하기를 권합니다. 업무지시를 할 때 업무에 대한 기대치를 합의하는 것은 목표 달성을 위해 필요한 절차입니다. 하지만 그 목표치를 달성하기 위한 과정에서 절대 틀리면 안 된다는 무결점의 관점으로 구성원에게 피드백한다면 신체적, 정서적 탈진으로 이어질 가능성이 큽니다.

팀장보다 연차가 높은 선배 팀원

A 팀장 너무 어렵습니다. 때때로 곤란하기도 하고요. 어르신을 모시고 있는 기분이랄까요. 많이 불편합니다. 무엇인가를 의욕적으로 하기보다는 다소 위축된 모습을 자주 보이세요. 팀원들에게 좋지 않은 영향을 미칠 것 같아서 걱정도 됩니다. 기분 나쁘지 않게 잘 말씀드릴 수 있는 방법이 있을까요?

B 팀장 우리 팀에도 유사한 상황이 있어요. 보직에 계실 때는 정보도 많이 수집되고 대체로 보고만 받다 보니 실무 역량이 많이 부족하십니다. 그래서 잘하는 팀원을 파트너로 붙여달라고 하시는데, 어느 누가 가고 싶어 할까요? 팀원들은 고참 팀원과 엮이는 것을 싫어하는데 대략 난감합니다.

코치 정말 난감하시겠어요. 가장 걱정되는 부분은 무엇인가요?

A 팀장 선배님 대우를 해서 회유적인 방법을 쓰면 다른 팀원들은 형평성이나 공정성을 운운할 것이고, 마음은 어떠실지 모르지만 다소 열정을 보이지 않는 모습이 팀 분위기에 저해될까 봐 가장 걱정입니다.

B 팀장 조용히 있다가 퇴사하고 싶으니 건들지 말라는 눈치도 살짝 흘리시죠. 후배들이 보고 배울까 봐 은근 신경이 쓰입니다.

임금피크제에 들어간 입사 선배 부장이 팀원으로 배치되어 직급이 역전되는 A 팀장의 사례와 같은 현상이 최근 많이 늘고 있습니다. 팀장들의 연령이 낮아진 것도 이유가 될 수 있습니다. 한때 팀장으로 모시던 분이 팀원이 되는 경우, 입사 선배가 팀원이 되는 경우 등 관계가 껄끄러운 상황이 꽤 많이 발생합니다.

이러한 경우 선배 팀원에게만 특별 대우를 하는 것은 장기적으로 바람직하지 않습니다. 다양한 역할을 수행해야 하는 팀장은 역할과 사람을 분리해야 합니다. 팀장으로서 포지션 파워position power를 작동하여 정확한 업무분장과 업무지시를 해야 합니다. 또한 후배로서는 선배를 존중하는 마음을 갖고 인간적인 예의를 갖추는 것 또한 놓치지 않아야 하는 부분입니다.

사상 처음으로 5세대가 함께 일하는 시대가 열렸다고 합니다. 침묵의 세대, 베이비붐 세대, X세대, 밀레니얼 세대, Z세대 이르기까지 다양한 구성원들이 공존합니다. 다양한 세대를 아울러야 하는 팀장의 입장에서 선배 팀원의 생각과 감정을 이해해보는 시간을 마련해보면 좋습니다.

고참 선배가 팀원이 되었을 때 갖게 되는 가장 큰 감정은 무엇일까요? 더 이상 쓸모없어졌을 수도 있다는 무가치함과 존중받지 못함에서 오는 서운함과 불안 등의 감정일 것입니다. 현재 직면한 상황을 어떻게 바라보고 있는지에 대한 선배 팀원의 관점과 구체적으로 어떤 감정을 경험하고 있는지를 들을 수 있는 기회입니다. 누구나 좋은 팀원이자 선배가 되고 싶다는 선한 의도가 있음을 믿고, 그 마음이 현업에서 잘 발휘할 수 있는 방법을 '구체화'합니다.

입사했을 때 일을 가르쳐주던 사수였지만, 역할에 대한 인식을 새롭게 하고 서로가 원하는 것을 확인하며 관계를 새롭게 디자인합니다. 역할 전환에 따라 보직자로서 업무지시를 하거나 보고받은 내용을 피드백해야할 때 본의 아니게 난감해질 수 있습니다. 업무를 하면서 발생할 수 있는 불편한 감정을 미리 점검하고, 상호 원하는 것을 명확하게 하는 대화가 필요합니다. 풍부한 경험과 전문성을 보유한 선배 팀원에게 멘토의 역할을 요청할 수 있습니다. 무엇보다도 관리자로서 연장자 팀원의 노련함과 폭넓은 인맥을 자원화할 수 있는 다양한 방안을 함께 모색할 수 있습니다.

팀의 정서

'오늘 우리 팀장님 감정 날씨가 어떤가요?'

팀원들끼리 팀장의 감정을 살피면서 몸 사리기 위해 작전을 짜는 경우가 있습니다. 간밤에 아내와 말다툼이라도 해서 다소 불편한 감정으로 출근하게 된 팀장은 마음이 온전하기가 쉽지 않습니다. 어쩌다 타이밍을 잘못 잡고 보고하러 들어간 팀원은 예상치 못한 거친 피드백을 들어야 할지 모릅니다.

이렇듯 팀장의 감정으로 팀의 분위기가 좌지우지되는 경우가 있습니다. 따라서 팀장의 감정 관리는 팀의 감정 관리이기도 합니다. 팀장의 정서는 팀의 풍토climate, 즉 조직 정서를 만들어가는 데 중요한 영향을 미칩니다.

다음 질문을 통해 우리 팀의 집단 정서가 어떠한지 확인해봅니다.

우리 팀의 정서는 어떤가요?

- 출근할 때 어떤 감정이 드나요?
- 동료들을 떠올릴 때 어떤 감정이 드나요?
- 일하는 동안 자주 경험하는 감정은 무엇인가요?

지난 십수 년간의 많은 연구를 통해 팀 문화의 중요성을 강조해왔습니다. 또한 팀 문화에 있어서 대부분의 경영자는 생각하고 행동하는 인지적인 측면에 집중해왔지만, 근래에는 그에 못지않게 정서 측면이 중요하다는 점에 주목하기 시작했습니다. 연구 결과를 보면 정서는 조직 구성원의 몰입과 창의성, 업무의 질, 근속 가능성 등에 영향을 미칩니다. 부정적 정서가 팽배하면, 긴장도가 높아지고 사고 또한 경직되어, 창의성 및 성과에 부정적인 영향을 미치게 됩니다. 이에 비해 긍정적 정서는 팀에 활력을 주고 유연한 업무 대처 능력과 생산성을 이끌어냅니다.

또한 메릴랜드대학의 벤저민 슈나이더 교수 연구에 의하면, 리더들이 구성원의 정서적인 면을 고려하여 리더십을 발휘하면 구성원의 성과가 3~4% 정도 향상된다고 합니다. 이 연구는 팀의 정서를 관리하는 리더십 측면을 더욱 강조합니다. 리더십 관점에서 두 가지 사례를 살펴봅니다.

우선,《두려움 없는 조직》의 저자 에이미 에드먼슨이 제시한 '심리적 안전감'이란 인간관계의 위험으로부터 근무 환경이 안전하다고 믿는 마음입니다. 즉 어떤 의견을 말해도 무시당하거나 질책받지 않고 보복이나 징계받지 않는다는 믿음으로 정의합니다. 이를테면, '회의 시간에 왜들 말이 없어? 적극성이 부족해. 신박한 아이디어들이 없군. 회사 일에 관심은 있는 거야? 딴생각들을 하는 건지…' 리더의 생각은 온통 상대를 향한 판단과 평가로 가득합니다.

그러한 판단에서 비롯된 부정적 감정들은 팀원들에게 고스란히 전해질 것입니다. 이런 팀장의 마음과 눈빛을 확인한 팀원들이 편안하고 자유롭게 의견을 개진하려면 많은 용기가 필요할 것입니다. 따라서 팀장들은 적극적으로 참여하지 않는 팀원들을 탓하기보다는 팀장으로서 팀원들을 침묵하게 하는 데 일조한 것은 아닌지 생각해봅니다.

또 다른 예로, 신임 팀장의 온보딩 프로그램의 목적 중 하나는 실력과 열정이 넘치는 팀장과 팀원들 간의 마음을 한 방향으로 정렬하는 것입니다. 이 과정을 통해 팀장과 팀원은 공동의 목표를 달성하기 위해 원팀이라는 것을 상기하고, 그 목표를 달성하기 위해 건강한 팀 문화를 만들어가는 것입니다. 팀장은 팀원들과 함께 머리를 맞대고 모두가 지향하는 일하는 방식을 위해 합의하는 과정을 갖습니다. 서로를 향해 쏟아지는 비판과 판단을 멈추고 모두가 원하는 슈퍼 팀으로 거듭나기 위해 팀 문화를 만들어가는 것입니다.

팀의 긍정적인 정서를 구축하기 위해 어떠한 정서가 팀의 성장을 견인할지 면밀히 살피고 그 정서를 키워가는 것이 관건입니다. 진정으로 팀의 성과와 능률을 생각한다면 긍정적인 정서를 기반으로 하는 팀 문화를 만드는 데 더 큰 관심을 기울이는 것이 중요합니다.

긍정적인 팀의 정서 만들기

- 팀장으로서 기대하는 우리 팀의 대표적인 정서는 무엇인가요?

- 이러한 정서로 일을 한다면 지금과 무엇이 달라질까요?

- 긍정적인 팀의 정서를 조성하기 위해 제일 먼저 시도해보고 싶은 것은 무엇

  인가요?

리더의
감정 관리

감정에서 벗어나서 감정을 바라보기

지금까지 리더로서의 감정과 구성원이 경험할 수 있는 다양한 감정에 대해 살펴보았습니다. 앞에서 살펴보았듯이, 감정이 일어나는 것은 너무도 자연스러운 일이고 수용되어야 하는 것입니다. 그러나 러스 해리스(Russ Harris, 2007)는 모든 감정과 고통을 통제, 회피하거나 제거할 수 있다는 그릇된 신념을 행복의 덫이라고 합니다. 따라서 감정을 통제하는 것이 아니라 감정을 불러일으키는 생각을 관리하는 것입니다.

감정은 수용하고, 생각을 관리하는 것입니다. 어떤 상황이 벌어졌을 때 자석처럼 들러붙는 생각은 무엇인가요? '나는 실패한 사람이야(자신에 대한 평가)', '나는 완벽해야 해(자기개념화)', '앞으로 드라마틱한 미래는 없을 거야(미래에 대한 예측 및 평가)', '그냥 내버려두자. 크게 달라지는 게 뭐가 있을까(외면, 회피, 무시)?' 등 다양한 생각들이 불편한 손님처럼 찾아옵니다.

이럴 때 다음 세 가지 질문을 통해 자신과의 대화를 시도해보세요.

리더의 자기 대화(self-talk) 프로세스

Step 1		Step 2		Step 3
무슨 일이 일어나고 있지?	➡	어떻게 되고 싶은가요?	➡	지금 할 수 있는 것은?

Step 1 무슨 일이 일어나고 있지?

중요한 프레젠테이션을 앞두고 지금 이 순간 떠오르는 생각과 감정, 신체적 감각을 알아차립니다.

- 생각: 나는 결코 실수를 해서는 안 돼.
- 감정: 너무 떨리고 긴장돼.
- 신체적 반응: 심장이 빨리 뛰고, 식은땀이 흐르며, 손이 살짝 떨린다.

　　　　　　　　　　　　　　　　　　　　　　　팀장의 끗

3인칭 관점에서 바라보기

- 생각: 나는 결코 실수를 해서는 안 된다는 생각을 하고 있구나.
- 감정: 나는 너무 떨리고 긴장된 감정을 느끼고 있구나.'
- 신체적 반응: 나는 심장이 빨리 뛰고, 식은땀을 흘리며 손이 떨리는 신체적 감각을 느끼고 있구나.

어떤 차이가 느껴지시나요? 생각이나 감정에서 느끼는 것보다는 그런 생각이나 감정에서 빠져나와 그 생각과 감정을 바라봅니다. 생각에서 보는 것이 아니라 생각을 바라보는 것입니다. 감정이나 생각과 분리되었다면, 다음 질문을 이어갑니다.

Step 2   그런 것을 느끼고 있는 나는 어떻게 되고 싶은가요?

순간 원하는 것에 집중할 수 있는 질문을 합니다.

"프레젠테이션을 성공적으로 잘 마치고 싶어."

Step 3   그것을 이루기 위해 지금 할 수 있는 것은?

'준비한 시간들을 믿고 자신감 있게 하자!'

압도되는 감정이나 생각 안에 머물면 긍정적인 생각이나 행동을 취하기 어렵습니다. 감정이나 생각에서 분리되어 원하는 것을 향해 나아갈 수 있는 질 높은 자기 대화를 하는 것입니다. 잠시 멈추고 몸과 마음의 반응을 알아차리고 다음의 행동을 선택할 수 있도록 돕습니다. 생각노트를 통해 자주 일어나는 반복적인 생각이나 감정을 발견해봅니다.

[생각 노트] 한 주 동안 정서적, 신체적 불편함이 느껴질 때마다 기록해보세요				
날짜/ 시간	상황 무엇을 하고 있었는가? 무슨 일이 있는가?	취했던 생각과 행동 심리적으로 무엇과 갈등하기 시작했는가?	생각과 느낌 그 갈등과 관련하여 어떤 생각이 떠올랐는가?	갈등에 대한 생각 패턴
06/13 09:00	월요일 아침, 피곤하다.	10시 미팅이 귀찮다. 취소되면 좋겠다.	나에게 이 일은 재미없고 잘 안 맞는 것 같다.	자기 개념화 (자신에 대한 판단)

생생한 감정으로 살아가기

신임 팀장들의 코칭을 통해 이루고 싶은 기대사항을 종합해보면, 대체로 일치하는 편입니다. 무엇보다도 팀원들이 즐겁고 행복하게 일하는 팀 문화를 만들고 싶다는 것입니다. 조직 구성원들이 살아 숨 쉬고 즐겁게 일하는 일터는 어떤 모습인가요? 현재 조직의 다양한 모습 중에 우리의 생생함을 사라지게 하는 것은 무엇일까요?

많은 이유가 있겠지만, 팀장을 포함해서 대부분의 구성원은 멀티페르소나를 갖고 살아가고 있기 때문입니다. 중국의 경극에서 수많은 가면을 바꿔 쓰면서 연기를 하는 것처럼 다양한 역할을 수행합니다. 가면의 수와 상관없이 연기하는 사람은 단 한 명입니다. 이렇듯 연기를 하고 있는 핵심 자기kernel인 나와 보여지는 다양한 내가 공존합니다. 이런 자기에 대해 위니컷*은 참 자기true self와 거짓 자기false self라는 개념을 제시합니다. 여기서 참 자기는 자발적이면서 진정한 경험과 살아있다는 느낌, 진짜 자기를 가졌다는 느낌에 기반한 자기 감각을 의미합니다.

이 글을 읽고 있는 팀장의 참 자기의 모습은 무엇인가요? 또는 팀원들의 참 자기는 어떤 모습인가요? 참 자기와 거짓자기 사이에서 정체성의 모호함으로 인해 에너지를 소모할 수도 있습니다. 또는 참 자기와 보이는 모습 사이의 괴리감 때문에 피로감을 느낄 수도 있습니다. 타인의 시선을 신경 쓰느라 불필요한 에너지를 소모하는 것은 생생한 감정으로 살아가는 것으로부터 멀어지게 합니다.

조직 구성원이 생명력을 갖고 생생한 감정으로 살아가기 위해 참 자기를 발견하기 위한 본질적인 접근이 필요합니다. 나에게 에너지를 주는 것과 내가 중요하게 생각하는 것, 그리고 내가 기여할 수 있는 것이 통합되었을 때 삶의 존재 이유를 깨닫게 되고, 삶의 목적을 향해 충만한 상태로 나아갈 수 있을 것입니다.

• Donald Woods Winnicott (1896~1971), 영국의 소아과의사이자 정신분석학자

내가 좋아하는 것, Interests

내 마음에 별이 뜨는 것, 영혼 없이 멍하니 있다가도 눈이 별처럼 반짝반짝 빛나는 것처럼 나를 즐겁게 하는 것은 무엇인가요? 능력이나 대가, 보수와 상관없이 하고 싶어지는 일이 무엇인지를 아는 것은 매우 중요합니다. 이것은 힘들거나 스트레스를 받을 때 에너지를 충전해주고, 삶을 윤택하게 해줍니다.

"나는 어떤 일을 할 때 신이 나나요?"

"나는 이것을 하면서 밤도 새워 본 적이 있어요. 이것은 무엇인가요?"

"잘하지는 못하지만 계속하고 싶은 일은 무엇인가요?"

"아무리 힘들어도 이것을 하면 힘이 나요? 이것은 무엇인가요?"

내가 추구하는 것, Values

기업에는 의사결정의 기준이 되는 핵심가치가 있습니다. 우리 개개인에게도 할까 말까 고민이 될 때 의사결정의 기준이 되는 소중한 가치가 있습니다. '당신이 중요하게 생각하는 것은 무엇인가요?' 라고 질문을 던지면, 좋은 부모가 되는 것, 봉사하는 삶, 주어진 일에 최선을 다하는 것 등 크게 고민하지 않고 나오는 답변들이 있습니다. 이 중에 진정한 가치도 있을 수 있지만, 사회로부터 부여받은 학습된 가치가 있을 수도 있습니다. 대중적이거나 일반적인 가치가 아닌 내면 깊은 곳의 진정한 가치와 의미를 발견하는 것은 도전적인 일이 될 수도 있습니다.

소중한 가치는 이성적인 뇌에서 나오는 단어가 아닌, 그동안 살면서 겪어온 삶의 영광과 실패, 아픔을 통해서 만들어집니다.

"인생에서 가장 자랑스러운 성취는 무엇인가요? 그 이유는 무엇인가요?"

"삶의 역경은 나에게 어떤 배움을 주나요?"

"최선을 다해 지켜내고 싶은 가치는 무엇인가요?"

"리더로서 가장 중요하게 생각하는 가치는 무엇인가요?"

"어떤 팀장으로 기억되고 싶은가요?"

내가 기여할 수 있는 것, Strengths

응용긍정심리학센터[CAPP]에서 정의하는 강점이란 '에너지를 올려주고 최고의 수행으로 이끄는 이미 존재하는 진정한 사고, 감정, 행동 패턴'입니다'. 강점을 발휘하는 것은 가장 자연스럽고 진정성 있는[authentic] 자신의 모습을 의미합니다. 따라서 강점을 활용하면 할수록 신이 나고 활력이 올라가는 것[energizing]입니다.

팀원들이 강점을 발휘하게 되면 어떤 정서를 경험하게 될까요? 가장 나다운 모습의 발현이며 자신감에 찬 모습을 통해 희망에 찬 긍정적인 감정이 증가하게 될 것입니다. 이러한 측면에서 강점 활용은 일과 삶에 있어서 행복을 증진하는 데 기여하고, 목적 달성 과정에도 충만함을 가져올 것입니다.

"주변 사람들(가족, 회사, 친구 등)이 나의 어떤 강점에 대해 인정해주었나요?"

• 로버트 B. & 디너, 《긍정심리학 코칭기술》, 물푸레

"다른 사람과 차별화되어 당신을 특별히 돋보이게 했던 강점은 무엇인가요?"

"가장 자랑스럽게 여기는 경험은 무엇인가요?"

"가장 즐겁고 행복한 성취 중에 내가 기여한 것은 무엇인가요?"

내가 지향하는 것, Life Purpose

이러한 세 가지 테마별 질문들을 통해 자기성찰을 하다 보면 내 마음이 향하는 북극성을 만나게 됩니다. 북극성은 늘 존재하고 있듯이, 내가 살아가는 이유 또한 항상 그 자리에 있습니다. 그것을 얼마나 인식하며 살아왔고 살아가는지가 중요합니다.

하루하루를 살아내는 것이 아닌, 생생한 감정으로 살아가는 구성원의 모습과 함께하고 싶다면, 팀의 정체성 및 개인의 삶의 목적을 정리하는 시간을 마련해보기 바랍니다.

대학에 입학하는 것, 좋은 기업에 취업하는 것, 꿈에 그리던 집을 얻게 되는 것 등은 목표입니다. 목표가 달성되고 나면 그다음 무엇을 해야 하는지 방향을 잃을 수가 있습니다. 조직에서 KPI(핵심성과지표)를 달성하기 위해 열심히 달려가는 팀원은 목표 달성 너머에 어떤 목적을 이루기 위해서일까요? 연 단위로 설정이 되는 목표는 인생의 큰 그림에서 볼 때 하나의 깃발에 불과합니다.

목표 너머의 목적은 더 크고 심오한 것입니다. 마치 아크릴판 위에 흩어져 있던 철가루들이 자석을 놓는 순간, 순식간에 일방향으로 정렬되듯이, 무관한 활동처럼 보이던 삶의 흔적들은 한 곳을 향하고 있음을 깨닫게 됩니다. 프리드리히 니체는 사람은 '왜'라는 충분한 이유를 가지고 있으면 어떤 '무엇'이라도 상대할 수 있다고 합니다. 현재하고 있는 일what에 대해 그 이유why를 발견해보길 바랍니다.

이렇듯 존재의 이유는 현재의 행동에 대한 합당한 근거를 제시하고, 에너지를 만들어냅니다. 반면에 목적이 없는 리더는 지위position power만 있을 뿐, 지속적인 영향력을 발휘하기 어렵습니다. 따라서 삶의 목적을 품고 사는 리더는 특별한 차이를 통해 성과를 만들어냅니다.

다중지능 이론의 창시자인 하워드 가드너Howard Gardner는 리더의 삶의 목적의 중요성을 다음과 같이 강조합니다. "리더의 병기고에서 가장 강력한 단 하나의 무기는 정체성이다. 다시 말해 자신이 누구이고, 어디에서 왔으며, 어디로 향하고 있는지를 사람들에게 들려줄 수 있느냐 하는 것이다."

모든 구성원이 자신의 강점으로 공헌하고, 삶의 목적에 부합하는 인생을 각자의 일터에서 구현해낸다면 밤하늘을 수놓은, 생생하게 빛나는 별들과 무엇이 다를까요?

충분히 괜찮은 리더로 존재하기

실무에 대한 이해도와 전문성이 높은 팀장들은 실무자인 팀원들의 역량이 평가되기 시작하면서, 때로는 기대치에 못 미치는 결과물로 실망하곤 합니다. 믿고 맡긴다는 것 자체가 도전이 되기도 합니다. 그러다 보니 여전히 실무를 놓지 못하고 실무자와 관리자의 역할을 병행하게 됩니다. 팀장은 자신도 모르게 마이크로 매니징을 하게 되고 여전히 바쁜 일상을 보내며 팀장은 너무 바쁘고 힘든 일이라고 호소합니다. 이러면 안 된다는 것을 머리로는 충분히 이해하면서도 여전히 역할의 전환이 쉽지만은 않습니다. 이러한 측면에서 완벽하지는 않지만 충분히 괜찮은 리더로서의 모습을 제안하고자 합니다.

첫째, 좋은 것과 나쁜 것을 통합적으로 사고하는 리더의 모습입니다.
마가렛 말러Margaret Mahler는 발달 단계 중 대상 항상성이라는 개념을 제시합니다. 대상 항상성은 상대방에 대해 인식과 감정 등을 지나치게 한 방향으로만 생각하지 않고, 타인에 대해 부정적인 감정이 느껴지는 상황에서도 긍정적인 감정을 기억하고 통합할 수 있는 능력을 의미합니다. 지금까지 살아오면서 누군가에게 전적으로 좋음all-good과 전적으로 나쁨all-bad처럼 극단적으로 생각하지 않을 수 있는 이유는 대상 항상성이 잘 작동되기 때문입니다. 우리 몸이 추울 때와 더울 때 열의 발산과 수렴을 통해 몸의 적정온도를 유지하는 것과 유사한 원리입니다.

팀원에게 지나치게 실망스러운 일을 경험했더라도 팀원의 강점이나 긍정적인 기억과 감정들을 떠올리면서 통합적으로 이해하는 성숙한 대인관계 능력입니다. 조직 상황에서 보면, 좋을 때도 있고 내 마음 같지 않을 때도 있습니다. 예를 들어 'ㅇㅇ 팀원이 아무리 못마땅하고 중요한 프로젝트를 망쳤다고 하더라도 우리 ㅇㅇ 팀원만큼 성실한 친구는 없지' 하며 좋은 기억을 떠올리며 전적으로 좋음과 전적으로 나쁨을 통합하여 인식하는 것입니다.

완전히 좋은 것도 나쁜 것도 없다는 통합적 사고를 하는 리더는 비교적 안정적이고 신뢰할 만한 리더의 모습을 유지하게 될 것입니다.

둘째, 언제든 다시 돌아올 수 있는 안전한 기지가 되어주는 리더입니다. 여전히 실무를 놓지 못하고 있는 팀장은 오늘도 중요한 업무를 처리하느라 분주합니다.

"역할이 바뀌어서 해오던 일들을 내려놓아야 한다는 건 잘 알고 있지만, 일을 내려놓는 것이 쉽지만은 않네요. 제가 하던 일들이라 어쩌면 너무 잘 알고 있어서 누군가에게 믿고 맡긴다는 것이 생각보다 쉽지 않습니다."

우선 위험부담이 크지 않는 선에서 믿고 맡겨봅니다. 후배 직원은 성공과 실패를 직접 경험하면서 일을 통해 성장하게 됩니다. 다만 업무를 수행하면서 어려움이나 좌절을 경험할 때 언제든 다시 찾아올 수 있는 안전한 기지, 베이스 캠프가 되어주는 것입니다. 홀로 산을 오르다 보면 방향을 잃고 헤맬 때도 있습니다. 조난을 당했을 때 기꺼이 손을 내밀어주고, 다음 산행을 위해 정서적 연료를 충분히 공급해주는 마음의 쉼터가 되어줍니다.

셋째, 완벽한 리더가 아닌 충분히 괜찮은 리더입니다. 완벽한 리더를 꿈꾸고 있나요? 온전한 인간을 꿈꾸고 있나요?

다음은 코칭의 한 장면입니다.

신임 팀장 일하듯이 사람 관계도 열심히만 하면 될 것 같은데 막상 부딪혀 보니 만만치 않네요. 너무 걱정이 많아서 잠도 잘 못 잡니다. 보직을 맡고 나서 잘 해내고 싶은 마음은 굴뚝 같은데 어디서부터 어떻게 해야 할지 난감해요.

코치 가장 강하게 느껴지는 핵심 감정은 무엇인가요?

신임 팀장 불안입니다.

코치 그 불안은 구체적으로 어떤 건가요?

신임 팀장 지금까지 해온 것처럼 잘 해낼 수 있을까? 일은 가시적 결과로 확인되는데, 사람 관리라는 것은 바로바로 피드백이 오는 것이 아니고, 잘하고 있는 건지 알 수 없어서 불안합니다. 보직을 맡고 나서 운동도 제대로 못 하고 나만을 위한 여유시간조차 낼 수 없어요. 늦은 시간에 겨우 잠들고 이른 새벽에 출근하기 바쁩니다. 이렇게 반복적인 일상이 지속된다면 얼마나 버텨낼 수 있을지 걱정도 앞서네요.

그룹 코칭에서 팀장들이 마무리 멘트로 했던 말들입니다. '나만 못 자는 게 아니어서 너무 다행입니다' '나만 이런 고민을 하는 게 아닌 것 같아서 큰 위로와 공감을 얻고 갑니다'라는 소감을 남깁니다. 팀장들이 감당해내고 있는 역할에 따른 무게감을 조금이나마 느낄 수가 있었습니다. 완벽함을 위해 부단히 노력하지만 그것과 더불어 따라붙는 감정은 불안입니다.

불안이 높아지면 정서적으로 불안정하여 건강하고 온전한 모습으로 존재하기가 더욱 어려워집니다. 물론 불안이라는 정서는 전염성이 높아서 함께하고 있는 구성원과 성과에도 영향을 미치게 됩니다.

도널드 위니컷의 말을 인용하자면, 좋은 엄마는 지나치게 완벽한 존재가 아닌, 적절한 좌절도 제공하면서 무조건적으로 반응하기보다는 그냥 존재하는 엄마의 역할이라고 합니다. 위니컷의 이론에서 아이가 감당할 수 있는 최적의 좌절optimal frustration은 변형된 모습으로 내재화되면서 자신만의 특별한 색깔을 찾아가는 데 도움이 된다고 합니다. 너무도 잘하고 싶은 마음에 지나치게 개입을 하게 된다면 팀원들이 자신만의 정체성과 커리어를 쌓아갈 수 있는 기회를 잃게 됩니다. 팀원들에게 성장의 발판이 되고 자신만의 색깔을 찾아갈 수 있는 최적의 좌절 경험을 제공하기 하기 위해 어떤 도전을 해보시겠습니까?

결론적으로, 충분히 괜찮은 리더는 두 가지 모습으로 존재할 수 있습니다. 하나는 그들이 필요로 하는 순간에는 아낌없이 적극적으로 반응하며 미러링하는 리더의 모습입니다. 다른 하나는 요구하지도 않고 지나치게 개입하지도 않는 그저 함께 해주는 고요한 환경으로서의 모습입니다. 이러한 고요함의 시간에 리더 자신을 온정적으로 살피고, 더 나은 모습으로 나아가기 위한 성찰의 시간으로 가져가길 바랍니다. 그리고 조용히 소리 내어 말해보세요. "I'm a GOOD ENOUGH leader."라고.

LEADING

THE TEAM

3장

단단한 팀,
팀워크

회고로
단단해지기

회고란 말을 들어보셨나요? 사전적 의미로는 '뒤를 돌아다봄' 또는 '지나간 일을 돌이켜 생각함'이란 뜻입니다. 유명인들의 회고록이 지나간 일을 기록해둔 걸 생각해보면 쉽게 이해가 될 겁니다. 쉴 틈 없이 앞으로 나가기만도 바쁜데 왜 뒤돌아봐야 할까요? 역설적이게도 빨리 가려면 돌아보면서 가야 합니다. 열정과 시간을 쏟았는데 삽질이었던 기억이 누구나 있을 겁니다. 속도와 속력으로 비유해보면, 속력은 이동 거리를 걸린 시간으로 나눈 겁니다. 여기엔 방향이 없습니다. 방향 없이 마구잡이로 열심히 일하면 '속력'은 좋을 수 있습니다. 속도는 변위를 걸린 시간으로 나눈 겁니다. 변위란 방향을 갖고 있습니다. 올바른 방향을 향해서 움직여야 속도를 높일 수 있습니다. 그냥 빠른 게 아니라 올바른 방향으로 빠르게 가는 게 중요하다는 의미입니다.

잘 모르는 길을 간다고 상상해봅시다. 앞을 보지 않고 무작정 속력을 내서 걸으면 어떻게 될까요? 열심히 걷고 나서 '이 산이 아닌가 봅니다' 하는 상황이 올 겁니다. 모르는 길을 갈수록 중간중간 멈춰서 잘 가고 있나, 지금 속도로 가면 어떻게 될까, 지나온 길을 떠올리면서 어떻게 하면 좀 더 빨리 걸을 수 있었을까, 방향을 잘 결정하려면 무엇이 필요했나 이런 걸 고민해야 앞으로 남은 길들이 쉬워집니다. 왜 바쁜 와중에 회고를 해야 하는지 감이 좀 오시나요?

이번 장에서는 회고를 효과적으로 하는 방법, 조직에 회고를 자리 잡게 만드는 방법 등을 살펴볼 것입니다.

회고 어떻게 시작해야 할까

이수민 팀장 코치님, 저도 회고가 좋다는 건 들었어요. 그런데 그거 IT 회사들에서만 하는 거 아닌가요? 우리 회사에서는 안 될 거 같아요. 저도 한번 시도해봤는데…. 휴~ 다시 하라고 하면 안 할 거예요. 끔찍했어요.

코치 시도해봤다는 게 인상적이네요. 회고는 IT 회사에서만 가능하다고 생각하시고요.

이수민 팀장 뭐, IT 회사에서만 하는 건지는 잘 모르겠어요. 그런데 회고 사례들 찾아보면 거의 다 IT 회사들, 스타트업 이런 곳이더라고요. 그런 곳은 뭐랄까 문화도 좀 말랑말랑할 거 같고, 뭔가를 해보자고 하면 그래도 다들 긍정적으로 할 거 같고. 그런데 우리 회사는… 이런 말 해서 좀 그렇지만 꼰대들밖에 없어요. 나이 많은 꼰대냐, 어린 꼰대냐의 차이지 다 똑같아요. 아주 그냥 다들 꽉 막혀 있다니까요.

코치 팀장님은 회고란 게 새로운 거고, 이런 새로운 것은 경직된 조직 문화나 분위기에서는 시도하기 어렵다고 생각하시네요.

이수민 팀장 그렇잖아요. 저도 어디서 좋다는 것들 팀에 시도하려고 시도를 안 해본 게 아니에요. 번번이 막혔죠. 오죽하면 내가 새로운 걸 또 시도하면 성을 바꾼다고 말했을 정도라고요. 지긋지긋해요.

코치 제겐 팀을 너무 아끼고 더 좋아지게 만들고 싶은데 그렇지 못해 속상하다고 들려요. 많이 지치셨나 봐요.

이수민 팀장 그렇게 이야기해주시니 마음이 조금 풀리네요. 휴~ 이번에 회고는 어떻게 망했느냐면요. 저희 팀에서 신규 상품 마케팅을 열심히 준비했거든요. 몇 달 동안 브레인스토밍하면서 좋은 아이디어들도 많이 나왔어요. 그런데 실제로 론칭하고 열심히 했는데 기대보다 성과가 너무 저조했어요. 뭐가 문제일까 고민하는데 다른 회사 친구가 회고란 것이 있다고 알려주더라고요. 검색해봤더니 'KPT'로 하면 된다더라고요. K는 Keep인데 좋았던 것, 그래서 계속하면 좋을 것이고, P는 Problem으로 문제들을 뽑는 것이고, T는 Try로 다음에 시도한다면 어떻게 바꿔서 할까 이런 걸 뽑는 것이라고 하더라고요.

코치 회고의 대표적인 프레임 워크 중 하나예요. 잘 이해하고 계신 거 같은데 망했다고 하시니 궁금하네요. 조금 더 이야기해주세요.

이수민 팀장 네, 제가 회고하자고 팀원들 모두 회의실로 불렀죠. 마케팅 성과가 안 좋았으니 저도 팀도 기분이 좋을 리 없었죠. KPT에 대해 설명하고 포스트잇에 쓰라고 했죠. 저도 썼고요. 그런데 이게 어렵더라고요. 마케팅 망했는데 K가 어딨어요. 왜 안 됐는지만 엄청 떠오르더라고요. 그래서 P 위주로 막 썼죠. 그래도 문제점들을 떠올리니까 다음에 할 때 이런 건 조심해야겠다 싶은 Try 요소들이 보이더라고요. 그건 좋았어요.

코치 첫 시도이지만 회고의 효과를 느끼신 거네요.

이수민 팀장 네, 그런데 중요한 건 그다음이에요. 다 쓰고 포스트잇을 모아서 화이트보드에 붙였죠. 다들 저랑 비슷했던지 K는 얼마 없고 P에만 잔뜩 있더라고요. 한 명씩 돌아가면서 발표하는 거라고 들어서 막내부터 시켰죠. 그때부터 지옥이었어요. 아주 대환장 파티였죠. 막내가 "일정대로 움직이지 못했다"라고 이야기했는데 그걸 들은 과장 한 명이 그건 이런 이유였다고 변명하더라고요. 그러면서 "너는 그때 왜 시키는 거 제때 못했냐면서 너 때문에 일정 늦어진 것도 몇 번 있다"라고 이야기하니까 막내도 변명하고. 원래 회고가 이런 건지 잘 모르겠지만 그렇게 한 시간 내내 서로 비난만 하다 끝났어요. 이런 게 회고라면 전 다신 안 하고 싶어요.

코치 끔찍하다고 말씀하실 만하네요. 첫 회고로 시도하기엔 난이도 있는 주제라는 느낌도 들고요. 제가 몇 가지 팁을 드려도 될까요?

이수민 팀장 그럼요, 물론이죠. 빨리 주세요, 팁! 현기증 난단 말이에요.

첫 회고 주제, 무엇으로 잡으면 좋을까

'주제를 무엇으로 잡느냐'니 이상한 질문이다 싶을 겁니다. 회고는 망했을 때, 아니면 이벤트가 마무리됐을 때 하는 거라고 생각하니까요. 맞습니다. 그럴 때도 회고가 필요합니다. 일단 반성과 회고를 구분할 필요가 있습니다. 둘 다 되돌아보는 행위를 포함하지만 목적이 다릅니다. 반성은 '잘못'을 돌아보는 겁니다. 당연히 마음도 무거워지고 책임에 대한 추궁이나 비난으로 인해 좌절감이 생기기도 합니다. 회고는 경험에서 깨달음을 얻고 이를 미래에 활용하는 게 목적입니다. 성공이든 실패든 경험했기에 깨달은 게 있다는 가정이 깔려 있습니다.

그럼에도 회고를 처음 시도할 때 조금 더 유리한 주제는 있다고 생각합니다. 회의 진행 능력이 출중해서 어떤 순간에도 당황하지 않고 회의 결과를 낼 수 있게 끌어나갈 수 있다면 어떤 주제를 선택해도 됩니다. 본인이 전문 퍼실리테이터가 아닐 땐 조금 더 난이도를 낮춰서 시작하는 게 유리합니다. 처음부터 끝판왕급의 어려운 주제로 회고했을 때 자칫하면 이수민 팀장처럼 끔찍한 경험을 할 수도 있습니다. 추천하는 쉬운 주제는 '팀의 최근 성공 경험'을 회고하는 겁니다. 그 성공이 크든 작든 상관없습니다. 성공을 찾기 어렵다면 최근 팀의 성과 중 만족스러웠던 것, 긍정적이었던 것이어도 됩니다. 핵심은 긍정적인 이야기를 함께 할 수 있는 주제가 난이도가 낮다는 겁니다.

- 우리의 지난 프로젝트는 어떤 이유 때문에 잘됐을까?
- 과정 중 어떤 것들이 유효했나? 그것들을 더 늘리려면 뭐가 필요했나?
- 아쉬운 순간들은 뭐가 있었나? 그 순간들을 줄이려면 뭐가 필요했나?
- 다음번 프로젝트에는 어떤 것들을 시도해보면 좋을까?
- 서로에게 고마웠던 순간들이 있는데 그때 표현하지 못했다면 지금 함께 표현해보자.

팀원들 사이에서 이런 대화가 오간다고 생각해보십시오. 아마도 이수민 팀장 사례에서 막내와 과장도 다른 역동을 보여주지 않을까 싶습니다. 여기서 난이도를 더 낮추고 싶다면 아쉬운 순간들은 빼도 됩니다. 팀과 함께 성공 경험을 이야기하면서 성공을 만드는 데 도움이 됐던 행동들을 이야기하고 그 행동들을 더 많이 할 수 있게만 해도 훨씬 좋아질 수 있습니다. 다시 이야기하지만 처음부터 한 번에 잘하긴 어렵습니다. 난이도를 낮춰서 조금씩 앞으로 전진하면 됩니다. 멈추지만 않는다면 계속 앞으로 나갈 수 있다는 사실을 잊지 마세요.

회고는 비난의 장이 되어선 안 됩니다

회고는 자칫 비난의 장이 되기 쉽습니다. 긍정적 사건을 회고할 땐 덜 하지만 점점 난이도를 높여 잘 안 됐던 순간들을 회고하다 보면 이 함정에 빠지기 십상입니다. 비난은 자기방어와 상호 비방의 출발점이 되어 회고를 망가뜨립니다. 비난이 시작되면 회고에서 다루려고 했던 문제의 본질에서 멀어지게 됩니다. 비난을 몇 번 경험하면 팀의 심리적 안전감이 낮아지고 더이상 의미 있는 회고가 진행되지 않을 겁니다.

비난 모드가 시작됐을 때 즉시 개입해야 팀을 지킬 수 있습니다. 누군가 너 전달법You-Message을 사용한다면 주의 깊게 들어야 합니다. 비난이 시작되는 신호일 수 있습니다. '당신이 일정을 지키지 않았잖아요!'라든가 나쁜 꼬리표를 붙이는 '역시 당신은 주니어네요' 등의 말이 나오면 바로 개입해서 '나 전달법I-Message'을 사용하게 독려해야 합니다(2장 '나 전달법' 참고). 너 전달법을 쓰고 있는 사람에게 "잠시만요. 탓하는 듯한 말을 들으니 제가 좀 걱정이 되네요. 그때 당시 박 과장 스스로는 어떤 감정이었는지, 원했었던 건 어떤 것이었는지를 말해주면 도움이 될 것 같은데 어떠세요?" 이런 식으로 나 전달법을 사용할 수 있도록 중재해야 합니다.

그라운드 룰을 활용하는 방법도 있습니다. 팀의 규칙이 있다면 그 규칙을 활용하면 됩니다. 예를 들어 팀의 그라운드 룰 중 '비난하지 않기'가 있다면 이 그라운드 룰을 상기시켜주는 겁니다. 회고 시작에 앞서 회고 미팅의 그라운드 룰을 만드는 것도 좋은 시작입니다.

어떠한 회의도 심리적 안전감이 낮아지는 방향이면 안 됩니다

이름 없이 시작하기

어떤 시도를 위해 팀에 "ㅇㅇㅇ해보죠"라고 제안했던 경험이 있을 겁니다. 그때 경험은 어땠나요? 잘 적용된 것도 있고 아닌 것도 있을 겁니다. 대체로 새로운 것을 시도할 때 저항에 부딪히는 경우가 많습니다. 이 저항을 당연하다고 생각해야 합니다. '아니, 저 사람은 내가 하는 말마다 반대하네'가 아니라 '그렇지. 저항은 당연한 반응이지. 변화에 보수적이기 마련이니까'라고 생각하는 게 변화를 만들어내는 데 유리합니다. 저항을 낮추는 여러 방법이 있지만 그중 하나가 '이름 없이 시작하기'입니다. 어떤 용어나 이름을 쓰지 않고 시작한다는 의미입니다. 회고를 예로 들어볼까요?

> **이수민 팀장** 여러분, 회고란 게 있는데 이게 참 좋은 도구더라고요. 돌아보면서 교훈도 찾아보는 거예요. 우리도 해보면 어떨까요?

A 대리 저도 들어봤어요. 회고는 IT 조직에서 하는 거 아닌가요?

이수민 팀장 A 대리도 알고 있군요. 네, 애자일 환경에서 자주 사용되긴 하는데 이게 꼭 애자일할 때만 사용하는 건 아니거든요. 최근 프로젝트를 돌아보면서 좋았던 것, 아쉬웠던 것, 새롭게 시도해볼 것 등을 같이 이야기해보는 거예요.

B 과장 팀장님, 제가 알기론 회고는 그것보다 이러이러한 게 더 중요하다고 들었어요. 그렇게 해도 되는 건가요?

회고란 용어에 빠져 허우적대는 게 느껴지셨나요? 어떤 용어를 가지고 시작하려고 했을 때 이런 일이 자주 발생합니다. 그 용어에 대해 갖고 있는 상^{mental model}이 다르기 때문입니다. '회고'를 '디자인 싱킹, 액션 러닝, 애자일, 브레인스토밍, 시나리오 플래닝, 코칭, 멘토링' 등 어떠한 것으로 바꿔도 크게 달라지지 않습니다. 이때 할 수 있는 방법은 용어를 빼고 그 용어를 통해 **얻고자 했던 결과** 중심으로 제안하는 겁니다.

이수민 팀장 여러분, 지난번 프로젝트를 돌아보면 아쉬운 것도 있고 좋았던 것도 있더라고요. 함께 그 프로젝트를 돌아보면서 우리가 잘한 것 중에 잊어버리지 말아야 할 게 뭔지, 앞으로 어떻게 다르게 해볼지 이런 것에 대해 이야기해보면 어때요? 그러면 이번 프로젝트는 더 성공적으로 수행할 수 있을 것 같아요.

A 대리 좋네요, 팀장님. 저도 몇 가지 아쉬웠던 게 떠올랐거든요.

B 과장 네, 해보시지요.

용어만 빼더라도 저항을 크게 낮출 수 있습니다.

함께 시작하기

이름 없이 시작하기와 연결되는 방법입니다. '우리 ○○○합시다'라고 이야기하는 순간 '○○○'은 이야기한 사람의 일이 됩니다. 단순히 오너십 문제가 아니라 '○○○'은 '홍길동' 님이 하는 일이라고 인식하는 게 문제입니다.

오너십이 없을 땐 누구나 고민하던 일이 오너가 정해지는 순간 그 사람만의 일이 되고 다른 이들은 탐색을 멈추게 됩니다. 이것을 경계해야 합니다. 이름 없이 시작하기와 묶으면 이런 느낌이 됩니다.

이수민 팀장 여러분, 지난번 프로젝트 돌아보면 아쉬운 것도 있고 좋았던 것도 있던데 다들 어때요?

A 대리 다 그렇지 않을까요. 저도 아쉬운 것들도 생각나고 그래요.

이수민 팀장 다들 그러시군요. 그 프로젝트를 돌아보면서 우리가 잘한 것 중에 잊어버리지 말아야 할 게 뭔지, 앞으로 어떻게 다르게 해볼지에 대해 이야기를 해보면 어떨까요?

A 대리 네. 그렇게 해보면 이번 프로젝트는 좀 나아질 거 같네요.

B 과장 동의해요. 말 나온 김에 제가 회의를 좀 잡아볼게요.

이수민 팀장 그렇게 해주실래요? 그럼 전 뭘 준비하면 될까요?

A 대리 고된 회의가 될 거 같으니까 전 간식을 준비할게요. 팀장님은 그날 우리가 어떻게 이야기하면 좋을지에 대해 고민해주시면 좋겠습니다.

이수민 팀장 네, 좋아요. 고민해볼게요.

리더가 있을 땐 잘되던 것들이 리더가 없어지면 흐지부지되는 경우를 많이 보았을 겁니다. 리더 중심의 변화는 그렇게 되기 쉽습니다. 처음부터 변화를 함께 만들어가는 게 유리합니다. 회고를 도입하고 싶다면 팀과 함께 이야기하면서 시작하는 걸 추천합니다.

언제 회고를 해야 할까

이수민 팀장 코치님, 너무 감사해요! 코치님 말씀대로 팀이 성공적으로 했던 것을 주제로 시작하니까 할 만했어요. 아니, 너무 잘됐어요! 끝나면서 다들 "오, 우리 다음엔 더 잘할 수 있겠네요?" 이런 이야기들이 오갔거든요. 자신감을 얻어 회고를 몇 번 해봤더니 왜 회고가 중요하다고 하셨는지 알 것 같아요.

코치 와우, 큰 진전이네요. 팀을 발전시키고 싶은 마음이 크셨던 만큼 더 기쁘셨을 거 같아요.

이수민 팀장 그럼요. 코치님 덕분입니다! 그런데 한 가지 고민이 있어요. 프로젝트 끝났을 때나 월간 회의하면서 회고하는 것도 좋긴 한데 이게 좀 피드백이 느리다고 할까요? 지금도 팀과 함께 성장 중이란 느낌을 받기에는 약간 아쉬움이 있어요.

코치 회고가 피드백 시스템이란 걸 알아차리셨네요. 아쉬움이 있는 만큼 시도해본 것도 이미 있으시겠어요.

이수민 팀장 주기가 좀 긴 것 같아서 주간 단위로도 해봤고요. 조금 친한 팀원과 매일 퇴근 전에 하루를 회고하는 것도 해봤죠. 주기가 짧을수록 확실히 좋더라고요. 매일 회고하니까 오늘 얻은 교훈을 내일 적용할 수 있더라고요. 예를 들어, 어제는 제가 회의도 많고 해야 할 일도 많다 보니 시작을 안 하더라고요. 일하다 말고 회의를 가야 하는 상황들이 많다 보니까요. 팀원과 이야기하다가 깨달은 게 일을 잘 쪼개놓으면 좋았겠다 싶은 거예요. 덩어리가 크니까 시작했다 끊기는 게 싫어서 시작을 안 했다는 생각이 들었거든요. 그래서 오늘 아침에 출근하자마자 해야 할 일들을 작게 쪼개놓았어요. 그러니까 틈날 때마다 남는 시간에 지금 할 수 있는 일을 하게 되더라고요.

코치 좋은 아이디어네요! 일을 쪼개는 것도 중요한 역량인데, 그것도 훈련할 수 있고 작업시간 추정도 훈련이 되겠어요. 내가 추정한 시간과 실제 작업시간을 비교해보면요.

이수민 팀장 오, 그렇네요! 생각하지 못했던 건데 말씀을 들으니 더 잘하고 싶은 생각이 드는데요?

코치 회고가 피드백 시스템이고, 피드백 주기가 길면 성장에 불리하다는 생각을 하셔서 줄이는 것까지 해보셨는데 아쉬움이 있는 거잖아요? 제가 정보를 좀 드려봐도 될까요?

이수민 팀장 말해 뭐해요! 빨리 알려주세요.

스포츠 경기 중 작전타임 갖는 걸 보았을 겁니다. 작전타임을 왜 하는 걸까요? 작전타임 때 감독과 선수들이 무슨 이야기를 하는지 떠올려보면 쉽습니다. 감독이 파악한 현재 상황을 팀원들에게 공유하고 새로운 작전을 지시합니다. 짧은 시간이지만 지금 상황이 어떤지, 이대로 흘러가면 어떻게 될지, 목적을 이루기 위해선 어떻게 해야 할지를 이야기합니다. 그렇게 얻은 새로운 정보들을 가지고 플레이를 재개합니다. 작전타임을 사용했다고 승리할 수 있는 건 아니지만 중간에 전략 조정

없이 플레이했을 때보다는 승리에 더 가까워질 겁니다. 만일 이런 대화를 경기 중이 아니라 경기 종료 후에 했다면 경기에 아무런 영향도 주지 못했을 겁니다.

도널드 쇤은 《전문가의 조건: 기술적 숙련가에서 성찰적 실천가로》에서 '행위 중 성찰reflection-in-action'과 '행위에 관한 성찰reflection-on-action'을 이야기합니다. 일반적인 회고는 스포츠 경기가 끝나고 나서 하는 경기 분석에 가깝습니다. 행위에 관한 성찰에 가깝지요. 안 하는 것보다는 물론 좋습니다. 다음 경기에 이길 확률이 높아지죠. 그런데 전문가들은 행위 중에도 성찰을 한다고 합니다. 예기치 못한 경험을 했을 때 기대와 다른 부분을 감지하고 성찰하면서 본인을 발전시키는 겁니다. 일종의 셀프 작전타임이지요. 이 작전타임을 응용하면 훨씬 더 빠르게 피드백을 받으면서 단단한 팀을 만들 수 있습니다.

진행 중 작전타임

한 시간짜리 회의를 한다고 상상하고, 절반인 30분이 됐을 때 잠깐 멈추고 이렇게 물어보는 겁니다.

"여러분, 우리가 오늘 회의 목적에 잘 따라가고 있나요?"

이 질문만으로 팀의 메타인지가 확 높아질 수 있습니다. 지금까지 어떤 이야기들이 오갔는지 떠올리고, 회의 목적도 떠올리게 되고, 남은 시간에 뭘 해야 할지도 이야기하게 될 겁니다. 이 시간이 길 필요는 없습니다. 현재 상황을 빠르게 메타적으로 인식하고 조정하는 게 목적입니다. 팀 회의에서도, 1:1 대화에서도, 혼자 일을 할 때도 모두 적용 가능합니다. 이것만으로도 생산성이 훨씬 높아질 겁니다.

포모도로 기법Pomodoro technique을 응용하면 이 작전타임을 잘 활용할 수 있습니다. 1980년대 후반 프란체스코 시릴로가 제안한 시간 관리 방법론인데요. 25분간 집중해서 일한 다음 5분간 휴식합니다. 이것을 4번 반복한 후에는 30분을 쉽니다. 25분 일하는 것을 '1 포모'라고 하고요. 1 포모가 끝난 후 휴식시간에 잠깐 회고를 하는 겁니다.

- 이전 포모에서 내가 한 삽질은 뭐였지? 어떻게 하면 줄일 수 있었지?
- 지금 내 집중력은 괜찮나? 다음 포모에서 어떻게 하면 좋지?

참고로 꼭 25분, 5분의 시간을 정확히 지킬 필요는 없습니다. 이름 없이 시작하기와 마찬가지로 이 기법으로 얻을 수 있는 결과에 집중해서 적당히 조절하면 됩니다.

이 기법은 팀으로 함께할 수도 있습니다. 팀이 함께 모여 포모도로 시작 전 1~2분 정도 각자 어떤 일을 할지, 이 일을 1 포모 안에 마무리하려면 어떻게 해야 할지 작전을 세웁니다. 그리고 짧게 돌아가면서 공유한 후 포모도로를 시작합니다. 정해진 시간이 끝나면 함께 회고합니다. 이 사이클을 몇 번 반복합니다.

이런 연습을 팀이 함께 경험하면 업무 중 잠깐씩 돌아보는 게 시간을 아끼는 방법이란 걸 깨닫게 됩니다.

팀장의 꿋

포모도로 활용하기

1. 준비물

- Time Timer

2. 진행 순서

- 혼자서 할 수도 있고 팀이 함께할 수도 있습니다. 방법은 동일합니다.
- 1 포모도로의 시간을 설정합니다(25분으로 해도 좋고 조금 더 긴 시간이 필요하다면 늘려도 됩니다. 집중력 유지 면에서 50분이 넘지 않는 걸 권장합니다).
- 시작 전 1~3분 정도 어떤 일을 할지 계획합니다. 1 포모 안에 끝날 수 있게 일을 쪼개거나, 내가 하려는 일이 어떤 상태가 되어야 끝나는지 완료를 정의(definition of done)하는 걸 권장합니다.
- 계획이 끝났다면 팀과 함께 각자 계획한 걸 짧게 공유합니다.
- 공유가 끝났으면 타이머를 켜고 포모도로를 시작합니다.
- 타이머가 울리면 그 즉시 모든 작업을 멈춥니다.
- 돌아가면서 회고를 진행합니다.
  - 계획했던 거 대비해서 현재 상태는 어떤지 공유합니다.
  - 이번 포모도로에서 느낀 것, 얻은 교훈이 있다면 공유하고 다음 포모도로를 더 잘 보내려면 어떤 시도를 할 것인지 나눕니다.
- 짧은 휴식을 취합니다.
- 다시 처음으로 돌아가 1~3분 어떤 일을 할지 계획하고 포모도로를 반복합니다.
- 포모도로 사이즈에 따라 2~4 포모 후에 긴 휴식을 갖습니다.

3. 주의사항

- 개인과 팀에 맞는 적합한 포모 사이즈를 찾아 적용하는 게 좋습니다. 회고하면서 적절한 사이즈를 찾으시면 됩니다.
- 1 포모 안에서도 '작전타임'을 의도적으로 갖는 걸 훈련할 수 있습니다. 정해진 시간의 반이 됐을 때 의도적으로 잠깐 끊고 물어보는 겁니다. "지금대로 가면 남은 시간 안에 계획했던 걸 얻을 수 있나요? 만약 그렇지 않다면 남은 시간 동안 어떤 시도를 해야 하나요?"

팀 작전타임

오후 시간에 팀이 모여 가볍게 티타임을 하면서 여유로운 작전타임을 할 수도 있습니다. 집중력이 떨어지고 피곤할 오후 3~4시 사이 잠깐 모여서 커피라도 한잔하며 의도적으로 잡담을 하는 겁니다. 팀 커피 브레이크 시간에 잡담과 함께 이런 대화를 섞으면서 작전타임 용도로 쓸 수 있습니다.

- 오전에 어떤 일들을 했는지 가볍게 회고하기
- 퇴근까지 어떤 일에 집중해서 끝낼 것인지 서로 공유하기
- 필요한 도움 구하기

예를 들면 이런 질문입니다.

"퇴근까지 2시간 남짓 남았네요. 남은 시간 동안 어떤 일에 집중할 계획이세요?"

"오늘 잠자리에 누워 '오늘 하루 뿌듯했다'란 생각이 들려면 퇴근 전에 어떤 일을 끝마쳐야 하나요?"

이런 대화가 오가려면 팀의 심리적 안전감이 높아야 합니다. 그렇지 않으면 휴식 시간에조차 일 이야기를 하는 꼰대 팀장이 되는 겁니다. 이런 대화를 하기 어렵게 느껴진다면 아직은 때가 아닌 겁니다. 이 점을 꼭 염두에 두어야 합니다.

좋은 회고를 구분하는 법

이수민 팀장 코치님! 작전타임 진짜 좋던데요? 정말 잘 써먹고 있어요. 요즘엔 일할 때뿐만 아니라 1:1 할 때도, 혼자 자전거 탈 때도 써먹고 있어요. 절반 정도 시간이 됐을 때 지금 내 상태가 어떤지, 계획대로 진행되고 있는지 형태로요.

코치 하나를 익히면 열 가지에 써먹으시네요. 탁월하십니다. 말씀하신 대로 작전타임이라 부른 중간 회고는 어디에나 쓸 수 있지요. 정말 강력한 도구예요. 저는 코칭 중에도 쓰고 있어요.

이수민 팀장 아! 기억나요. 코칭 중간에 저에게 "우리 대화가 잘 가고 있나요?"라고 물어보셨잖아요. 그게 그거였네요. 확실히 그 질문을 받으니 남은 시간에 코칭 효과를 보려면 어떻게 해야 할까 고민하게 되더라고요! 그런데 회고를 하다 보니 궁금한 게 생기더라고요. 우리 팀원들을 봐도 함께 회고를 했는데, 어떤 팀원은 그것을 바탕으로 개선되는 게 보이고, 어느 팀원은 변화가 안 보이더라고요. 왜 이런 차이가 생기는 건가요? 개인 역량 문제인가요?

코치 모든 팀원이 회고를 통해 쭉쭉 개선하면서 성장하길 원하시나 봐요. 팀장님이 보기엔 어떤 차이들이 보이던가요?

이수민 팀장 음…. 김 대리가 좀 잘하는 거 같은데요. 김 대리는 회고에서 나온 액션 아이템을 어떻게든 실천하려고 노력하더라고요. 그리고 또 뭐가 있지…. 아! 박 과장이 변화가 잘 안 되는 타입인데, 이분은 뭐랄까 회고하면 당연한 말만 하는 느낌이었어요.

코치 평소 팀원들 관찰을 잘하시나 봐요. 말씀하신 것들 모두 중요한 내용들이지요. 회고에서 개선으로 이뤄지지 않는다면 회고하는 의미가 많이 떨어지죠. 오늘도 제가 몇 가지 팁을 드릴게요.

이수민 팀장 빨리 주세요! 믿습니다, 코치님!

왜 똑같이 회고를 해도 누구는 더 성장하고, 덜 성장하고 할까요? 회고 방법의 차이일까요? 회고를 통해 성장하면서 더 단단해지려면 콜브 ^Kolb^의 경험학습 모델을 이해할 필요가 있습니다.

[그림 3-1] 콜브의 경험학습 모델

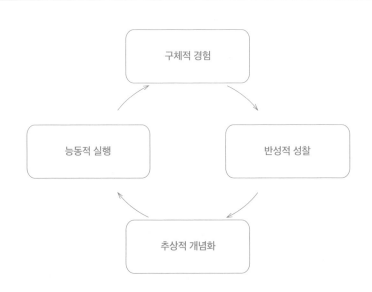

이 이론에 따르면 학습이 이루어지는 데 4단계 절차가 있습니다. 경험 후에 경험을 반추하면서 통찰을 얻고, 그 통찰에서 교훈을 찾아 개념화한 후 다시 한번 자신의 행동에 대입해서 개선을 시도해보는 겁니다. 이 사이클을 반복하는 거지요.

최근에 '반성적 관찰'을 했던 기억을 떠올려보세요. 언제 했나요? 그 과정에서 무엇을 배웠나요? 배움을 통해 실제로 어떤 걸 다르게 시도

했나요? '아, 맞아. 그때 이렇게 했었다면 더 좋았을 것 같은데'라고 생각된다면 회고로 빠르게 성장하고 있는 분입니다. '구체적 경험'은 우리 모두에게 찾아옵니다. 하지만 이후 단계들은 의도적으로 하지 않으면 경험하기 어렵습니다. 차이는 바로 여기에 있습니다.

Level 1　반성적 관찰이라도 한다

알게 모르게 이미 반성적 관찰을 하고 있을 겁니다. '지난번에 왜 그랬을까' 이런 생각들은 자주 하기 마련이니까요. 이외에도 일기를 쓰기도 하고, 동료와 대화하기도 하고, 명시적인 회고 미팅을 하기도 하고요. 차이가 나는 부분은 빈도와 깊이입니다. 빠르게 성장하는 사람일수록 고빈도로 성찰합니다. 수시로 짧은 성찰을 통해 현재 상태를 인식하고 상황에 맞춰 조정해나가는 '행위 중 성찰'을 합니다. 물론 주요 이벤트 후에는 '행위 후 성찰'을 하고요.

다음은 깊이입니다. '지난주 기획서 작성 일정을 지키지 못했다'에 대해서 성찰한다고 생각해볼까요? '왜 지키지 못했을까'를 고민하면서 '지난주 생각하지 못한 이슈들이 많았기 때문이다'에서 끝나는 사람과 '지난주 생각하지 못한 이슈들이 많았다. 이전에 비슷한 상황에서는 일정에 문제가 없었는데 이번엔 뭐가 문제였지? 예기치 못한 이슈 때문이라기보다는 그 이슈가 전달될 때의 방식이 문제다. 엄청 기분이 상했고, 그런 기분으로 일하려니 업무 생산성이 확 낮아졌다'라고 생각하는 사람의 차이가 느껴지나요? 드러난 사건 자체도 중요하지만, 그 사건 이면에 있는 감정과 경험, 가치관이 훨씬 더 중요합니다.

깊이 있는 성찰이란 그런 것까지 알아보는 것을 의미합니다.

Level 2 교훈을 발견한다

추상적 개념화 단계입니다. 반성적 관찰을 통해 발견된 통찰에 이름을 붙여 교훈으로 만드는 중요한 단계입니다. 찾아낸 통찰이 중요하기 때문에 깊이 있는 성찰을 했느냐가 영향을 주게 됩니다. '기획서 일정을 지키지 못했다'의 예를 이어가 보겠습니다.

성찰을 통해 발견했던 주요 포인트들에 대해 자문하면서 개선하기

[표 3-1] 회고를 통한 개선 과정

문제의식	성찰 및 개선 아이디어 찾기	실천 가능하게 이름 붙이기
일정을 맞췄던 때는 언제였지? 그때와 지금은 무엇이 달랐지?	지난번에는 혼자 하기 힘들어서 김 대리님에게 미리 상의 했더니 대리님이 잘 도와주셨는데…. 이번엔 내가 계속 혼자 갖고 있었구나. 맞아, 지난번엔 조금 쓰고 과장님에게 피드백 받으면서 삽질을 덜한 것도 도움이 많이 됐었는데 이번엔 피드백을 전혀 구하질 않았네. 지난번 전략들을 이번엔 왜 안 쓴 거지? 아, 이번 기획서는 **팀의 일이 아니라 내 일이라고 생각했었 다!** 직접 보고해야 한다고 하셔서 나 혼자서 해내야 한다는 마음이 있었나 보다. 다음번에 안 그러려면 뭘 개선해야 하지? • 팀의 일이 아니라 내 일이라고 생각하면 주변 도움을 안 받던데, 이걸 감지하는 게 중요하겠다. • 김 대리님이나 과장님에게 혹시 내가 도움 요청을 안 하고 있다면 문제가 없는지 확인해달라고 해야겠다. 나 혼자서 해야 하는 과제라는 인식에서 벗어나면 지난번 처럼 김 대리님의 도움을 받고, 과장님께 피드백을 받아가 면서 일정에 늦지 않을 테니까!!	**추상화된 교훈** 팀의 일이 아닌 내 일 이라고 생각하고 품고 있는 일 줄이기 **액션 아이템** • 포스트잇에 위 문장 을 적어서 모니터에 붙여두기 • 김 대리님에게 도움 을 요청하지 않고 있 으면 괜찮은지 확인 해달라고 부탁하기

위한 아이디어를 찾습니다. 아이디어의 핵심은 내가 실천할 수 있어야 합니다. '늦어졌다 ⇨ 시간이 부족했다 ⇨ 하루 일찍 시작한다' 이렇게 끝나면 개선이 안 될 확률이 큽니다. 몰라서 그랬다면 개선될 여지가 있지만, 자주 늦어지는 상황이었다면 '하루 일찍'이란 걸 생각하지 못했을 리 없고, 그럼에도 고쳐지지 않았다는 건 뭔가 다른 게 있다는 뜻입니다. 대체로 바로 떠오른 아이디어는 '나'에서 출발한 아이디어보다는 어디서 들었거나, 내가 생각하는 이상향의 모습일 확률이 높습니다. 그 아이디어가 '좋다, 나쁘다'가 아니라 내가 실천할 수 있는지가 중요합니다. 성찰을 통해 내 안의 자원과 연결하고, 이 변화가 내게 어떤 의미인지 중요함을 깨닫고, 깨달은 것들을 실천 가능한 형태로 표현해야 실천 확률이 높아집니다.

회고 프레임 워크로는 KPT$^{\text{Keep-Problem-Try}}$, PMI$^{\text{Plus-Minus-Interest}}$, 4Ls$^{\text{Liked-Learned-Lacked-Longed for}}$, CSS$^{\text{Continue-Stop-Start}}$, DAKI$^{\text{Drop-Add-Keep-Improve}}$ 등이 대표적입니다. 공통적으로 어떤 사건에서 긍정적인 면과 부정적인 면 모두 보도록 돕고, 그걸 바탕으로 더 나아질 수 있는 방법을 떠올리게 하는 도구입니다. 훌륭한 도구임에도 사용하는 사람이 잘못 사용하면 자칫 피상적인 회고만 하게 될 수 있습니다.

이런 도구의 문제 중 하나가 '뭔가 하고 있다'라는 '가짜 만족감'만 주는 겁니다. **우리가 원하는 건 '회고 활동' 그 자체가 아니라 '회고를 통한 개선'임**을 잊지 말아야 합니다. 그러려면 더더욱 반성적 관찰 단계와 추상적 개념화 단계에 공을 들여 실천 가능한 상태로 만드는 게 중요합니다.

Level 3 교훈을 실천하고 피드백 루프를 반복한다

　실천 가능한 상태를 만들었다면 실천하는 게 중요합니다. 그래야만 다시 '구체적 경험' 단계로 연결되면서 피드백 루프가 돌게 됩니다. 회고로 효과를 보는 분들은 이 피드백 루프를 계속 돌립니다. 멋진 액션 아이템을 뽑는 데 집중하는 게 아니라, 액션 아이템이 뭐가 됐든 일단 실천하는 분들의 성장이 더 빠릅니다.

실천을 잘하는 사람과 못 하는 사람의 차이

- **실천을 잘 못 하는 사람**: '기획서 일정을 지키지 못했다'로 회고했으니 다음번 기획서 쓰는 순간에 회고의 액션 아이템을 실천하려고 한다. 다음 기획서 일정이 언제인지는 상관없다. 이번에 얻은 교훈을 써먹으려면 같은 사건이 생겨야 한다고 생각하지만, 막상 그때가 되면 잊어버리기 일쑤다.

- **실천을 잘하는 사람**: 추상화를 잘해서 비슷한 일들에 빠르게, 여러 번 실천하면서 스스로 조정한다. '팀의 일이 아닌 내 일'이라고 느꼈던 게 중요하다는 걸 깨닫고 현재 일 중에서 써먹을 수 있는 게 있는지 적극적으로 탐색하고, 실천 빈도가 늘어나도록 환경을 만든다. 포스트잇에 써서 붙여놓고 리마인드한다든가, 캘린더 알림을 설정하여 자주 실천하면서 피드백을 받을 수 있는 환경을 만든다.

　둘의 차이가 느껴지나요? "지금 적극적으로 실행되는 괜찮은 계획이 다음 주의 완벽한 계획보다 낫다"라는 명언이 있습니다. '교훈을 찾

아 실천하고 다시 성찰하는 사이클'에 집중할 때 더 큰 변화를 맞이할 수 있습니다. 매일 1%씩 변화한다면 1년 후 3,778% 개선되어 있을 겁니다.

회고, 그 자체를 회고하기

이수민 팀장 코치님 덕분에 우리 팀이 나날이 성장하는 게 느껴져요. 회고란 게 이렇게 좋은 거였다니 진작 할 걸 그랬어요.

코치 팀과 함께하는 성장이 의미 있으셨군요.

이수민 팀장 맞아요. 실무를 할 땐 내가 맡은 일만 잘하면 된다고 생각했어요. '혼자 잘하면 되지' 이런 생각에서 지금은 '함께 잘해야지'로 생각이 조금 바뀌었어요.

코치 '함께 잘하기'를 넘어서 '함께 자라기'를 실천 중이신 걸로 보여요. 회고를 잘 실천한다면 매일 성장하고 있을 테니까요.

이수민 팀장 오, 그러게요. 팀과 함께 성장하고 있으니 함께 자란다고 볼 수 있겠네요! 코치님 혹시 팀과 더 잘, 빨리 성장하려면 어떻게 해야 하나요?

코치 더 잘, 빨리를 고민하는 이유가 있으실 거 같네요.

이수민 팀장 사실 코치님이 알려주신 걸 실천하면서 정말 많이 변했거든요? 그런데 그것들이 익숙해지니 조금 불안감이 들더라고요. 처음에 할 땐 변한다는 느낌, 성장한다는 느낌이 계속 들었는데 이것도 익숙해지니 시들해지더라고요. 왠지 정체되고 있는 건 아닌가 해서요.

코치 하하, 성장병 같은 거군요. 성장 지향적인 분들 중 충분히 잘하고 있음에도 불구하고 '더 성장해야 해' 이런 강박 비슷한 걱정을 갖고 있는 경우가 있더라고요. 성장하지 않아도 된다거나 하지 말라는 이야기는 아니고, 팀장님은 지금도 충분히 잘하고 있다는 말씀을 하고 싶었습니다.

이수민 팀장 말씀 감사합니다. 하지만 전 더 나아지고 싶단 말이지요.

코치 그럼 오늘은 회고의 회고에 대해 이야기해보면 어떨까요? 어떤 일에 대해 회고하듯, 회고 자체도 회고할 수 있거든요. 그리고 회고의 회고가 지수적인 성장 exponential growth에 있어 매우 중요한 요소이기도 하고요.

이수민 팀장 헐, 지수적 성장이라니…. 단어만으로도 설레요. 비급 같은 느낌이네요! 빨리 알려주세요.

회고를 회고한다니 생경하게 들릴 수 있습니다. 개선의 개선이라고 표현할 수도 있습니다. 매일 일기를 쓰고 있다고 해볼까요. 하루를 기록하거나 반성하기 위해서 등 자신만의 목적으로 시작했을 겁니다. 회고는 일기 쓰는 것 자체를 개선하는 겁니다. '매일 조금씩 기록하고 있는데 이걸 조금 더 잘하려면 어떻게 해야 할까?' '일기를 쓰다 보니 이런이런 것들은 조금 아쉽고, 이런 것들은 조금 별로던데 어떻게 다르게 해보지?' '일기 쓰는 행위 중에 내가 그만해야 할 건 뭐지? 계속해야 할 건? 안 해봤지만 해봐야 할 건 뭘까?' 이런 고민들을 해보는 거지요. 그럼 일기 쓰는 방식에서 개선이 일어날 겁니다.

회고의 회고는 이런 겁니다. '지난번에는 30분 동안 KPT Keep-Problem-Try로 회고했는데 시간이 부족했으니까 이번에는 45분으로 시간을 늘리고, Problem을 생각하는 게 덜 효과적이었으니까 이번에는 Keep에 집

팀장의 꿋

중해보자.' '내가 일주일마다 일기 쓰는 것에 대해 개선점들을 찾고 있었는데, 이 회고 자체를 더 잘하려면 어떻게 해야 하지? 월마다는 이런 방법으로 회고하고 반기로는 이렇게, 연으로는 이렇게 해보면 어떨까?' 이런 것들이 회고를 회고하는 방법입니다. 이 개념을 더 잘 이해하려면 더글러스 엥겔바트의 작업 구분에 대한 이해가 필요합니다.

《함께 자라기》'에 소개된 내용에 따르면 더글러스는 작업을 세 가지 수준으로 구분한다고 합니다. A, B, C 작업인데요. A 작업은 원래 그 조직이 하기로 되어 있는 일을 말합니다. 앞의 예시에서는 일기 쓰기가 A 작업입니다. B 작업은 A 작업을 개선하는 것을 말합니다. 회고 등을 통해 프로세스와 품질 등을 개선하는 겁니다. C 작업은 B 작업을 개선하는 것입니다. 개선 사이클 자체를 개선하는 거지요. 회고의 회고가 C 작업에 포함됩니다.

[그림 3-2] ABC 작업 예시

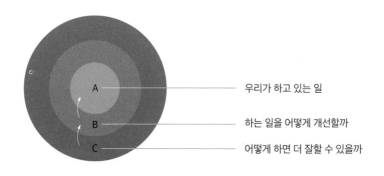

• 김창준, 《함께 자라기: 애자일로 가는 길》, 인사이트, 2018

A, B, C에 나의 환경을 대입해보세요. 전체 시간을 어떤 비중으로 투자하고 있나요? 만일 A에만 투자하고 있다면 현상 유지가 아니라 퇴보하고 있을지 모릅니다. 우리가 사는 세상, 내 제품이 속한 시장, 경쟁사와 고객 모두 빠르게 변하는데 개선 없이 같은 방법만 사용한다는 건 잘해야 제자리고, 대체로는 퇴보하고 있을 가능성이 큽니다. 개선되길 원한다면 오늘부터라도 B와 C에 투자해야 합니다.

매일 더
단단해지기

지금까지 소개한 여러 도구와 액티비티를 팀과 함께 실천하고 있다면 이미 기존보다 더 단단한 팀이 됐을 겁니다. 거기서 더 좋은 팀으로, 더 단단한 팀이 되기 위해선 빈도를 늘려야 합니다. 아무리 좋은 팀워크 활동이라도 실행 빈도가 반기에 한 번이나 분기에 한 번이라면 성장에 불리합니다. 더 자주 실천하면서 피드백을 받는 게 성장에 유리하기 때문입니다.

이번 장에서는 매일 실천할 수 있는 실천법들을 소개하고자 합니다.

매일의 대화 바꾸기

한마루 팀장 코치님, 코치님과 이야기하고 나면 에너지도 좀 생기고 이것저것 해보고 싶은 마음이 들더라고요. 비결이 뭔가요?

코치 : 과찬이십니다. 팀장님은 무엇 때문에 그렇다고 생각하세요?

한마루 팀장 음, 글쎄요. 코치님은 저에게 뭔가 **지시하는 느낌이 없어요.** 자꾸 제가 이야기하게 하시는데, 혼자 이야기하다 보면 뭐랄까 어떻게 해야겠다는 생각이 들더라고요.

코치 오호, 스스로의 말을 들으면서 정리되고 마음먹게 되는 것들이 있군요. 또 뭐가 있나요?

한마루 팀장 음. 뭐가 있지…? 아, 지금 이런 거요. 답을 알려주시는 게 아니라 저에게 질문을 주세요. 처음엔 그냥 답을 알려주지 왜 자꾸 질문을 하나 생각했거든요? 그런데 제가 스스로 말했던 것이기 때문에 더 실천하려고 했던 것 같아요.

코치 앞서 해주신 이야기와도 연결되네요. 또 기억나는 게 있으실 거 같은데요.

한마루 팀장 아, 맞다. 뭐랄까, 제 마음을 잘 알아주시는 느낌을 받았어요. 제가 했던 말을 요약해주실 때 표현하지 않았던 마음속 생각까지 정리해주시는 것 같아요. 그렇게 해주실 때마다 막 신나서 더 이야기하게 되더라고요.

코치 하하, 제 영업비밀인데 거기까지 눈치채셨군요. 팀장님께서 이 질문을 해주신 데는 단지 비결만 궁금해서는 아닐 것이란 생각도 들어요. 어떠세요?

한마루 팀장 오늘도 이렇게 제 마음을 알아주시는군요. 사실은 우리 팀 멤버들도 저처럼 변화를 경험해봤으면 좋겠는데 어떻게 접근해야 할지 모르겠어요. 1:1 면담에서 이야기했던 것들도 안 지켜지고요. 자기들이 해본다고 했다가 실제로는 안 하고, 그럴 때마다 속상하기도 하고 내가 무능한 팀장인가 싶기도 하고 그래요.

코치 이미 여러 번 시도해보셨나 보네요. 제가 몇 가지 팁이 있는데 말씀드려 볼까요? 들으시면서 팀장님이 하셨던 것과 무엇이 같고 다른지 비교해보시면 좋을 거 같아요. 어떠세요?

한마루 팀장 정말 기대되네요. 제가 했던 것들을 떠올리면서 들어볼게요.

어떤 대화는 하는 것만으로 신뢰를 깎아 먹고, 하고 싶었던 마음도 접게 되고, 어떤 대화는 하고 나면 에너지가 넘치고 뭔가를 하고 싶은 마음이 듭니다. 좋은 대화에 대해 이해하는 방법 중 하나는 무엇이 안 좋은 대화인지를 아는 겁니다. 지금껏 대화를 잘하는 법 같은 것을 배우지 않았기 때문에 스스로 대화를 잘하고 있다고, 문제없다고 생각할지 모릅니다.

다음은 《Listening Well》*에 소개된 '토머스 고든Thomas Gordon의 의사소통을 방해하는 12가지 장애물'입니다. 평소 나의 대화에서 장애물의 흔적이 얼마나 있었는지 떠올리면서 다음 표를 보면 성찰에 도움이 될 겁니다.

• William R. Miller, Listening Well- The Art of Empathic Understanding

[표 3-2] 토머스 고든-의사소통의 12가지 장애물

12가지 장애물	예시
지시하기, 명령하기	명령처럼 누군가에게 무엇을 해야 하는지 알려주는 것입니다. • 현실을 직시해야 합니다! • 불평 그만하고 그것에 대해 조치를 취하세요. • 바로 돌아가서 A 작업을 시작하세요.
경고하기	위험을 지적하는 것이 포함됩니다. • 이대로 두면 어떻게 될 거라고 생각하세요? • 당신이 이대로 계속하면 이 프로젝트를 망치게 될 겁니다.
조언하기 (해결책 제시 포함)	도움이 될 의도로 제안을 하고 해결책을 제시하는 것이 포함됩니다. • 내가 당신이라면 이렇게 할 거 같습니다. • 이런 걸 시도해볼 수 있겠네요. • ○○○에 대해 생각해보셨나요?
설득하기	논쟁, 이유 제시, 논리로 설득하려는 게 포함됩니다. • 예, 하지만 저는 그렇게 생각하지 않습니다. • ○○ 님, 팩트는 이겁니다.
훈계하기	그들이 무엇을 해야 하는지 알려주는 것입니다. • ~~할 필요가 있습니다. • 당신은 ~~해야 한다고 생각합니다. • 그것은 당신의 의무입니다.
판단하기, 비판하기	비난, 비판 또는 단순히 동의하지 않는 형태를 취할 수도 있습니다. • 아니요, 당신은 그것에 대해 잘못 알고 있습니다. • 좋아요, 당신이 기대한 건 뭐죠? • 그건 당신 잘못이죠.
동의하기	일반적으로 편을 들어주는 것처럼 보이며 칭찬하는 것처럼 들릴 수 있습니다. • 네, ○○ 님 생각이 완전 옳습니다. • 저라도 그렇게 하겠네요. • 잘하셨네요!
창피 주기	화자의 말이나 행동에 이름이나 고정관념을 붙이는 것도 포함됩니다. • 어리석은 생각이네요. • 어떻게 그런 일을 할 수 있었나요? • 정말 이기적이시네요.
분석하기	말하고 행동하는 것에 대한 재해석이나 설명을 제공합니다. • 당신의 진짜 문제가 뭔지 아시나요? • 단지 스스로 나쁘게 보이지 않게 노력하고 계시네요.
캐묻기	사실 및 정보를 수집하기 위해 질문을 합니다. • 왜죠? • 무엇이 그렇게 느끼게 하나요?

안심시키기	동정심을 표하거나 위로하는 것처럼 보일 수 있습니다. • 상황이 그렇게 나쁘지는 않네요. • 저는 이 모든 것이 잘될 것이라고 확신합니다.
주제 돌리기	주의를 산만하게 하고, 주제와 점점 멀어지게 합니다. • 다른 것에 대해 이야기해볼까요? • 농담이 생각났어요.

장애물을 보니 어떤 생각이 드시나요? '아니 이게 장애물이라고?' 생각되는 것도 있을 겁니다. 예를 들어 '동의하기'는 상대방을 편들어주는 거니 좋은 것 아니냐고 생각할 수 있습니다. 그런데 상대가 원하는 게 정말 '동의하기'였을까를 고민해야 합니다. 우리는 상대방이 문제를 갖고 있을 때 상대방을 돕기 위해 좋은 의도로 이 12개 장애물을 쉽게 행합니다. 하지만 이 장애물들은 자기 탐색을 멈추게 하여 변화에서 멀어지게 합니다.

이 기법들이 무조건 나쁘다기보다는 맥락에 맞게, 그리고 상대의 상황과 상대의 요구에 맞게 써야 한다는 의미입니다. 좋은 대화를 위해서는 반사적 반응 방식에서 멀어져야 합니다. 자기 탐색을 늘리는, 즉 변화에 유리한 대화 방법을 알면 유리해집니다. 그 방법 중 하나가 대화 스타일을 구분하는 겁니다. 의사소통 스타일은 다양할 수 있지만 크게 '지시하기, 따라가기, 안내하기"로 구분할 수 있습니다.

지시하기

지시하기는 면담자가 중심이 되는 소통 스타일입니다. 지식 격차, 권

• 신수경, 조성희, 《알기 쉬운 동기 면담》, 학지사, 2016

위, 위계 등 불균등한 힘의 관계를 유지하면서 무엇을 해야 하는지, 혹은 하지 말아야 하는지에 대해 일방적으로 말하는 방식입니다. 상사와의 대화를 떠올려보면 대부분 이런 모습일 겁니다.

김 대리 팀장님, 이번에도 일정을 지키지 못했습니다. 죄송합니다.
팀장 김 대리, 이번에도 일 시작을 늦게 했죠? 늦을 거 같으면 빨리 시작하라고 했잖아요.
김 대리 이번에는 그래도 조금 일찍 시작했어요. 그런데도 일정 맞추기가 어렵더라고요.
팀장 김 대리, 원래 다 그래요. 일정이 여유로운 일이 얼마나 있겠어요. 어떻게든 참고 해내는 거죠. 늦을 거 같으면 더 빨리 시작하든가, 추정이 어려우면 버퍼를 붙여서 계획해야지요.
김대리 네…. 앞으로 조심하겠습니다, 팀장님.

우리에겐 교정반사righting reflection란 본능이 있다고 합니다.˙ 누군가의 문제를 보면 적극적으로 고쳐주고 싶은 욕구를 말하는 겁니다. 내가 경험한 것이라면 나의 의견을 제시하면서 상대방에게 정보를 주려고 합니다. 의도 자체는 타인을 돕고 싶어 하는 '선의'지만 대체로 상대는 더 저항하게 되고, 변화하지 않으려고 애를 쓰게 됩니다.

이 대화가 끝난 후 김 대리는 일정을 잘 맞추게 됐을까요? 김 대리 마음은 어떨 거라고 생각되나요? 다음번에 비슷한 일이 발생했을 때 다시 팀장에게 상담하게 될까요?

• 김윤나, 《말그릇》(카시오페아, 2017)에서

따라가기

따라가기는 연속선상의 의사소통 스타일에서 지시하기 반대편에 있습니다. 주로 경청하는 모드입니다.

> 김 대리 팀장님, 이번에도 일정을 지키지 못했습니다. 죄송합니다.
> 팀장 일정을 지키지 못해서 마음이 좋지 않겠네요.
> 김 대리 네, 팀장님. 안 그러려고 했는데 죄송합니다. 제가 많이 부족하네요.
> 팀장 자책이 들 정도군요. 안 그러려고 했는데 이렇게 되니 정말 속상하겠어요.

아마도 충분한 시간이 주어지면 김 대리 스스로 긍정적 측면을 이야기하면서 변화할 수 있는 방향으로 흐를 수도 있습니다. 다만, 짧은 면담이 주를 이루는 직장 내에서의 대화로는 불리합니다. 저기서 대화가 멈추게 된다면 김 대리는 노력했지만 안 됐다는 부정적 감정에 자신감을 잃어버릴 수도 있습니다.

안내하기

안내하기는 지시하기와 따라가기 중간에 위치한 스타일입니다. 지시하기처럼 일방통행의 대화를 하거나 따라가기처럼 경청과 공감만 하는 게 아니라 협동적인 파트너가 되어 대화를 나누는 겁니다.

김 대리 팀장님, 이번에도 일정을 지키지 못했습니다. 죄송합니다.

팀장 일정을 지키려고 노력했을 텐데 아쉽겠어요. 김 대리가 생각하는 지연 이유가 있을 것 같아요.

김 대리 지난번에 알려주셔서 일찍 시작하긴 했는데요. 그래도 제가 생각한 것보다 오래 걸리더라고요. 저는 3일이면 될 거라고 생각했는데 택도 없었어요. 5일은 걸리더라고요.

팀장 지난번 피드백을 잊지 않고 적용해보셨네요. 제가 하나 생각난 게 있는데 말씀드려 봐도 될까요? 이건 제 경험이긴 한데요. 추정의 정확도를 높이려면 일감이 크면 안 되더라고요. 일감을 쪼개서 추정하면, 쪼개면서 어느 정도 이해도가 생기기도 하고 쪼개진 작은 일감은 상대적으로 추정이 더 정확해지더라고요. 이 말 들으니까 어떠세요?

김대리 오, 그렇겠네요. 지금 하는 일에 바로 적용해볼 수 있을 것 같아요. 빨리 해볼게요. 감사합니다, 팀장님.

지시하기, 따라가기와 어떻게 다른가요? 대화 후 김 대리는 뭔가 해보고 싶은 마음이 든 것 같습니다. 에너지도 높아졌을 겁니다. 이런 대화를 자주 경험하면서 변화를 느끼게 된다면 팀에도 변화가 생기기 시작할 겁니다. 지시하기 스타일로 대화하는 팀, 따라가기 스타일로 대화하는 팀, 안내하기 스타일로 대화하는 팀을 상상해봅시다. 어느 팀의 사람들이 성장할까요?

이끌어내기-제공하기-이끌어내기 ^{EPE: Elicit-Provide-Elicit}

상대에게 꼭 필요하다고 생각되는 정보가 떠올랐습니다. 어떻게 전달해야 할까요? '아니, 상대 좋으라고 내가 알려주는 건데 이것저것 고려해서 이야기해야 하는 건가?' 싶을 겁니다. 상대를 위해서 주고 싶은 겁니까, 나를 위해서 주고 싶은 겁니까? 상대를 위해서 주고 싶은 거라면 그의 변화에 유리한 방향으로 주어야 합니다.

좋은 방법 중 하나가 EPE 모델을 따르는 겁니다. '이끌어내기'를 통해 상대가 갖고 있는 정보를 확인한 후 내가 갖고 있는 정보를 제공합니다. 그리고 바로 방금 제공한 정보에 대해 어떻게 생각하는지를 확인하는 겁니다. 다음 대화에 녹아 있는 EPE를 살펴봅시다.

코치 변화에 도움이 되게 피드백하는 방법이 여럿 있을 텐데요. 혹시 어떤 것들을 알고 계세요? **(이끌어내기)**

팀장 어, 글쎄요? 잘 모르는데…. 그런데 뭐가 됐든 사이가 안 좋은 사람이 말하면 듣기도 싫고 반항심만 생기긴 했어요.

코치 관계도 정말 중요하죠. 제가 정보가 좀 있는데 말씀드려도 될까요? **(반영, 허락 구하기)**

팀장 그럼요.

코치 여러 연구에서는 사람은 언제나 자기 결정이라고 생각하는 해결책을 실행할 때 더욱 더 노력을 기울이게 된다고 해요. 이것에 대해 어떻게 생각하세요? **(정보 제공하기, 이끌어내기)**

팀장 맞는 것 같아요. 저도 제가 결정하는 게 제일 중요하더라고요. 그래야 하고 싶은 마음도 들고요. 누가 시킨 일은 하기야 하지만 내켜서 하는 느낌은 아니에요. 우리 팀원들도 똑같겠군요.

코치 팀원들도 스스로 하길 원하시네요. 이걸 어떻게 적용할 수 있을 거 같으세요? **(반영, 이끌어내기)**
팀장 다른 건 모르겠는데 제가 말하기 전에 '말해도 될까?' 하고 허락 구하기는 먼저 해볼 수 있을 것 같아요. 이것만 해도 느낌이 달라질 거 같거든요.

EPE는 한 번에 끝나는 건 아니고 대화 중 필요에 따라 계속 반복해야 합니다. 핵심은 일방적으로 정보를 전달하는 게 아닌 상대의 필요에 맞춰서 춤을 추듯 주고받는 겁니다.

[표 3-3] 동기면담(Motivational Interveiwing)에서의 EPE 모델*

	목표 과제	실제 적용
이끌어내기	• 허락 구하기 • 정보 욕구와 빈틈 명료화하기	• …에 대해서 이야기해도 될까요? 혹은 …에 관해 알고 싶나요? • …에 관해 무엇을 알고 있나요? • 당신에게 도움이 되는 정보는 어떤 것이 있을까요?
제공하기	• 우선순위 정하기 • 분명히 하기 • 이끌어내기-제공하기-이끌어내기 • 자율성 지지하기	• 상대가 가장 알기를 원하고 필요로 하는 것은 무엇인가? • 전문용어 피하기: 일상적 언어 사용하기 • 반영할 시간 제공하기 • 의미와 해석 없이 알고 있는 것을 그냥 상대에게 보여주기
이끌어내기	• 상대의 해석, 이해, 반응에 대해 질문하기	• 열린 질문하기 • 상대의 반응 후 반영하기 • 정보의 진행과 정보에 대한 반응을 할 시간적 여유 주기

• William R. Miller & Stephen Rollnick, 《동기강화상담 : 변화 함께하기》(제3판), 2015

회의 바꾸기

한마루 팀장 코치님이 지난번 알려주신 아침 업무 공유 회의를 해보고 있는데요. 왜 추천하신지 알겠더라고요. 15분짜리 짧은 회의였지만 엄청 효과적이라고 느껴졌어요. 알려주신 대로 체크인이란 것도 해보니 서로 연결되는 느낌도 있었고요. 무엇보다 예전엔 주간회의에서야 이야기되던 것들이 훨씬 더 빠르게 논의가 시작되니까 팀원들도 괜한 고민하느라 스트레스받지 않고, 진척 자체도 훨씬 빨라졌어요.

코치 처음 시도에서 바로 효과를 보기 어려울 수도 있었을 것 같은데요. 이미 효과를 느끼고 계시다니 아마도 팀장님의 많은 노력이 있었겠다 싶네요.

한마루 팀장 맞아요. 처음에 아침 회의를 이야기했을 땐 저항이 심했어요. 관리받는다는 느낌이 있었나 봐요. 마이크로 매니징하는 거 아니냐, 안 그래도 바쁜데 무슨 회의를 매일 아침마다 하냐 등등 원성이 심했죠.

코치 아하, 일일 보고처럼 느껴진 부분이 있었군요. '회의를 매일 하냐'라는 표현 뒤에는 회의에 대한 부정적 인식도 느껴지고요.

한마루 팀장 맞아요. 요즘 고민 중 하나가 회의거든요. 회의가 많은 편인데 거의 항상 저만 이야기하는 느낌이에요. 꿔다놓은 보릿자루처럼 다들 앉아만 있고, 이야기하라고 해도 다들 꿀 먹은 벙어리가 되고…. 아주 미치겠어요. 이럴 거면 회의를 왜 하나 싶기도 하고요. 어떻게 해야 회의가 회의다워질까요?

코치 팀장님이 생각하시는 회의다운 회의는 어떤 거예요?

한마루 팀장 뭐 그런 거 있잖아요. 회의 주제가 정해져 있고, 다들 회의에 대해 어느 정도 고민해서 들어와서 열띠게 논의하고. 회의가 끝났을 땐 누가 언제까지 뭘 해야 하는지도 착착 정해져 있는 그런 회의죠. 뭔가 부드럽게 착착 진행되는 그런 회의가 떠올라요.

코치 회의 참여 태도, 회의 아웃풋, 회의의 형식과 프로세스 이런 모든 게 착착 만족스럽게 진행될 때를 회의다운 회의라고 생각하시네요. 여러 가지 중에 현재 더 중요하게 느껴지는 문제는 어떤 건가요?

한마루 팀장 태도인 것 같아요. 회의 참여했으면 집중해야지 왜 조용하냐 이거예요. 맨날 말하는 사람만 말하고. 이럴 거면 회의는 왜 하나 싶어요. 한편으로는 회의를 해도 결론도 잘 안 나고 변하는 것도 없으니 그러는 거 아닐까 하는 생각도 들고요.

코치 아하, 효과적인 회의가 된다면 구성원 참여도 늘 거란 기대가 있으시네요. 효과적인 회의에 대해 이야기를 좀 나눠볼까요?

한마루 팀장 너무 좋습니다! 효과적인 회의가 뭘까에 대해 고민하고 학습할 생각을 못 해봤는데 너무 궁금합니다.

2017년 대한상공회의소의 조사 결과에 따르면 상장기업이 평균적으로 회의 때문에 낭비하는 시간이 매년 약 44만 시간이라고 합니다. 잡플래닛 이용자 2만 4,590명을 대상으로 '우리 팀 회의 분위기는 어떤가요?'라고 물었을 때 40.4%가 '회의를 왜 하는지 모르겠다'라고 응답했다고 합니다. 그리고 이 비율은 해를 거듭할수록 늘고 있다고 합니다. 다행인 건 소수지만 '즐겁고 재미있다'라고 응답한 직장인도 5.7%가 됐고, '업무 공유가 만족스럽다'는 응답도 10.8%가 있었습니다. 왜 **어떤 회의는 왜 하는지 모르겠다고 응답이 나오고, 어떤 회의는 즐겁고 재미있다고 느끼게 되는 걸까요?**

회의 내용만으로 팀의 성취를 예측할 수 있다?

성공적인 결과를 만들어낸 팀들의 회의를 분석했을 때 어떤 특징들 있었다고 합니다. 뭐였을까요? 아이디어의 수? 얼마나 골고루 발언했는 가? 주제에 집중하기? 준비 잘해서 참석하기? 액션 아이템 잘 지키기? 이런 것도 성공적인 회의의 중요한 요소일 겁니다. 회의 효율성 연구[*]에 따르면 **절차적 회의 행동**procedural meeting behavior**이 효과적 회의에 있어 중요하다고 합니다.** 절차적 회의 행동은 〈표 3-4〉와 같습니다.

[표 3-4] 회의에서 긍정적 효과를 내는 절차적 회의 행동의 예시

절차적 발언으로 분류된 코드	의미	예시 문장
목표 지향	주제로 돌아가게 하거나, 주제를 다시 주지시킵니다.	"좋아요, 주제로 돌아가보죠."
명료화하기	주제와 연관 짓기	"말하고자 하신 요점은 ~이군요."
절차 제안	추후 절차에 대한 제안	"우선은 ○○○에 대해 이야기해볼까요?"
절차에 대한 질문	추후 절차에 대한 질문	"이걸 우리 좀 적으면 어떨까요?"
우선순위	핵심 주제에 강조/초점 맞추기	"우리가 마주한 이슈 중 그게 가장 중요하네요."
시간 관리	(남은) 시간에 대해 언급	"5분 남았네요. 이제는 결정해야 할 것 같습니다."
작업 분배	논의 중 작업 위임	"대리님, 플립 차트에 메모 부탁드려도 될까요?"
시각화	플립 차트 등의 시각적 도구 사용	(플립 차트 등에 쓴다.)
요약하기	결과에 대한 요약	"좋습니다, 지금까지 우리가 이야기한 건 ○○○○○이네요."

• Allen, J.A.; Kauffeld, S., A sequential analysis of procedural meeting communication: How teams facilitate their meetings, Lehmann-Willenbrock, N.K., 2013

최근 회의를 떠올려보면서 이와 같은 절차적 발언들이 얼마나 있었는지 생각해보기 바랍니다. 꼭 본인이 하지 않았어도 괜찮습니다. 회의 안에서 누군가라도 저런 발언을 하는 게 중요합니다. 회의는 두 명 이상의 사람이 모여, 어떤 주제에 관해 논의하는 것입니다. 사람이 늘어날수록 복잡성은 커지고 더 높은 퍼실리테이션 스킬이 필요합니다. 표에서 이야기하는 절차적 발언들 모두가 퍼실리테이터가 개입해야 하는 순간에 실제로 하는 말들입니다.

최근 회의에서 저런 이야기들이 나오지 않았다면, 팀 안에서 누군가는 촉진자 역할을 하는 게 효과가 좋습니다. 대체로 리더들이 회의 주재를 하므로 관리자로서 많은 절차적 발언을 사용하여 회의를 더 원활하게 진행해야 할 겁니다. 그리고 또 하나 중요한 점은 리더나 퍼실리테이터만 저런 절차적 회의 행동을 하는 게 아니라 **회의에 참석한 모두가 절차적 발언을 하게 하는 게 중요하다**는 겁니다. 절차적 회의 행동에 해당하는 발언을 골고루 할수록, 즉 분포가 클수록 회의 프로세스와 결과에 대한 만족도가 컸습니다. 회의에 참석하는 모두가 퍼실리테이터처럼 행동해야 한다는 겁니다.

그냥도 참여를 안 하는데 퍼실리테이터 역할을 하게 한다고요?

리더인 나만 이야기하고 모두가 조용한 회의 장면, 많이 경험해보았을 겁니다. 말을 하지 않아서 힘들어 죽겠는데, 절차적 발언도 하게 해야 성공적인 회의가 된다니 못 해 먹겠다는 생각이 들지도 모르겠습니다. 모든 사람이 퍼실리테이터가 되려면 모든 참가자가 회의 목표에 대해 주인의식을 갖고 책임감을 가져야 합니다. 개인들의 참여가 회의 성공에 있어 중요하다는 사실, 즉 리더가 회의를 만들어가는 게 아니라 모두의 참여가 중요하다는 사실을 인식해야 합니다. 나쁜 회의 경험을 했다면 리더만 비난해선 안 된다는 의미이기도 합니다. 회의 주도권을 잡고 진행 과정을 지원하는 건 모든 회의 참석자에게 필수적입니다. 그 행동 분포가 높을수록 회의 경험이 만족스럽고 성과도 좋다고 연구 결과는 말하고 있는 겁니다. 여기서 몇 가지 팁을 소개합니다.

역할 분담하기

앞의 〈표 3-4〉를 보면 작업 분배가 있습니다. 이걸 적극적으로 활용하는 겁니다. 원활한 회의 진행을 위해선 여러 역할이 필요합니다. 기록을 맡아줄 서기, 시간 관리를 위한 시간 지킴이time keeper 등이 있고 때로 회의가 너무 과열된다면 분위기 키퍼를 둘 수도 있습니다. 분위기 키퍼는 회의가 과열될 때 그것을 알리는 역할을 합니다. 이상적으로는 참석자가 자원해서 역할을 수행하지만 그게 안 될 땐 인정과 함께 부탁하는 형태로 하면 됩니다.

"최 과장님, 지난번에 보니 시간 체크를 잘해주시더라고요. 오늘 회의 타임 키퍼 역할을 맡아주시면 좋겠습니다. 어떠실까요?"

그럴 리 없겠지만 나이가 어리거나 지위가 낮은 사람에게 허드렛일 시키듯이 역할을 맡기는 것은 역효과가 나므로 해서는 안 됩니다.

시각화된 집단기억장치 활용하기

여러분, 회의에서 나온 의견들을 어떤 식으로 기록하나요? 많은 회의에서 '서기' 역할을 한 사람이 자기만 볼 수 있는 곳에 작성하고 회의가 끝난 후 '회의록'으로 공유합니다. 절차적 회의 행동 목록에도 '시각화'가 있는데, 이는 효과적인 회의를 위해 매우 중요합니다. 화이트보드가 있다면 화이트보드로, 온라인이라면 공동편집 가능한 도구를 이용해서 집단기억장치group memory로 삼을 때 회의가 유리해집니다.

개인들의 메모는 개인의 기억만을 관리하게 되고, 혼자서만 보기 때문에 다른 사람은 무엇이 적혀 있는지 알 수 없습니다. 잘못 적어도 피드백 받기 어렵습니다. 회의 내용을 모두가 함께 볼 수 있고, 편집 가능한 곳에 적으면서 다른 사람들의 참여를 촉진할 수 있습니다.

"민수 님은 여기 적힌 안에 대해 어떻게 생각하세요?"

"지은 님, 의견을 제가 다 기록하지 못했는데요. 직접 작성해주실 수 있으실까요?"

함께 집단기억장치를 업데이트해나가는 경험을 해야 합니다.

[표 3-5] 개인기억장치 vs. 집단기억장치

개인기억장치	집단기억장치
내 기준으로 메모를 하기 때문에 정보가 왜곡될 수 있다.	집단 기준으로 표현하고, 공개된 장소에 기록하기 때문에 잘못된 경우 바로 피드백 받을 수 있다.
개개인 각자의 방식으로 따로 기록하기 때문에 회의 내용을 서로 다르게 이해할 수 있다.	합의된 방식으로 기록하고 함께 기록하기 때문에 회의 내용을 동일하게 이해하게 된다.

팀장의 꿋

그래도 나만 이야기하게 될 때는?

모두의 참여가 저조하다면 그것 자체를 회의해야 합니다. 팀장 혼자 고민할 문제가 아니라 팀이 함께 고민해야 할 문제입니다.

"요즘 우리 회의에서 나오는 의견의 수도 평소보다 절반 이하로 줄고 발언 자체도 많이 줄었다고 느껴요. 여러분은 이 상황을 어떻게 생각하고 계신가요?"

이렇게 팀 모두가 현재의 문제를 인식할 수 있도록 메타인지를 높이는 질문을 하는 겁니다.

주제에 대해 잘 모르거나, 말하면 내가 해야 할까 봐, 해봤자 안 될 거 같아서 등 여러 이유가 있을 겁니다. 이런 이유가 수면 위로 드러나야 하나씩 해결할 수 있습니다. 좋은 회의 역시 심리적 안전감이 바탕이 되어야 하기 때문에 만일 팀원들이 회의를 안전하게 느껴지지 않는다면 다른 걸 시도하기보다는 이 부분부터 개선해야 합니다. 심리적 안전감이 있다는 전제하에 이런 것들이 시도해볼 수 있습니다.

• 생각하기, 짝짓기, 공유하기

"이 이슈에 대해 아이디어가 있는 분 이야기해주시죠"라고 전체 회의에서 질문하는 대신, 질문을 던지고 먼저 생각하도록 시간을 준다. 질문에 따라 30초에서 2분 정도 뒤에 두 명 혹은 세 명으로 소규모 그룹을 만들어 논의하게 한 후 공유하게 하는 방식이다. 적극적인 사고를 하는 사람들은 이슈에 관해 즉시 이야기하지만 어떤 사람들은 충분히 사고할 시간이 필요하다. 그룹이 작을수록 이야기하기도 편해진다.

누군가는 사람들 앞에서 구두로 이야기하는 것이 어려울 수도 있고, 발언권이 없는 상태에서 나서서 이야기하는 게 두려울 수도 있다. 말하면서 생각을 정리하기보다는 충분히 생각을 정리하고 말하고 싶은 사람도 있다. 적을 수 있는 시간을 준 후에 그걸 바탕으로 회의를 하는 것이 훨씬 효과적이다. 해보면 참여가 저조하다고 느꼈던 사람이 사실은 깊은 고민을 하고 있었고 많은 아이디어가 있었다는 사실에 놀라게 될지도 모른다.

• 회의 밖에서 돕기

침묵하는 사람과 회의 밖에서 따로 이야기해보는 것도 좋다. 도울 만한 일은 없는지 직접 이야기를 나눠본다. 회의가 싫어서, 생각이 없어서, 일하기 싫어서 그런 경우보다(설령 그렇다면 이것 자체도 중요한 정보) 다른 이유들이 있을 수 있다. 그 방해물을 함께 치울 수 있다면 그 사람은 냉소주의자에서 열렬한 참여자로 변화될 수 있다.

단단해지기 위한
마인드셋

처음의 중요성

김승연 팀장 처음이 중요한 건 저도 알지요. 첫인상이 중요하다고 하니까요. 그런데 알면 뭐하나요. 뭘 해야 할지를 모르겠어요. 프로세스도 없이 이렇게 대충 일해도 되나 싶고, 다 뒤집어엎고 싶다니까요.

코치 더 잘할 수 있는 방법들이 있는데 안타까우셨나 봐요. 그래서 어떻게 하셨나요?

김승연 팀장 어떻게 하긴요. 일단은 지켜봤죠. 그들도 나름의 이유가 있을 거 아니에요.

코치 잘하셨네요. 조직 세우기Organization constellations 에서는 '먼저 온 사람이 나중에 온 사람보다 우선이다'라는 관점이 있더라고요.

새로 들어온 사람이 서열상 가장 뒷자리인데 첫 번째 사람처럼 행동하면 안 된다는 거지요. 새로운 관리자는 맨 뒷자리에서 이끌고 다른 사람의 공로를 존중해주어야만 직원들의 신뢰와 지지를 얻을 수 있다고 하더라고요. 이 말 듣고 어떤 생각이 드세요?

김승연 팀장 그렇겠네요. 그러고 보니 예전 회사에서 새로 온 실장이 오자마자 우리 일하는 방식부터 바꾸라고 할 때 기분이 진짜 별로였거든요. 우리의 기존 시간을 깡그리 무시당하는 느낌이었어요. 그런데 그건 그렇다 치고 계속 이렇게 있을 순 없어요, 코치님. 제가 뭘 해야 할까요?

시작이 중요하다는 건 알지만 뭘 해야 할지는 잘 모르겠는 때가 많습니다. 잘하고 싶은 마음, 빨리 나를 증명하고 싶은 마음에 기존의 방식을 부정하고 바꾸려는 시도를 하기도 합니다. 팀과 관련된 책들에서 이야기하는 효과적인 방법들을 현재 팀의 사정은 고려하지 않고 적용해보려고 할 수도 있습니다. 저는 이 시점에는 무엇보다 서로에 대한 이해를 높이는 게 중요하다고 생각합니다.

"각자에게 좋은 팀은 어떤 모습인가요?"

"당신은 팀에 어떤 강점을 제공할 수 있나요?"

"다른 멤버에게 기대하는 강점은 무엇인가요?"

"리더에게 바라는 서포트는 무엇인가요?"

"관심을 가지는 비전과 미션은 무엇인가요?"

"몰입이 되는 순간들은 언제인가요?"

이런 대화를 통해 업무와 관련해서 알아야 할 부분들을 서로 이해할 수 있습니다. 리더와 옆 동료의 경험과 지식, 가치관을 알게 되고 이를 활용할 수 있을 때 팀은 더 몰입할 수 있고 결과적으로 더 높은 목표와 퍼포먼스에 도전할 수 있습니다.

리더스 인터그레이션Leaders intergration

리더스 인터그레이션은 《카이젠 저니》에 소개된 팀 빌딩 도구 중 하나로, 리더와 팀 멤버 사이 신뢰감 향상을 위한 도구입니다. 새로 리더가 오는 경우 또는 팀으로서의 일체감이 부족한 경우 해볼 수 있습니다. 다음 준비물과 진행 순서를 참고해서 해보길 바랍니다.

목표 : 새로운 리더가 합류했을 때 서로에게 필요한 정보를 빠르게 교환한다.

1. 준비물
- 포스트잇
- Time Timer
- 화이트보드나 벽

2. 진행 순서
- 리더, 팀원, 퍼실리테이터가 회의실에 모입니다.
- 리더는 자기 소개, 포부, 가치관 등을 발표합니다(5분).
- 리더는 잠시 회의실에서 나갑니다.
- 팀 멤버는 다음 항목을 포스트잇에 적고 화이트보드에 붙여서 공유합니다.
  - 리더에 관해 '알고 있는 것'(10분)
  - 리더에 관해 '알고 싶은 것'(10분)
  - 리더에게 '알려주고 싶은 것'(10분)
  - 리더를 위해 '모두가 할 수 있는 것'(10분)
- 멤버가 회의실에서 나간 후 리더가 들어옵니다.

- 퍼실리테이터가 논의 흐름이나 행간을 리더에게 설명합니다(10분).
- 리더는 포스트잇의 내용을 보면서 대답을 생각합니다(10분).
- 멤버들을 다시 회의실로 부르고 리더는 멤버에게 대답합니다(25분).

이 워크숍의 장점은 리더와 멤버들 간의 심리적 거리를 줄일 수 있다는 것입니다. 또한 리더가 생각하는 가치관 등도 언어화할 수 있기 때문에 생각의 차이를 좁힐 수 있습니다. 신뢰 관계가 없는 상황에서의 워크숍인 만큼 퍼실리테이터 역할이 중요할 수 있습니다. 팀과 관계없는 사람 중 퍼실리테이션 역량이 있는 분을 섭외하는 것이 가장 좋습니다. 팀 초반에는 심리적 안전감이 부족할 수 있기 때문에 퍼실리테이터가 특히 더 신경을 써야 합니다. 팀 멤버와 리더 모두 편안한 기분으로 이야기할 수 있도록 충분한 안전감을 심어줘야 합니다.

드러커 엑서사이즈 The Drucker Exercise

자신의 옆자리에 앉은 사람을 한번 떠올려 보시겠습니까? 그 사람은 어떤 경험을 쌓아왔고, 어떤 일을 잘하고 못 하는지, 일에 대해 갖고 있는 가정은 무엇이고, 어떤 가치관을 갖고 있나요? 오랜 기간 함께했어도 잘 모르고 있을 확률이 높습니다. 서로가 잘 모르는 상황에서 일을 추진하려 할 때 기대하는 바가 달라 사고가 발생하기 쉽습니다.

퍼포먼스가 높은 팀의 특징 중 하나는 구성원 각자의 강점, 특기, 가치관과 서로 기대하는 바를 함께 이해하고 있는 것입니다. 드러커 엑서사이즈는《애자일 마스터》에 소개된 팀 빌딩 방법입니다.

목표 : 서로의 강점과 가치, 기대를 공유하고 정렬하기

1. 준비물
- 포스트잇
- Time Timer
- 화이트보드나 벽

2. 진행 순서
- 리더, 팀원, 퍼실리테이터가 회의실에 모입니다.
- 퍼실리테이터 또는 리더는 심리적 안전감을 위한 그라운드 룰을 확실하게 인식 시킵니다(매우 중요).
- 모두 다음 네 가지 질문에 대한 답을 작성합니다.
  - 내가 잘하는 것은 무엇인가?
  - 나는 어떻게 성과를 내는가?
  - 내가 중요하게 생각하는 가치는 무엇인가?
  - 이 팀/프로젝트에서 나에게 기대하는 것은 무엇이라 생각하는가?
- 모두 작성하였다면 돌아가며 다른 멤버와 공유합니다. 이때 대화를 통해 서로를 이해할 수 있도록 퍼실리테이터가 적절히 개입하면 좋습니다.
- 나의 기대가 팀원들의 생각과 맞는지 피드백을 받습니다.
  - 4번째 질문인 '이 팀/프로젝트에서 나에게 기대하는 것은 무엇이라 생각하는가'에 대해 팀원들이 투표합니다.
  - 투표는 1~5점으로 실시합니다. '1점은 전혀 맞지 않는다, 3점은 보통, 5점은 정확하게 맞는다'입니다.
- 기대가 맞지 않는 부분이 있다면 대화를 통해 조정합니다.

3. 기대효과
- 팀원들에 대해 깊게 알 수 있습니다.
- 서로의 기대를 가시화할 수 있고 즉시 조정이 가능합니다.
- 공동의 이해가 자리 잡게 됩니다.
- 기대가 맞는 팀은 퍼포먼스를 끌어낼 수 있습니다. 최고의 결과를 만드는 팀이 되는 데 도움이 됩니다.

드러커 엑서사이즈는 새로운 프로젝트가 시작될 때나 새로운 팀에서만 하는 게 아닙니다. 지금 바로 할 수 있습니다. 이런 종류의 실천을 팀과 함께하는 데는 용기가 필요합니다. 하지만 용기를 내는 행위가 진짜 신뢰를 만든다는 것을 이해해야 합니다. 이런 실천을 통해 취약성 고리 vulnerability loop를 만들 수 있습니다.

《최고의 팀은 무엇이 다른가》에 따르면 취약성 고리는 누군가 자신이 취약하다는 신호를 보내고, 누군가 이를 감지하여 자신도 취약하다는 신호로 화답하는 겁니다. 이를 통해 팀 안에서 취약성을 공유하자는 암묵적 합의가 이뤄지게 됩니다. 이 고리가 형성되면 서로 간에 신뢰가 높아집니다. 취약성이 지속적으로 공유되면서 구성원들은 정서적으로 충만해지고 협동하게 되며 강한 팀워크를 가질 수 있게 됩니다. 그러니 용기를 내야 합니다. **취약성은 신뢰에 뒤따르는 것이 아니라 선행하는 겁니다. 숨기지 마세요. 드러내면 강해집니다.**

협업근육 기르기

깊게 연결될수록 협업에 유리합니다. 잘못된 오해 중 하나는 회식을 하면 서로 연결되고 팀워크도 좋아진다는 환상입니다. 물론 회식을 어떻게 하느냐에 따라 달라지겠지만 간헐적으로 열리는, 대화가 주제 없이 흐르는 일반적인 술자리 회식이라면 협업근육 기르기에 부족합니다. 때로는 기껏 기른 협업근육을 망칠 수도 있습니다. 일상에서 팀의 협업근육을 기르는 방법을 소개해드리겠습니다.

체크인 대화

체크인 하면 호텔 같은 곳에서 입실하는 과정을 떠올리실 겁니다. 회의에도, 회사생활에도 체크인을 응용할 수 있습니다. 일종의 활성화 현상activation phenomenon을 의도하는 겁니다. 예를 들어, 회의 초반에 무언가 말하도록 요청하는 겁니다. 한마디라도 말을 내뱉게 되는 순간 활성화되고 회의 참여 모드가 되면서 회의 중 말하기가 훨씬 편해집니다. 이런 과정을 의도적으로 팀과 함께함으로써 조용히 침묵을 지키면서 일하는 걸 예방할 수 있습니다. 체크인 역시 높은 심리적 안전감이 담보되어야 합니다. 체크인은 강제 사항이 아니므로 답변을 패스할 수 있다는 룰을 사전에 공지해두면 조금 더 안전감 높게 진행할 수 있습니다.

다음은 체크인 질문의 예시입니다. 꼭 이 질문이 아니어도 됩니다. 팀원들에게 정말로 궁금한 것으로 시작하면 됩니다. 팀장만 묻는 게 아니라 돌아가면서 체크인 질문을 발제하면 팀원의 참여도 도모하면서 다양성도 함께 올릴 수 있습니다.

- 오늘 어떤 마음으로 하루를 시작하고 있습니까?
- 자기 전 오늘 하루 뿌듯했다는 마음이 들려면 무슨 일에 집중해야 하나요?
- 오늘 여러분의 마음 날씨는 어떤가요?
- 회사에서 이거 하나를 바꿀 수 있다면 무엇을 바꾸고 싶나요?
- 어제 저녁은 무엇을 드셨나요?
- 갖고 싶은 생일선물은 어떤 건가요(기억나는 생일선물 등)?

- 한 가지 수업을 한다면 무엇을 가르치고 싶나요?

- 요즘 나의 관심은 어디를 향해 있나요?

- 다른 사람이 모를 수 있는 당신의 관심사 중 하나를 소개해주세요.

- 나를 두렵게 하는 것은 무엇인가요?

- 나를 가슴 뛰게 하는 건 무엇인가요?

- 돈 걱정이 없다면 어떤 하루를 보내고 싶은가요?

- 최근에 경험한 성공(실패)은 무엇인가요?

- 업무에 집중하기 위해 필요한 게 있다면 무엇인가요?

- 오늘 무엇에 감사하나요?

- 지난주 얻은 큰 배움이나 통찰을 소개해주세요.

- 본인 이름에 담긴 의미를 설명해주세요.

- 실패 가능성이 없다면 무엇에 도전해보고 싶으세요?

팀 커피 브레이크

직원들끼리 잡담을 나누는 게 성과에 도움이 될까요? 흥미롭게도 직원들끼리 잡담을 나누도록 장려하면 생산성이 크게 개선된다는 연구가 있습니다. 배달의민족으로 유명해진 '송파구에서 일 잘하는 방법 11가지'라는 우아한형제들의 사훈 중 '잡담을 많이 나누는 것이 경쟁력이다'라는 게 있습니다.

《착각하는 CEO》(2010)에서는 벤저민 와버Benjamin N. Waber 교수의 실험을 인용합니다.[*] 와버는 대형 은행 콜센터 소속된 두 개 팀을 대상으로 실험을 진행했습니다. 이 두 개 팀만 팀원들이 함께 커피 브레이크를 즐기도록 스케줄을 변경했습니다. 팀원끼리 이야기를 나눌 수 있도록 조정한 겁니다. 3개월 후 두 팀의 평균 콜 처리 시간은 기존보다 8% 감소했다고 합니다. 금액적으로 환산하면 160만 달러에 해당하고, 근무 만족도도 이전과 비교해 10% 향상됐습니다.

아마도 함께 휴식을 취할 때 잡담뿐 아니라 업무 노하우도 공유됐을 겁니다. 휴식으로 기분 전환이 된 뇌는 창의적 자극에 더 많이 노출되었을 겁니다. 도움이 필요한 경우 빠른 업무 협조도 받을 수 있었을 겁니다. 잡담을 나누는 시간이 결코 놀고 있는 시간이 아니었던 겁니다.

스티브 잡스가 픽사 시절 직원용 카페를 건물 중앙으로 옮긴 이유도 비슷했습니다. 우연을 가장한 의도적 접촉을 늘리는 게 생산성과 아이디어, 업무 퍼포먼스에 도움이 된다는 걸 알고 있었던 겁니다.

내일 바로 팀과 커피 브레이크를 시도해보는 걸 상상해보세요. 혹시 주저함이 든다면 그 주저함의 이유는 무엇인가 생각해보는 게 중요한 출발점입니다. 충분히 해볼 수 있겠다는 생각이 든다면 꼭 한번 실천해보기 바랍니다.

• Benjamin N. Waber, Daniel Olguin, Taemie Kim, Alex Pentlan, Productivity Through Coffee Breaks: Changing Social Networks by Changing Break Structure, 2020

4장

성장과 성과를 위한 대화,
피드백

01

피드백하는
리더의
현실적 어려움

시간 부족: 그래도 해야 하는 이유

피드백하면 대부분의 팀장이 일단 많은 부담감을 느낍니다. 물론 피드백을 받는 입장도 편하지는 않지만, 피드백을 주는 입장에서도 결코 만만치 않은 일이기 때문이죠. 그렇다면 바쁜 팀장들에게 왜 이렇게 피드백을 하라고 요구하는 걸까요? "평소에 업무를 하면서 방향을 잘 알려주고, 진행이 잘 안 되거나 막히는 건 언제든지 이야기하라고 하고, 평가 면담도 꼬박꼬박 하고 있는데 이 정도면 충분하지 않나?"라고 반문할 수도 있겠습니다. 그러나 이제는 충분하지 않습니다.

이유는 크게 두 가지입니다. 첫째, 조직 내 구성원들의 특성이 달라지고 있습니다. 둘째, 퀄리티 높은 피드백은 구성원의 실행력을 높이는 가장 강력한 도구이기 때문입니다.

대한민국의 연령 분포'에 따라 회사 내 구성원의 비중은 밀레니얼 세대(1985~1996년생)가 월등히 높아지고 있고, Z세대(1997~2010년대 초반 생)의 조직 내 유입도 서서히 늘어나면서 이들의 목소리가 점점 커지고 있습니다. 젊은 조직에서는 밀레니얼 세대가 팀장인 경우도 쉽게 볼 수 있는 상황입니다. 회사별로 MZ세대가 기존 세대들과 어떻게 다른지, 이들을 어떻게 대해야 하는지 교육이 진행되기도 하고, 여러 언론이나 다양한 매체에서 이들의 특성과 차이를 다루는 많은 콘텐츠를 쏟아냈습니다.

팀장님들이 느낀 MZ세대는 어떠한가요? 여러분이 구성원으로 일할 때와는 확실히 다른 면들이 보이나요? 그들로 인해 리더로서 어려움을 겪고 있나요? 제가 만난 팀장님들은 보통 이런 이야기를 많이 하셨습니다.

"우리 때는 불합리하고 이건 아니다 싶은 것도 그냥 참고 넘어가는 경우가 많았습니다. 하지만 지금 친구들은 표현을 다 하더라고요. 그러니 일방적으로 지시하거나 위에서 시키는 일이니 그냥 좀 하자고 말하기가 어렵습니다."

"저희는 시키면 그냥 해야 되나 보다 하고 어떻게든 했었죠. 요즘 친구들은 이게 자신이 해야 할 일이 맞는지, 이걸 한다면 어떤 평가를 기대할 수 있는지 등을 구체적으로 물어봐서 당황하곤 합니다."

• 세대 구분은 서울대 인구학연구실 조영태 교수 자료 준용

MZ세대는 그들의 부모와는 완전히 다르게 자랐습니다. 외동 아니면, 한 명의 형제, 자매와 함께 부모의 든든한 물질적·정신적 지원을 받으며 성장했습니다. 그래서 이들은 가족과 사회 속에서 희생하거나 참는 것이 미덕이었던 부모 세대와는 다르게 좋아하는 일, 하고 싶은 일을 하고 살라는 이야기를 들으며 자랐습니다. 이런 MZ세대들은 '가장 중요한 것은 나'이고, 당연히 조직에 대한 충성심보다는 자기 자신의 가치를 중시하는 세대입니다.

또, 누구보다 공정성과 투명성에 대한 높은 잣대를 가지고 있습니다. 고등학교 시절의 수행 평가를 시작으로 치열한 입시와 취업 과정을 거친 이 세대들은 평가의 기준에 대해 민감할 뿐 아니라 합리적인 설명을 요구합니다. 이 친구들은 그래서 조직에서도 자신의 평가 결과가 어떤 기준으로 측정되었는지 알고 싶어 하고, 이견이 있으면 리더에게 직접 표현합니다.

자신이 더 성장하기 위해서, 더 성과를 내기 위해서 무엇을 하면 되는지 자세히 가이드 받고 싶어 하기도 합니다. 즉각적인 피드백, 지지적인 공감과 지원이 익숙한 이들은 팀장들과는 사뭇 다릅니다. 결국 피드백에 대해서 오히려 구성원은 준비가 되어 있지만 정작 팀장들이 준비가 안 되어 있는 상황이 발생하고 있습니다.

많은 팀장이 MZ세대는 "본인들 하고 싶은 것만 하려 하고, 회사에 충성심도 없어서 어떻게 동기부여 해야 할지 모르겠어요"라는 고민들을 많이 이야기합니다. 잘 준비된 피드백이 그 고민을 해결해줄 수 있을 거라고 확신합니다.

바쁜 팀장들이 그래도 피드백을 해야 하는 두 번째 이유는 피드백이 구성원의 실행력을 높이는 가장 강력한 도구이기 때문입니다. 리더들은 대체로 구성원들이 피드백을 싫어한다고 생각하는 경우가 많아 더 부담을 느끼기도 하고, 서로의 불편함을 감내할 만큼의 가치는 없다고 자기 합리화를 하기도 합니다.

하지만 강의나 코칭을 하면서 구성원들에게 질문해보면 조금 다른 답변이 돌아오곤 합니다. "여러분은 피드백을 받고 싶으세요?"라고 질문하면 하나같이 리더들이 좀 더 자주 피드백을 해줬으면 좋겠다고 답합니다. 왜냐하면 피드백을 받아야 나의 위치에 대한 좌표가 나오고, 삽질 없이 일을 더 잘할 수 있기 때문입니다. 또 많은 구성원이 일을 하면서 불안한 감정에 시달리곤 합니다. "내가 잘하고 있는 건가? 그냥 이대로 하면 되나?" 이런 질문들을 스스로에게 계속 하고 있다는 것은 결국 일에 몰입하기 어렵다는 의미이고, 그만큼 일의 효율성도 떨어진다는 것입니다. 물론 업무 진행상 필요한 점검과 체크는 리더들이 나름의 방법으로 하고 있을 겁니다. 여기서 구성원들이 좀 더 필요로 하는 피드백은 일하는 방식, 좀 더 잘할 수 있는 방법, 일하면서 보완해야 할 사항에 대한 구체적인 제안입니다.

시간과 에너지가 만만치 않게 필요로 하는 피드백이지만 루틴이 될 때까지 초반 어려움만 이겨 낸다면, 곧 '피드백 복리'의 효과를 누릴 수 있을 것입니다.

먹히지 않는 피드백

피드백을 열심히 해도 변화나 개선이 잘 안 보이는 경우도 있습니다. 소위 잘 안 먹히는 피드백의 원인은 무엇일까요? 구성원의 행동을 바꾸는 영향력 있는 피드백이 되기 위해서 다음의 세 가지 전제조건이 있습니다. 바로 심리적 안전감, 타이밍, 그리고 객관적 데이터입니다.

심리적 안전감

피드백이 작동하기 위해서 왜 심리적 안전감이 필요할까요? 심리적 안전감이 없는 조직이라면 자신이 받는 피드백을 객관적이고 발전적으로 수용하기 힘들기 때문입니다. 상사가 애써 피드백을 해도 기분만 나쁘고 부정적으로 받아들이기 쉽습니다. 평소 신뢰관계가 잘 쌓여 있고 심리적 안전감이 있는 조직에서라면 팀장의 피드백은 순도 100% 의도대로 전달될 것이고, 구성원의 수용도도 높을 것입니다. 그 반대의 조직이라면 잦은 피드백이 오히려 독이 될 수도 있습니다. '피드백이라는 제도 뒤에 숨어 쪼기만 하는 상사'로 비춰질 수 있기 때문입니다.

모든 리더십의 기초는 결국 관계이고 이 또한 신뢰를 바탕으로 시작되기 때문에 지금부터라도 단단한 바닥공사가 되도록 신뢰와 심리적 안전감 확보를 위해 공을 들이길 바랍니다. 피드백이 토양에 잘 스며든 조직에서는 피드백을 통해 신뢰적 안전감이 더 공고해지는 선순환의 사이클도 확인할 수 있을 것입니다.

타이밍

사실 피드백을 위한 가장 좋은 타이밍은 '즉시'입니다. 피드백할 사항이 있을 때 바로 커뮤니케이션을 하면 서로가 기억의 왜곡 없이 상황을 회고하기 좋습니다. 하지만 시간이 흐를수록 망각의 동물인 인간에게는 어렴풋한 기억과 느낌만 남게 됩니다. 이미 휘발된 기억과 느낌으로 서로 마주 앉아 하는 이야기는 두루뭉술할 수밖에 없겠지요. 여기서부터 비극이 시작됩니다.

어느 날 팀원이 팀장으로부터 이런 피드백을 받습니다.

"나는 ○○ 님이 좀 더 전략적으로 업무에 접근했으면 좋겠어요. 평소에 봐온 바로는 전략적으로 문제를 해결하는 능력이 다소 부족하다고 생각되거든요."

이 말을 들은 팀원이 묻습니다.

"언제 그렇게 생각하셨는지, 어떻게 하면 좋을지 말씀해주시면 더 도움이 될 것 같은데요."

"어, 그러니까… 그게 정확하게 기억은 안 나지만 전반적으로 그렇게 느껴서 아쉬움이 좀 있었거든요."

1년간의 성과를 평가하거나 앞으로의 커리어에 대한 큰 주제를 다루는 시간에서의 피드백은 상대에 대한 종합적인 정보를 가지고 전반적인 이야기를 하는 것이 맞습니다. 그러나 현재진행형인 업무나 프로젝트의 더 나은 성과를 위한 피드백이라면 좀 더 자주 시간을 내어, 적기에 하는 피드백이 그 목적에 적합하다고 볼 수 있습니다. 그러나 '즉시' 시행되는 피드백이 모두 정답은 아닙니다. 때로는 피드백을 주는 사람이나 받는 사람 중 누군가의 감정 파고가 높은 상황일 때에는 피드백을 미루는 것이 좋습니다. 감정적으로 많이 고조되어 있는 상태라면 누구라도 제대로 된 피드백을 주거나, 잘 수용할 수 없기 때문입니다.

객관적 데이터

도움이 될 수 있는 피드백을 하기 위해서는 구체적인 대안이 제시되어야 하는데, 이를 위해서 구성원에 대한 데이터를 필수적으로 확보해야 한다는 것이죠. 바로 리더의 세심한 관심과 관찰이 있어야 가능한 일입니다.

신임 팀장들에게는 보통 이런 방법을 권유합니다. 업무용으로 사용하는 수첩 또는 모바일 디바이스에 기록용으로 활용하는 앱들이 있을 텐데요. 그곳의 한 영역을 팀원용으로 할애하고 구성원의 이름을 모두 기록합니다. 그 이름 밑으로 피드백을 위해 필요한 내용들을 아주 간단히 메모하는 겁니다.

· 선영 님 : 6월 10일 A 정기 미팅, B 프로젝트에 대해 자발적으로 자료조사 맡음

　　　　　6월 15일 위클리 미팅, 언성이 높아짐, 감정관리??

· 호진 님 : 6월 12일 근래 계속 피곤하고 의욕 X

　　　　　16일 미팅 늦음, 개인적인 어려움 파악 필요, 원온원 6/17

더 짧아도 좋습니다. 나의 기억을 되살릴 수 있는 정도면 충분합니다. 앞서 말씀드린 대로 좀 더 자주 타이밍에 맞게 피드백하는 것이 가장

좋겠지만 정기적 피드백 또는 원온원 자리가 별도로 있다면, 이 자리에서는 전체적인 일의 방향, 역량 개발, 커리어, 부서와 회사에 대한 개선 사항에 대해 논의할 수 있을 것입니다. 그때 이런 기록들이 큰 힘을 발휘할 겁니다.

다만 한 가지 우려되는 점은 팀장들이 이 메모를 마치 탐정처럼 "호진 님이 6월 12일과 16일 두 번 미팅에 10분, 15분 늦었고요. 저는 이런 면을 볼 때 호진 님이…" 이런 식으로 남용하는 겁니다. 마치 24시간 CCTV 감시카메라처럼 '내가 당신을 지켜보고 있다'라는 느낌은 절대 주면 안 됩니다. 나는 '우리 구성원들의 회사 안 그리고 회사 밖에서의 웰빙도 중요하게 생각하는 리더인데 요즘 당신을 보면 이런 점이 마음에 걸린다.' 이런 리더의 진심 어린 마음이 전달되도록 해주어야 합니다.

02

일이
되게 하는
피드백

피드백의 종류

피드백이라는 단어는 우리가 일상에서 많이 사용하는 용어이긴 하지만 부정적 정서를 더 많이 갖고 있는 것 같습니다. 사람이라면 누구나 지금과 달라져야 한다는 변화의 요구를 듣는 것이 마음 편할 리 없기 때문일 겁니다. 또 대체로 일방적이고 때로는 무례했던 피드백의 기억들 때문이겠죠.

2014년 마이크로소프트의 신임 CEO 사티아 나델라는 관료주의로 변한 마이크로소프트의 모든 조직문화와 인사제도를 혁신시켜야 했습니다. 그중 하나가 평가 시스템 내에 있던 '피드백'이란 단어를 '관점 perspective'이라는 표현으로 바꾼 것이었습니다. 즉 누군가가 일방적으로 전달하는 메시지가 아니라 리더와 구성원이 서로의 생각을 공유하는 대화로 변화시킨 것이죠.

피드백에 관한 고전 《피드백 이야기》(2007)라는 책을 보면 피드백의 종류를 크게 네 가지로 구분하고 있습니다. 바로 지지적 피드백, 교정적 피드백, 학대적 피드백, 무의미한 피드백입니다.＊

교정적 피드백 (행동 변화)	지지적 피드백 (행동 강화)
무의미한 피드백 (미미한 반응)	학대적 피드백 (모멸감)

지지적 피드백은 반복되기를 원하는 행동을 구성원이 계속해서 유지 또는 강화해나갈 수 있도록 독려하는 피드백입니다. 이 지지적 피드백은 주로 인정과 칭찬을 통해 표현되는 경우가 많습니다.

교정적 피드백은 최근에 번역했다면 발전적 피드백이라고 바꿔서 표현했을 것 같습니다. 팀장들이 가장 쉽게, 자주 하는 피드백이지요. 바로 변화를 목적으로 행동을 개선하려는 피드백입니다.

• 리처드 윌리엄스, 《피드백 이야기》(토네이도, 2007) 재구성

학대적 피드백은 표현만으로도 절대 듣고 싶지 않은 피드백입니다. 이 피드백을 받은 상대방은 모멸감과 수치심을 느끼기 때문에 변화의 노력은커녕 방어와 수동적 자세로 오히려 뒷걸음치는 효과를 볼 수 있습니다.

끝으로 **무의미한 피드백**은 쉽게 말해 하나 마나 한 피드백입니다. 리더는 나름 시간과 관심을 들여 피드백했을지 모르지만 구성원의 마음은 전혀 움직일 기미가 없는 피드백입니다.

리더들이 사용해야 하는 피드백은 바로 지지적 피드백과 교정적 피드백 두 가지입니다. 하지만 많은 리더가 실수를 하고 있습니다. 교정적 피드백이라고 했던 것이 학대적 피드백이었거나, 일반적이거나 모호한 피드백을 하면서 상대방이 크게 바뀌길 기대하는 무의미한 피드백을 하고 있는 거죠. 우리가 가장 많이 들어왔고 해오던 피드백은 주로 행동 변화를 위한 교정적 피드백이었을 텐데요. 앞서 말씀드린 것처럼 잘하고 있는 것을 칭찬, 인정함으로써 계속해서 강화해나갈 수 있도록 하는 것도 중요한 피드백의 역할 중 하나입니다.

나의 언어 습관, 커뮤니케이션 스타일을 점검해보기 위해 녹음 기능을 사용해보는 것도 좋습니다. 나는 피드백할 때 어떤 톤으로 어떤 피드백 종류를 사용하고 있는지 누군가에게 피드백 받기 어려울 경우 셀프 피드백을 해볼 수 있는 좋은 방법입니다.

팀장의 꿋

제대로 꽂히는 피드백을 위한 3가지 원칙

같은 실수를 반복하고 있는 직원에게 잘못된 점을 지적하는 것은 상사의 역할이기도 하지요. 꼭 피드백이라는 이름을 붙여서 마주하는 시간은 아니더라도 우리가 평소에 하는 업무 중에 '발전과 성장을 위한 대화'가 오고 간다면 그것도 피드백입니다.

정현 님은 이전에도 일을 좀 더 꼼꼼히 하자는 피드백을 팀장에게 들었습니다. 그러나 안타깝게도 비슷한 실수를 또 했습니다. 일상적인 업무 상황이고, 흔하게 일어나는 실수이지만, "왜 매번 같은 실수를 하는 거야?"라는 피드백을 받았습니다. 이 말을 들은 정현 님은 어떤 기분을 느꼈을까요? '내가 잘못했으니 이번엔 정말 잘해야지'라는 반성보다는 '대체 내가 언제 매번 잘못 했다는 거야. 나 참! 말을 저렇게밖에 못 하나'라는 억울함이 마음속을 가득 채웠을 것입니다.

팀장은 팀장대로 피드백을 했던 것인데, 같은 실수를 해온 정현 님이 못마땅할 겁니다. 알겠다고 하면서도 같은 실수를 반복하는 구성원에게 참을성 있게 대하기 쉽지 않은 건 당연합니다.

팀장들은 피드백이 상대의 과녁에 가서 제대로 꽂힐 수 있기를 바랍니다. 좀 더 수용성 높고, 확실히 효과가 있는 피드백이 되기 위한 피드백의 세 가지 원칙 **피드포워드**Feed-forward, **집중하기**Focus, **사실 기반**Fact-based에 대해 알아보도록 하겠습니다.

피드포워드 Feed-forward

피드백의 영어 단어를 있는 그대로 해석하면 '과거back에 먹이를 준다feed'는 의미입니다. 단어 자체가 과거를 돌아보는 것에 초점을 맞추고 있습니다. 물론 피드백 상황은 상대방이 해온 말과 행동이 이뤄낸 결과에 대해 내가 정보 또는 의견을 제시하는 것이기 때문에 과거를 기반으로 하는 행위는 맞습니다. 그러나 모든 피드백 내용이 과거에만 머물러 있다면 발전과 성장을 위한 기회를 찾기 어려울 것입니다. 그러한 피드백은 과거 시제로 전달될 것이고, 듣는 구성원은 비난의 대상이 되었다고 느끼거나 선고를 받는 죄인이 된 것 같은 기분까지 들게 할 수 있습니다.

그래서 새롭게 등장한 개념이 세계 최고의 경영컨설턴트이자 경영자Executive 코치인 마셜 골드스미스의 '피드포워드'입니다. 이 개념은 미국의 교육가이자 리더십 코치인 조 허시의 《피드포워드》(2019)라는 책으로 출간되기도 했는데요. 피드포워드는 과거 중심적인 피드백을 미래 중심적인 피드포워드로 바꿔 에너지와 주의를 보다 생산적인 방향으로 돌리자는 것입니다. 그때 활용할 수 있는 가장 좋은 툴tool은 바로 질문입니다.

다음 피드백 질문과 피드포워드 질문들을 정리해보았습니다. 상황에 맞게 활용해보길 바랍니다.

피드백 질문

- 무슨 일이 있었나요? 결과는 어떻게 되었나요?
- 목표했던 바와 어떤 차이가 있나요?
- 개선해야 할 점은 무엇인가요?
- 만약 이 일의 시작으로 돌아간다면 무엇을 하고, 무엇을 하지 않겠습니까?
- 이번 프로젝트를 통해 어떤 점을 배웠나요?

피드포워드 질문

- 이번 일을 통해 배운 것을 다음 프로젝트에서는 어떻게 적용해볼 수 있을까요?
- 새롭게 발견한 당신의 강점은 무엇이고, 어떤 일에 활용할 수 있을까요?
- 그 일을 하는 데 있어 팀장으로서 제가 어떤 지원을 해야 할까요?
- 이 업무를 잘 마쳤을 때, 어떤 것을 기대할 수 있을까요?
- 이 프로젝트를 통해 성취하고 싶은 것은 무엇인가요?

집중하기Focus

피드백의 두 번째 원칙은 집중하기Focus입니다. 누구 또는 무엇에 대한 집중일까요? 가장 중요한 것은 피드백을 주는 상대방에 대해 최선을 다해 집중하는 것입니다. 피드백이나 원온원, 1:1 미팅으로 구성원과 마주앉은 시간인데도 계속해서 분주한 팀장들이 있습니다. 대화 중에 휴대전화를 보느라 상대의 이야기에 집중하지 못하는 경우도 종종 보게 됩니다. 구성원은 나름의 할 이야기를 준비하거나 어떤 이야기를 듣게 될지 긴장 또는 기대하고 있을 시간인데, 팀장은 회사 메신저나 이메일 등의 알림에 수시로 반응하는 거죠. 이야기가 진행될 즈음에 "어, 미안한데 잠깐만! 나 답장 하나만 하고…" 또는 통화까지 할 때도 있습니다. 이럴 때, 맥이 탁 끊기게 되는 거죠. 구성원은 자연스레 '나와의 이 시간이 팀장님에게는 별로 중요하지 않구나'라고 생각하게 됩니다.

다양한 소통 또는 커뮤니케이션 교육에서 강조하는 것이 '경청'입니다. 내가 지금 이 순간 오롯이 당신의 이야기를 귀 기울여 듣고 있다는 집중에서 시작하는 것입니다. 내 말을 줄이고 상대에 집중하다 보면 들리지 않던 것이 들리고, 보이지 않던 것이 보입니다. 내가 온전히 당신의 이야기를 듣고 있다는 신호는 상대에게도 그대로 전해집니다. 그걸 느낀 상대는 비로소 팀장이 하는 피드백을 좀 더 발전적으로 받아들이기 위해 사고의 회로를 바꿀 것입니다.

두 번째로 집중해야 할 것은 그날 피드백 세션의 목적입니다. 피드백이나 원온원을 자주 하지 못하는 경우일수록 쌓아놓았던 이야기들을 한꺼번에 풀어놓게 되면 피드백이 중구난방이 되기 쉽습니다. 가능하면 한 피드백 세션에서는 한 가지 주제와 목적을 가지고 진행되는 것이 바람직합니다. 또 피드백을 시작할 때 구성원과 함께 오늘 이 시간의 목적을 합의하는 것이 좋습니다.

"오늘은 현수 님과 함께 업무 분장에 대한 이야기를 하고 싶습니다. 오늘 이 대화의 말미에는 우리 팀에서 현수 님이 어떻게 더 공헌할 수 있을지에 대한 명확한 결론이 나오기를 기대하는데, 현수 님 생각을 이야기해주겠어요?"

피드백 대화의 목적이 나왔다면 그 목적을 달성하기 위한 대화의 프로세스를 진행하면 됩니다. 만약 부정적 또는 교정적 피드백을 해야 한다면 더더욱 그 사안에 대한 피드백만 심플하게 진행하는 것이 좋습니다. 사람은 누구나 장점보다는 단점을 잘 파악하고, 더 크게 보기 때문에 이야기가 옆으로 번지기 쉽습니다. 그래서 부정적 피드백은 꼭 시간을 정해서 마치는 시간을 지키는 것도 좋은 방법입니다.

"승영 님, 오늘은 제가 승영 님이 이렇게 해주면 우리 팀에 더 도움이 될 거라고 생각하는 점에 대해서 이야기하려고 합니다. 딱 5분만 이야기 나누죠."

부정적 내용일수록 짧게, 미래 지향적인 이야기라면 좀 더 길게 팀장의 마음속에 나름의 룰을 정하면 됩니다. 이 책의 저자들이 경험을 모아 적절한 타이밍으로 정한 것은 다음과 같습니다. 여러분만의 피드백 시간을 정할 때 참고해보길 권합니다.

· 부정적 피드백은 5분 이내
· 지지적 피드백은 5~10분
· 성장과 커리어 관련 피드백은 30분 이내

사실 기반Fact-based

팀장의 관심과 관찰을 통해 구성원에 대한 여러 정보를 얻게 되었습니다. 그때 피드백의 자리에 앉은 팀장이 갖게 되는 이득은 왠지 모를 미안함 대신 풍부한 피드백 거리입니다. 정보가 있다면 느낌대로 '매번, 항상, 늘' 이런 부사어를 남발하는 피드백은 하지 않을 수 있습니다. 즉 세부적으로 피드백할 수 있고, 구체적으로 피드포워드할 수 있는 것이죠. 구체적이어야 듣는 사람에게도 도움이 됩니다. 뭉뚱그려진 모호한 피드백은 "그래서 뭘 어떻게 하라는 거야?"라는 의문만 남깁니다.

피드백을 마칠 무렵에는 피드백 사항을 바탕으로 무엇을 실행할 것인지 명확히 하여 서로의 끝 그림을 맞추는 작업이 꼭 필요합니다. 구성원에게 이 피드백을 마친 이후에 무엇을 할 것인지 직접 이야기해보는 것도 효과적입니다. 이때도 중요한 것은 시험 보듯이 "지금부터 할 일 세 가지를 이야기해보세요!"가 아니라, "우리가 이 자리에서 논의한 것을 바탕으로 어떤 것을 실행해나갈지 정리해주시겠어요?" 정도면 좋겠습니다.

조직을 살리는 피드백 방법

피드백은 누가 누구에게 하든 서로의 성장을 위해 투명하고 진심을 다해 전달할 수 있어야 합니다. 그리고 이것이 자연스러운 문화가 되었을 때 성과에도 영향을 미칠 수 있습니다. 피드백이라고 하면 상사가 팀원에게 일방적으로 주는 것이 익숙한 조직이 많겠지만, 팀장을 포함한 모든 팀원이 서로에게 피드백을 하고 받을 수 있는 조직이라면 매우 성숙한 조직 문화를 바탕으로 큰 성과를 낼 수 있는 조직이 될 것입니다.

지금 팀장과 팀원들 모두 최선을 다하고 있지만 충분한 성과가 나지 않고 있다면, 여러 원인 중에서도 조직 내 커뮤니케이션, 특히 피드백이 원활하게 작동하고 있는지 꼭 살펴보았으면 합니다.

피드백이 문화가 되기 위해서는 역시 피드백의 세 가지 전제조건이 구성원들에게도 사전에 준비되어야 합니다. 바로 심리적 안전감, 타이밍, 객관적 데이터 같은 사전 작업이 구성원들 모두에게도 익숙해야 피드백이 동작할 수 있기 때문입니다. 구성원들이 준비가 덜 되어 있고, 피드백의 순기능을 경험해보지 못했다면 자칫 피드백이 비난과 헐뜯기의 도구로 쓰일 수 있습니다.

모든 구성원 간의 피드백이 자연스러워지기 위해서 이런 방법을 제안합니다.

1. 구성원 모두가 참가하는 시간을 정해 정기적으로 팀 피드백 시간을 갖는다.
2. 피드백의 궁극적 목적을 충분히 공유한다.

   동료 간의 장/단점을 이야기하는 것이 아니라 협업하고 더 좋은 성과를 낼 수 있기 위한 방법을 이야기하는 것이 목적이다.
3. 구성원들에도 피드백 시간을 위한 준비를 해오도록 한다(기록, 데이터 등).
4. 구성원 모두가 돌아가면서 동일하게 발언하되, 팀장이 주관이 되기보다는 한 명씩 돌아가면서 주관자를 맡도록 한다.
5. 다음의 세 가지에 대해 돌아가면서 이야기한다.

   · Continue(계속할 것)

   · Stop(멈추면 좋을 것)

   · Try(새롭게 시도해볼 것)

한 사람에 대해 세 가지를 한 번에 이야기하기보다는, Continue라는 주제를 가지고 구성원 한 명씩 돌아가면서 모두 피드백을 하도록 합니다. 그다음은 A부터 Z 팀원이 서로 Stop하면 좋을 것에 대해 이야기합니다. 팀장도 예외는 없습니다.

여기서 얼마만큼 솔직하게 이야기하고 쿨하게 받아들일 수 있느냐가 조직의 심리적 안전감을 있는 그대로 보여줄 수 있는 것입니다. 만약 한번 해보았는데, 서로 말을 잘 못 꺼낸다거나 어정쩡하게 좋은 이야기만 하다가 끝났다면, 그 상황에 대해서도 팀장이 솔직히 피드백하면 됩니다.

"제가 보기엔 우리 사이에 심리적 안전감이 충분하지 않았던 것 같습니다. 동료가 더 발전하고 우리가 일을 더 잘하기 위한 피드백이니 다음번엔 더 솔직해져 봅시다. 나의 목표는 서로가 피드백을 더 받고 싶어 이 시간을 더 늘리자는 이야기가 나올 때까지 가는 것입니다."

다음과 같이 해야 피드백 문화가 활성화됩니다.

· 어렵게 입을 뗀 구성원에게 무조건 칭찬과 인정을 해준다.
· 피드백을 잘 수용하고, 변화하고자 노력하는 모습이 조금이라도 보였다면 알아보고 표현해준다.
· 서로의 피드백으로 팀의 성과 또는 분위기, 무엇이든 좋아진 점을 공유한다.
· 무엇보다 팀장에 대한 피드백을 잘 수용하고, 스스로 변화하는 모습을 보여준다.

피드백을 문화로 만들기 위한 노력을 지속해온 넷플릭스의 사례를 살펴보겠습니다. 주목받는 실리콘밸리의 기업 중 하나인 넷플릭스는 솔직함을 바탕으로 하는 피드백 문화Candor Feedback로 유명합니다. 넷플릭스의 CEO 리드 헤이스팅스가 직접 쓴 책《규칙없음》에 다음과 같은 피드백에 대한 네 가지 원칙인 4A가 나옵니다.*

피드백을 줄 때

① Aim to Assist: 도움을 주겠다는 생각으로 하라.

② Actionable: 실질적인 조치를 포함하라.

피드백을 받을 때

③ Appreciate: 피드백에 감사하라.

④ Accept or Discard: 받아들이거나 거부하라. 반드시 따를 필요는 없다.

이 4A 피드백 원칙에는 피드백에 대한 구체적인 실행 방안이 담겨 있습니다. 가끔 피드백을 마치 혼내듯이, 내가 한 수 가르쳐주겠다는 의도를 담아 전달하는 분들이 있습니다. 사실 대부분의 상사가 그동안 이런 태도를 많이 보였죠. 그러나 이제는 받는 사람의 입장에서 "이렇게 하면 당신이 ~면에서 더 나아질 것이다"라는 지원군의 태도로 피드백을 준다면 훨씬 수용성이 높아질 것입니다. 또 한 가지, 피드백에 구체

---

* 리드 헤이스팅스&에린 마이어, 이경남 옮김,《규칙없음》, 알에이치코리아, 2020

성을 담으라는 것은 이미 앞에서도 여러 번 강조했는데요. "주연 님의 보고서 내용이 모호해서 핵심 메시지가 무엇인지 잘 모르겠어요"보다는 "보고받는 사람이 궁금해할 것을 1, 2, 3번으로 명확히 정리한다면 서로의 시간을 훨씬 아낄 수 있을 것 같아요"가 받는 입장에서 구체적으로 무엇을 바꾸어서 더 잘할 수 있을지 알려주는 피드백 방식입니다.

피드백을 받는 입장에서는 나를 공격하거나 비판한다는 느낌을 지울 수 없습니다. 그럴 때 무조건 우선 피드백에 대한 감사의 표현을 한다면 누구라도 좀 더 수월히 피드백할 수 있고, 나 또한 피드백을 통해 점점 더 성장하는 기회를 얻을 수 있을 것입니다. 하지만 피드백이라고 해서 100% 모든 것을 수용하고 변화할 수는 없습니다. 합리적 판단하에 충분히 받아들일 수 없는 이유가 있다면 그 또한 피드백에 대한 당신의 피드백으로서 존중받을 가치가 있다고 생각합니다.

성장을 위한 피드백

팀원의 성장을 위한 대화 모델

코로나 이후 서구권에서는 대퇴사 시대The Great Resignation라는 표현이 유행입니다. 코로나로 재택근무의 일상화를 경험해본 그들은 이제 시간에 맞춰 출퇴근해야 하는 답답한 직장이 아닌, 자유롭게 재택이 가능한 회사로 이직하거나 아예 창업하는 사례가 크게 늘고 있다는 것입니다. 팬데믹이라는 긴 터널을 지나오면서 직원들은 회사가 그들을 어떻게 대하는지에 대해 새로운 판단 기준을 갖게 되었습니다. 그들을 감시의 대상이나 소모품으로 여기는지, 회사의 우선순위 중 가장 높은 순위에 위치하는지가 드러나게 된 것이죠. 그 경험치를 바탕으로 구성원들은 적극적으로 이직을 실천에 옮기고 있습니다.

국내의 한 취업 플랫폼 회사에서 20~30대 1,865명을 대상으로 실시한 설문조사 결과를 보면, 이직을 고민하거나 실행하게 되는 이유 1위는 '연봉(34.7%, 복수응답)'이었고, 2위는 '성장할 수 없는 반복되는 업무(23.6%)'였습니다. 또한, 회사 업무를 통해 가장 얻고 싶은 가치에 대한 질문에는 '경제활동 수단(43.5%)', 다음으로 '커리어 및 성장(26.6%)'이라고 답했습니다(사람인, 2021년 9월).

우리나라도 많은 회사에서 직원들의 이직을 막기 위해 골머리를 썩고 있는데요. 팀장의 입장에서 연봉은 팀장의 노력으로 차이를 만들 수 있는 정도가 크지 않기 때문에 딱히 할 수 있는 게 없다고 생각할 것 같습니다. 하지만 설문 결과를 잘 보면 이직을 고민하는 두 번째 이유가 성장할 수 없는 반복되는 업무이고, 회사에서 얻고 싶은 가치 2위도 커리어 및 성장입니다. 돈이 이직의 제1 사유이고 중요한 가치일 수 있겠지만, 비금전적 부분에서는 팀장과 같은 리더들이 그들의 퇴사를 막는 굳건한 방어벽 역할을 할 수 있다고 봅니다. 반대로 퇴사 촉매 역할을 톡톡히 할 수도 있고 말입니다.

앞서 일터에서 큰 비중을 차지하게 된 MZ세대들은 자신의 개별화된 존재 가치를 인정받고 싶어 할 뿐만 아니라, 의미 있게 일하는 것에 가치를 둔다고 말씀드렸습니다. 그래서 이들은 반복적인 업무와 일상적인 회사생활에서 매일 조금씩은 배우고 성장하고 있다고 느끼게 하는 것이 매우 중요합니다. 여기서는 그것을 도울 수 있는 대화법에 대해 이야기해보겠습니다.

아마 코칭을 접해보았거나 커뮤니케이션 교육에 참가했던 분들이라면 이미 알고 계실 대화 모델입니다. 바로 GROW인데요. GROW는 'Goal(목표)-Reality(현실)-Option(대안)-Will(의지)'의 4단계 대화를 거치면서 현재 상태와 원하는 상태(되고자 하는 상태) 사이의 간격을 줄여 목표에 이르도록 하는 대화 과정을 말하며, 주로 질문을 통해 진행됩니다.

단계	주요 질문
1단계 Goal(목표 설정)	• 오늘 어떤 이야기를 해보고 싶으세요? • 이루고 싶은 목표가 무엇입니까? • 지금 이야기한 주제가 당신에게 얼마나 중요한 일인가요?
2단계 Reality(현실 인식)	• 그 목표와 관련해서 지금의 상태는 어떠한가요? • 가장 큰 장애물은 무엇인가요? • 조금 더 구체적으로 이야기해주시겠어요? • 지금의 상태를 한 단어로 표현한다면 무엇일까요?
3단계 Option(대안 탐색)	• 원하는 목표를 이루기 위해서 무엇을 해야 하나요? • 지금 바로 해볼 수 있는 것은 무엇이 있을까요? • 누군가의 도움을 받는다면 누구에게 어떤 도움을 받을 수 있을까요? • 당신의 롤모델/좋아하는 선배라면 지금 당신에게 어떤 조언을 할 수 있을까요?
4단계 Will(실행 의지)	• 말씀하신 방안 중에 집중해서 실행해볼 한 가지는 무엇인가요? • 잘 실행하고 있다는 것을 스스로 어떻게 알 수 있을까요? • 오늘 대화에서 정리되거나 새롭게 느낀 것은 무엇인가요?

처음에 바로 활용할 때는 좀 어색하지만, 한두 번 적용해보면 꽤 파워풀한 대화법이라는 것을 체감할 수 있을 겁니다. 제가 아는 한 팀장은 이 GROW 대화를 아예 원온원 대화 시간의 이름으로 정해서 분기별로 팀원들의 성장을 위한 피드백 시간으로 활용하고 있습니다.

제목 : 2023년 2분기 GROW Time

수신 : 팀원 전체

본문 : 안녕하세요? 혁신팀 팀원 여러분!

어느새 2분기가 시작되었고, 저는 역시 2분기의 문은 GROW Time으로 시작하고자 합니다. 1분기와 마찬가지로 아래 양식에 간단히 정리를 하셔서 제게 메일로 회신주시고, 제 업무 일정표 빈 시간에 언제든지 스케줄을 잡아주시기 바랍니다.

(~4월 2주 차까지 마칠게요.)

Agenda
1. Goal • 올해 가장 중요한 개인의 성장 목표는 무엇입니까? • 5년 뒤 어떤 커리어를 갖기 원합니까?
2. Reality • 지금은 어떤 상태인가요(1분기와 비교해 어떤 진전이 있었나요)? • 무엇이 잘되고 있고, 무엇이 어려운가요?
3. Option • 그 목표를 위해 어떤 것들을 시도해볼 수 있나요? • 어떤 것을 하는 것이 가장 중요한가요?
4. Will • 지금 바로 해볼 만한 한 가지는 무엇일까요? 언제부터 해보시겠어요? • 목표에 달성했다는 것을 어떻게 알 수 있을까요? • 제가 그 실행을 돕기 위해 무엇을 지원하면 좋을까요?

실제 피드백 시간에도 GROW 모델의 순서대로 자연스럽게 물어보면 됩니다. '목표로 하는 바가 무엇인가 ⇨ 지금 상태나 수준은 어떠한가 ⇨ 어떤 것을 해볼 수 있는가 ⇨ 무엇을 할 수 있는가'를 정하고 리더

로서 도울 수 있는 것은 무엇인지 탐색해가는 것입니다.

GROW 모델을 통한 대화는 특히 학습과 성장에 대한 목마름이 있는 팀원들에게 리더로서 그들의 성장에 관심을 표현할 수 있는 좋은 방법입니다. 구성원들에게는 일에 매달려 있다가도 중간중간 자신이 가고 있는 방향이 맞는지 점검해보는 자극제 역할을 할 수 있습니다.

GROW 대화 모델을 활용하든 하지 않든 구성원의 성장을 위한 대화 시간은 의도적으로 꼭 가지기를 바랍니다. 그 시간의 이름은 다양할 수 있지만 목적은 같습니다. 의미 있는 성장을 통해 성과를 내자는 것이죠. 처음엔 좀 시간이 걸릴 수 있지만, 익숙해지고 반복하다 보면 팀원한 명당 그렇게 긴 시간을 들이지 않아도 되는 생산적인 대화의 시간이될 것입니다.

가끔 '구성원들을 잘 키워서 남 좋은 일만 시키는 거 아닌가'라는 걱정을 하는 팀장도 있습니다. 물론, 잘 키운 후배가 더 넓은 물 또는 다른 물에서도 놀아보고 싶다며 팀장의 울타리를 넘을 수 있습니다. 그러나 업무만 챙기는 리더가 아니라 중장기적으로 구성원의 커리어까지 살피고 직접 지원하는 팀장이라는 것이 알려진다면 다른 팀의 팀원들이 오히려 그런 팀장 밑으로 옮길 수 있는 기회를 호시탐탐 노리게 될지도 모릅니다. 나와 일해보고 싶다는 이들이 늘어나는 것, 상상만으로도 뿌듯한 일인데요. 게다가 성장하는 팀원이 일을 더 잘 해내서 내 일을 덜어주기까지 한다면 그보다 더 훌륭한 리더십이 어디 있을까요?

피드백에 부스터 달기

첫 번째 부스터: 공감과 인정

요즘은 일 시작 전에 구성원들에게 일의 목적과 방향에 대해 설명을 잘해주는 리더들이 많습니다. 리더십 교육도 많이 받고, 리더들의 나이도 젊어지면서 본인들이 경험했던 불합리한 업무지시나 영문 모르고 받아서 했던 일들이 얼마나 업무 동기를 꺾는지 체감적으로 알고 있기 때문인 것 같습니다. 이 일을 왜 해야 하는지에 대해 충분히 알려주고 시작하는 훌륭한 리더들이 늘고 있다는 것을 여러 현장에서 체감하고 있는데요. 그런데 이런 리더들과 일하는 구성원들은 여전히 이렇게 한마디씩 하곤 합니다.

"팀장님, 설명은 이해했는데요. 이 일을 왜 제가 해야 하죠?"

"지금도 일이 많은데, 저희 부서가 맡을 일은 아닌 거 같은데요."

'지금까지 뭐를 들은 걸까?' 올라오는 화를 애써 누르는 팀장의 모습이 눈에 선한데요. 충분히 설명한 것 같은데 이런 질문을 한다는 건 분명 상대방 마음속에 다른 욕구나 감정이 있다는 것이죠. 우리는 2장 '관계의 시작, 감정'에서 배웠습니다. "상대방의 마음을 읽어주자!"

설명은 할 만큼 했습니다. 그래도 내가 또는 우리 부서가 왜 이 일을 해야 하는지 모르겠다고 말하는 구성원의 마음에서 무엇을 읽을 수 있을까요? 아마 그 팀원도 이유는 충분히 수긍했을 겁니다. 감정적으로 그걸 수용하기 어려울 뿐이지요.

이 타이밍에 팀장이 해줄 역할은 공감과 인정입니다. 긴 설명보다 짧은 공감입니다.

"아, 주연 님 요즘 A사 대응 때문에 굉장히 바쁘죠? 안 그래도 여유가 없을 텐데 제가 일을 더해주게 돼서 부담이 크겠네요. 지금 상황에 대해 제게 자세히 알려주겠어요?"

리더십이든 협상이든 피드백이든 모두 사람을 상대로 마음을 얻기 위한 행위입니다. 그렇기에 마음을 얻기 위한 공통의 법칙은 존재하며, 그것은 바로 상대의 마음을 읽어주는 것입니다. 팀원들의 "못 하겠어요. 제 일이 아닌 것 같은데요. 제가 꼭 해야 하나요?"라는 반문에는 그동안의 수고와 지금 상황에 대해 공감하고 인정해달라는 다른 표현일 수 있습니다. 그 점을 충분히 인정하고 공감해줘야 다음 이야기가 쉽게 풀릴 수 있습니다.

두 번째 부스터: 긍정적 피드백

"긍정적 피드백을 꼭 해야 하나요?" 이 질문에 대한 답변은 '무조건'이라고 답하겠습니다. 왜냐하면 많은 연구 결과가 긍정적 피드백이 팀의 성과에 훨씬 높은 영향을 미치는 것을 증명하고 있기 때문입니다. 연구 결과 수치상 차이는 있지만 고성과 조직에서 보이는 긍정적 피드백과 부정적 피드백의 비율은 3:1에서 6:1까지 다양합니다. 그러나 부정적 피드백의 비중이 더 높은 경우는 없습니다. 그리고 조직 성과에 가장 나쁜 영향을 미치는 것은 리더의 '피드백 없음'이었습니다. 리더의 무관심이 제일 나쁜 행동이라는 것을 알 수 있습니다.

아무리 노력해도 잘한 것보다는 부족한 것만 눈에 띄는데, 어떻게 좋은 이야기를 더 하라는 건지 리더들의 사기가 꺾일 수 있을 것 같습니다. 때문에 의식적인 훈련이 필요합니다. 인간은 진화론적으로도 상대의 약점을 더 잘 찾아낼 수밖에 없습니다. 교육이나 코칭 중에 리더들에게 구성원 이름을 쭉 쓰고 강점과 약점을 적어보라고 하면 장점보다 약점을 훨씬 더 많이 찾아냅니다. 그렇게 우리는 상대의 강점을 보기보다는 약점을 찾아내는 데 더 탁월한 재주를 타고 났습니다. 구성원의 강점과 잘하는 점을 찾는 것은 우리의 본능을 거스르는 일이기 때문에 힘이 드는 것이 당연하고, 의식적으로 노력하지 않으면 쉽게 되지 않는 일인 것입니다.

긍정적 피드백을 하는 것에 대한 리더의 어려움을 정리해보면 다음과 같습니다.

· 리더 스스로 칭찬이나 인정과 같은 긍정적 피드백에 익숙하지 않아서, 긍정적 피드백을 위한 포인트를 찾기 어렵다.
· 월급 받고 하는 일인데, 그 정도 일을 하는 것은 기본이다.
· 인정과 칭찬에 익숙해지면, 진짜로 잘하는 줄 알고 열심히 하지 않을 것이다.
· 고치고 개선할 점에 대해서만 이야기하기에도 시간이 부족하다.

그러나 실제 긍정적 피드백을 충분히 해보았다면 위의 생각들이 모두 기우였음을 알게 될 겁니다. 긍정적 피드백 또한 좀 더 효과적으로 전달할 수 있는 방법이 있습니다. 바로 'S-B-I' 법칙입니다.

팀장의 꿋

- Situation(상황): 피드백을 주려는 원인이 되는 상황
- Behavior(행동): 위 상황 속에서 상대의 행동이나 반응
- Impact(결과와 영향): 행동이 가져온 결과와 영향력을 강조(타인과 조직에 미친 영향)

'S-B-I' 대화 방식은 피드백뿐 아니라 일상에서 다양하게 적용해볼 수 있는 대화 프로세스입니다. 실제 팀원과의 대화에서는 다음과 같이 적용해볼 수 있습니다.

· **Situation**: 어제 미팅 초반에 진도가 안 나가고 있었잖아요. 지금 우리가 하고 있는 과제가 어렵기도 하고, 아이디어를 내는 게 쉽지 않은 상황이었죠.

· **Behavior**: 사실 아무도 말을 안 하고 있어서 분위기가 별로 안 좋았는데도 성진 님이 여러 의견을 내주었죠. 그렇게 성진 님이 이야기를 시작하니 다른 팀원들도 한 명, 두 명 입을 열더라고요.

· **Impact**: 회의의 물꼬를 터줘서 정말 고마웠어요. 덕분에 생산적인 미팅이 되었다고 생각해요.

긍정적 피드백을 많이 해야 한다고 해서 앞뒤 맥락 없이 전달하거나 성의 없이 반복하는 칭찬은 별 효과가 없습니다. 뿐만 아니라 상대방도 바로 그 말의 무게감을 느낀다는 점을 기억하기 바랍니다.

최악을 예방하는 피드백

짧은 기간 일하고도 더 좋은 조건을 찾아 이동하는 직원들이 늘어나고 있습니다. 팀장으로서 퇴사 면담 테이블에 앉아야 하는 경우가 잦아졌을 것입니다. 이미 결심을 하고 온 친구라면 면담 시 붙잡는다고 잘 잡히지도 않습니다. 연봉이나 복지 혜택, 워라밸 등을 알아볼 만큼 따져본 사람 앞에서 팀장이 사용할 수 있는 권한이나 선택지가 많지 않기 때문에 더욱 고역일 수밖에 없습니다.

그래서 회사에서의 모든 면담은 사후보다는 사전이 더 중요합니다. 사실은 상시라고 하는 표현이 더 맞겠지요. 퇴사하려는 직원도, 평가 결과를 수긍하지 못하는 직원도, 업무상 미비점을 보완해야 하는 직원에게도 일이 벌어지고 난 후의 사후 면담은 어렵기 그지없습니다. 가급적 미리미리 구성원들과 원온원 세션을 정기적으로 가지면서 퇴사 증후도 센싱sensing하고, 업무 진행에 있어 어려운 점이 무엇인지, 승진이나 자기계발에 얼마만큼 관심이 있는지, 혹시 조직 내부에 어떤 문제가 있는지 등을 확인하고 즉시 조치를 취하는 것이 가장 좋습니다.

하버드비즈니스리뷰Harvard Business Review 2022년 4월호에 실린 'How to Ask Whether an Employee Is Happy at Work(직원이 직장에서 행복한지 묻는 방법)' 아티클을 보면 2019년 실시한 갤럽의 조사를 바탕으로 이렇게 설명합니다.

"자발적 퇴사자의 52%는 본인들의 관리자나 조직이 자신들이 떠나는 것을 사전에 막을 수 있었다고 응답했다."

결국 직원들이 갖고 있는 불만과 의견을 미리 수렴하고 할 수 있는 노력을 했다면 퇴사자 수를 줄일 수 있다는 것입니다. 더불어 사전에 퇴사를 막기 위해 리더가 할 수 있는 질문의 예시를 보여줍니다. 이 질문들은 업무 진행 상황이나 성과를 평가하는 것이 아니라 순수하게 팀원이 회사생활 만족도나 개인적인 어려움을 알아가는 데 적합한 것입니다. 상황에 따라서는 팀원에게 질문을 미리 보여주고 이야기 나누고 싶은 질문 몇 개를 골라오도록 하는 것도 좋습니다.

· 그동안 일에 대한 전반적인 느낌은 어땠나요?
· 당신은 당신이 하고 있는 일에서 어떤 부분을 가장 즐기고 있나요?
· 하고 있는 일 중에서 어떤 부분이 가장 재미가 없나요?
· 워라밸을 맞출 수 있게 된 기분은 어떠셨나요?
· 올해 또는 이번 분기 중 가장 큰 어려움은 무엇이었습니까? 더 나은 지원을 위해 제가 할 수 있는 일이 있을까요?
· 당신과 팀을 지원하기 위해 제가 무엇을 다르게 할 수 있을까요?
· 저한테 피드백을 받고 싶은 것이 있나요?
· 당신은 이곳에서 배우고 성장하고 있다고 느끼십니까? 그렇지 않다면, 당신의 경험을 향상하기 위해 제가 할 수 있는 일이 있을까요?

이러한 대화 중에 때로는 리더가 해결해줄 수 없는 요구나 개선사항이 나올 수 있습니다. 또 그것이 두려워 리더가 질문하기를 피하기도 하지요. 드러나야 할 문제는 빨리 드러나야 덜 아프게 지나갈 수 있습니다. 구성원들의 요청에 대해 우선은 리더가 즉각적으로 할 수 있는 사항에 대해 설명합니다. 실제로 바로 할 수 있는 일은 즉각적으로 실행하여 이러한 대화가 보여주기 식이 아니라는 믿음을 주는 것도 중요합니다.

팀장이 본인 선에서 해결하기 어려운 권한 밖의 일이라든가 회사 제도와 얽혀 있는 문제라면 어떤 어려움이 있는지 설명하고 이해를 구합니다. 사실 구성원들도 본인의 상사가 어느 정도의 권한이 있는지 대부분 알고 있고, 최선을 다하는 모습을 보이면 리더 개인에게 무리하게 요구하지 않습니다. 이런 경우 더 큰 권한을 갖고 있거나 문제를 해결해 줄 수 있는 상사 또는 관련 부서에 이슈 사항을 알리고 도움을 받을 수 있다면 리더로서는 최선의 노력을 한 것이라고 생각합니다. 이러한 일련의 과정에서 구성원은 자신에게 갖고 있는 리더의 관심과 노력을 통해 조직을 떠날 마음을 접을 수도, 미룰 수도 있을 것입니다.

실리콘밸리에서 가장 성공적인 벤처캐피털리스트로 꼽히는 벤 호로위츠가 쓴 《하드씽》은 수많은 사업가가 겪는 기업 경영의 난제를 어떻게 해결할 수 있는지에 대한 경험과 지혜를 담은 책입니다. 이 책에서 벤 호로위츠 역시 원온원과 피드백 같은 대화 시간을 통해 리더-구성원 간의 소통 구조를 구축하라는 조언을 하고 있습니다. 그가 직원들과의 원온원에서 효과적이라고 생각한 질문들은 다음과 같습니다.'

• 벤 호로위츠, 안진환 옮김, 《하드씽》, 한국경제신문, 2021

· 우리가 어떤 방법으로든 나아질 수 있다면 어떻게 하면 될까요?

· 우리 조직 제일의 문제는 무엇일까요? 그리고 그 이유는 무엇인가요?

· 여기서 일하는 데 흥미를 잃게 만드는 요소는 무엇인가요?

· 회사에서 누가 제일 재미있나요? 존경하는 사람은 누구인가요?

· 당신이 내 위치에 있다면, 무엇을 변화시키고 싶은가요?

· 제품의 어떤 점이 마음에 안 드나요?

· 우리가 놓치고 있는 가장 큰 기회는 무엇인가요?

· 우리가 해야만 하는데 하지 않고 있는 일은 무엇인가요?

· 우리 회사에서 근무하는 게 행복한가요?

이 질문들은 프로젝트와 관련된 이야기가 아닌 구성원이 일하는 환경에 대해 느끼고 있는 온도 체크, 장애물 등에 대한 논의라는 것을 알 수 있습니다. 이러한 대화는 결국 조직 내 심리적 안전감을 구축하는 데도 큰 역할을 할 수 있을 것입니다.

젊은 세대에게는 자신이 좋은 회사와 조직에서 일하고 있다는 자부심을 느끼게 해주는 것도 동기부여에 중요한 역할을 합니다. 구성원에게 개인에 대한 질문과 함께 우리 조직이 더 나아질 수 있는 방법도 피드백을 받으시기 바랍니다. 개인의 성장을 이루기 위한 조직의 성장도 반드시 수반되어야 하기에 리더가 구성원에게 이러한 피드백을 요청하는 것도 현명한 방법 중 하나입니다.

04

리더를 위한
피드백

구성원에게 피드백 받는 팀장

피드백의 진짜 목적은 조직 내에서 달성해야 하는 목표에 이르기 위해 현재 수준에서 어떻게 구성원들을 변화하도록 할 것이냐에 있습니다. 여기서 중요한 것은 피드백은 상사가 일방적으로 아래 사람에게 전하는 원웨이 커뮤니케이션이 아니며, 누구든 서로에게 피드백을 하고 더 잘할 수 있는 방법을 조언하는 상호적인 커뮤니케이션이라는 것입니다.

신임 팀장이라면 더더욱 팀장 임명 직후의 골든 타임을 놓치지 말고 구성원으로부터의 피드백을 적극적으로 받아야 합니다. 기존에 일하던 팀에서 승진했다면 팀 리딩을 위해 더할 나위 없이 좋은 기회입니다. 함께 일해오던 동료, 후배들이 이제 내가 평가와 피드백을 주어야 하는 구성원이 되었습니다. 이들도 나에 대해 기대하는 바가 있을 것이고, 기존에 팀 내 분위기나 일하는 방식에 대해서 아쉬운 부분들이 나아지기를 신임 팀장에게 기대하고 있을 겁니다. 이럴 때, 신임 팀장이 귀를 열고 더 좋은 팀이 되기 위해 애쓸 것이라는 제스처로 구성원의 피드백을 받는 것은 팀의 비전 설정이나 팀원의 동기부여 측면에서도 매우 소중한 시간이 될 것입니다.

"저에게도 피드백 좀 해주세요"라는 갑작스런 상사의 이 한마디에, 불편한 피드백을 술술 꺼내놓을 부하 직원은 없습니다. 이때 구성원들에게 이렇게 피드백을 요청해보세요.

· 우리 팀이 더 좋은 팀이 된다면 구체적으로 어떤 모습일까요?
· 그런 팀이 되기 위해서 무엇이 달라져야 할까요?
· 그것을 위해 나에게 바라는 점은 무엇인가요?
· 내가 가장 잘하고 있는 것과 가장 먼저 보완해야 할 점은 무엇일까요?

상사가 먼저 피드백을 요구하고 수용하는 모습을 통해 자연스럽게 구성원들도 피드백을 받으려고 할 것이고, 더 나아지도록 만들려고 할 것입니다. 피드백을 나누는 조직 문화가 조직에 큰 도움이 될 것이라 믿습니다.

다면진단을 통해 성장하기

최근에 많은 기업에서 리더십 다면진단을 실시하고, 그 결과를 리더에게 피드백합니다. 회사마다 진단 방식이나 문항, 사후 조치는 굉장히 다양하지요. 여기서는 진단 결과에 대한 리더의 주요 반응을 함께 살펴보겠습니다.

건설회사 4년 차 팀장

저희 회사는 1년에 한 번씩 리더십 진단을 정기적으로 하고 있습니다. 첫 해, 두 번째 해까지는 진단에 대해서 크게 신경 쓰지 않고 지나갔거든요. 저에 대한 부서원의 피드백이 제 생각보다는 부정적인 부분이 있긴 했지만 상사나 동료 평가가 괜찮았기 때문에 대수롭지 않게 여겼어요.

팀원들이 보기에는 제가 좀 무리하게 일을 밀어붙이고, 자율성을 주지 않는다고 하는데 사실 이렇게 안 하면 요즘 친구들 어떻게든 일을 안 하고 싶어 하니까요. 별 수 있나요?

제가 이 회사에서 팀장까진 된 건 그만큼 성과를 내고 있다는 걸 인정받았다는 건데, 리더십 진단 결과가 좋지 않다고 제 스타일을 바꾸고 싶진 않습니다. 솔직히 쉽게 바뀌지도 않을 것 같고, 회사가 그러기를 바라는 것도 아니라고 생각합니다.

자신만만 리더형의 전형적인 모습입니다. 본인의 리더십 스타일이 긍정적이지 않다는 것을 알고 있지만 나는 이렇게 성공해왔으니 변화할 수 없다는 소신과 강단이 느껴집니다. 그러나 요즘 많은 기업에서는 리더십 진단 결과를 리더들의 성과를 평가하는 주요 근거로 활용하고 있습니다. 단기적인 성과를 내는 데 문제가 없는 리더라고 할지라도 구성원들이 지속적이고 강력하게 변화를 요구하는 리더십으로 조직을 이끌고 있다면 언제, 어떻게 조직에 큰 타격을 입힐지 알 수 없기 때문입니다. 한번 병들기 시작한 조직은 회복하는 데도 꽤 많은 시간과 노력이 필요하기 때문에 예방 차원에서도 기업에서는 이러한 리더십 진단 또는 조직문화 진단을 정기적으로 실시하고 아픈 곳이 없는지 체크합니다. 특히 리더에게는 더 높은 잣대를 가지고 높은 수준의 윤리 규범과 올바른 행동 양식을 요구하고 있습니다.

코치로서 기업의 리더들을 코칭하다 보면 의외로 리더십 진단에 분노와 배신감 그리고 허탈함을 느꼈다는 분들이 많습니다. 이런 극단적인 반응은 평소 자신에 대한 피드백을 어떤 경로로도 들어본 적이 없는 분들, 즉 굉장히 경직된 문화의 조직에서 자주 나옵니다.

"뒤통수 맞은 기분이에요. 매일 보는 사이인데 이렇게 불만이 많았으면 진작에 이야기를 했어야 하는 거 아닌가요? 익명성 뒤에 숨어서 거르지 않고 적은 이야기들을 제가 다 믿어야 하나요?"

"이런 리더십 진단이 다른 회사에서도 일반적인가요? 지금까지 일만 잘하면 된다고 여기까지 승진시켜 놓고 이제 와서 뭘 어떻게 하라는 건지 모르겠어요. 그냥 다 내려놓고 싶네요."

리더에게도 억울하고 힘든 상황이죠. 기업에서 리더십 진단을 하는 이유는 기업이라는 조직의 특성상 구성원이 상사에게 하는 피드백, 즉

상향식 피드백이 쉽지 않은 상황에서 상사들에게도 피드백을 통한 성장과 발전의 기회를 주기 위해서입니다. 즉 이 기회를 선물로 받아들일지 벌처럼 받아들일지는 리더 본인의 결심에 따라 크게 방향이 달라질 것입니다.

진단 결과에 정말 이해할 수 없는 수치와 주관식 응답들이 포함되어 있다면, 그때는 구성원들에게 직접 물어볼 수밖에 없습니다. 팀원들에게 도움을 청하는 겁니다. 먼저 다가가서 담백하고 솔직하게 이야기해 보세요. 물론 여기까지 가기가 얼마나 어려운지 알고 있습니다.

"이번 리더십 진단에서 제가 예상하지 못했던 결과를 받았습니다. 저에게 좀 더 구체적인 피드백이 필요해서요."

"제가 가장 먼저 무엇을 바꿔야 할까요?"

"제가 어떻게 하면 더 좋은 팀을 만드는데 도움이 될까요?"

"제가 팀을 이끄는 데 있어서 여러분을 가장 불편하게 하는 것은 무엇인가요?"

스타트업 3개월 차 팀장

저는 제가 원해서 팀장이 된 케이스는 아닌데요. 스타트업 회사다 보니 이직이 많아서 저희 팀 팀장 포지션이 비게 되면서 갑작스럽게 팀장을 맡게 됐어요. 리더로서 아무 준비가 안 되어 있었죠. 구성원들 연차도 다양하고, 저보다 나이 많은 팀원, 한참 어린 팀원까지 다양한 스펙트럼의 구성원들이 모여 있는 조직이어서 더더욱 힘들었습니다.

예전에 봤던 책에서 글로벌 기업들에서는 리더가 수시로 본인에 대한 피드백을 구성원들에게 요청한다고 하더라고요. 그래서 저도 팀원들에게 익명의 설문을 보냈습니다. 문항도 그냥 제가 정말 궁금한 걸로 질문했어요. 예를 들면 이런 거였습니다.

- 저는 팀장으로서 역할을 잘하고 있나요? 어떤 점이 가장 아쉽나요?
- 제가 우리 팀이 강한 팀이 되도록 하기 위해서 어떤 걸 더 하면 좋을까요?
- 지금 당장 하지 말아야 할 것이 있을까요?

역시 설문을 받아보니 제가 생각했던 것과 다르게 제가 더 관여해주기를 바라는 일들이 많다는 의견이 꽤 있었고, 의외로 잘하고 있다. 힘내'라는 응원들도 있어서 힘이 났습니다.

꼭 형식과 통계적 유의성을 가진 진단이 아니어도 좋습니다. 더 나은 리더, 더 나은 팀을 만들기 위한 목적이라면 형식을 좀 덜 갖추고, 좀 더 자주 받아보아도 좋습니다.

이와 같이 리더십 진단 결과가 1년에 한 번 받는 성적표, 그것도 크게 망쳐버린 시험의 성적표라는 두려운 마음이 들지 않도록 하기 위해서는 평소 리더와 구성원 간의 피드백이 자연스러운 문화를 만들어가면 됩니다. 물론 피드백은 받는 데 그치는 것이 아니라 피드백을 바탕으로 변화하고 바뀌는 모습을 보여주어야 하며, 그런 행동 변화는 관계의 지속성, 상사 - 구성원의 신뢰에도 지대한 영향을 미치게 될 것입니다.

평소 조직 내에 서로가 서로에게 발전을 위한 피드백을 주는 문화가 바탕이 되어야 리더가 하는 피드백도, 구성원이 하는 피드백도 서로에게 유익한 밑거름이 될 수 있습니다.

05

피드백도
새로운 환경에
적응 중

비대면 근무시대:
피드백은 무엇이 달라졌을까?

> (전화로 재택근무 중인 유현 님에게 전화)
>
> 팀장 유현 님, 지금 어디인가요? 메신저를 해도 답이 없어서 전화했는데요.
>
> 유현 아! 팀장님, 제가 급하게 뭘 좀 사러 집 앞 편의점에 왔는데요.
>
> 팀장 (지난주와 똑같은 레퍼토리구먼.) 실장님께 보고드리는 전략 발표 자료를 오전 중에 보내주겠다고 했었던 것 같은데요.
>
> 유현 아, 네네! 지금 바로 들어가서 보내드리겠습니다. (왜 하필 잠깐씩 자리 비울 때만 귀신같이 전화하시는 거야.)

코로나로 인한 재택근무가 일상화되면서 눈에 보이지 않는 팀원들을 관리하는 데 어려움을 겪는 분들이 많이 늘어났습니다. 꼭 재택근무가 아니더라도 상사와 부서원의 근무지가 다르거나 외근이나 출장이 많은 직군의 경우도 원격으로 업무를 관리하고 피드백, 성과 관리를 해야 한다는 점에서 리더의 어려움이 가중되는 것은 마찬가지일 것입니다.

팬데믹을 경험해본 회사들은 이제 재택근무나 원격근무를 직원의 자율에 맡기는 경우가 늘고 있습니다. 어느 때라도 다시 전면 재택근무를 할 수 있는 인프라를 갖춘 회사도 많아졌지요. 달라진 근무 환경 속에서 리더들도 경험해보지 못했던 새로운 어려움에 직면해야 했습니다. 이제 긴 터널을 지나오면서 리더 각자의 시행착오를 통해 나름의 방법들을 찾았을 것이라 생각합니다.

구성원들과 만나지 못하는 가운데 리더가 겪는 가장 큰 어려움은 커뮤니케이션일 것입니다. 눈에 보이지 않는 이들이 어떻게 일을 진행하고 있는지 바로바로 파악하기 어렵고, 리더의 도움 또는 구성원 간의 협업이 필요한 일도 구성원이 먼저 이야기해주지 않으면 알 수가 없습니다. 구성원들 또한 혼자 일해서 좋은 점도 있지만, 오랜 시간 연결이 없을 경우 '고립감'을 호소하는 경우도 있습니다.

어려울수록, 장애물이 많을수록 가장 기본에 충실한 리더십이 필요하다고 생각합니다. 자주 얼굴을 보지 못하게 되면 왠지 마음도 더 멀어지는 것 같고, 얼마나 자주 연락해서 챙겨야 할지 판단이 잘 서지 않습니다. 일의 결과만을 가지고 구성원을 평가해야 한다는 점에서 리더가 놓치고 있는 것은 없는지, 충분히 모든 것을 고려하고 있는지 불안해지기도 합니다.

관점을 바꿔 이러한 환경을 충분히 활용해 새로운 성과평가의 기회로 생각해보면 어떨까요? 구성원들이 목표를 달성할 것이라는 신뢰와 믿음을 바탕으로 아웃풋만을 놓고 객관적으로 성과를 평가해보는 것입니다. 이를 위한 세 가지 원칙(R-O-C)을 제시합니다.

- **Rule: 커뮤니케이션의 시기와 방법을 명확히 공지하고, 팀 전체가 꼭 지키도록 한다.
- **Output: 일의 결과와 개인의 성과가 잘 보이도록 하며 책임을 명확히 한다.
- **Clear: 서로 어떻게 일하고 있는지 투명하게 드러내도록 한다.

Rule

조직 운영을 위한 Rule을 정하고 구성원에게 공유하는 것은 팀장이나 매니저 역할을 처음 맡게 된 리더들에게 항상 강조하는 부분입니다. 재택이나 원격근무가 일상이 되고 있는 현실에서는 달라진 근무 환경에 맞는 조직 관리 원칙을 정하고 공유하는 것이 좋습니다.

큰 틀에서 서로가 지켜야 할 규칙들을 정하고 나면, 그 테두리 안에서는 서로가 자유롭게 일할 수 있습니다. 오히려 공유된 규범이나 원칙이 없을 경우, 구성원들은 이걸 해도 되나, 하지 말아야 하나를 두고 고민하는 데 시간을 많이 써야 합니다. 또 이런 경우 리더도 이야기를 해서 주의를 줄지 말지 애매해지는 경우가 생기기도 합니다. 그래서 재택근무를 할 때 필요하다고 생각하는 기본 규칙을 정해서 함께 공유하면 되고, 필요하다면 구성원들과 함께 '모두의 원칙'을 만들어보는 것도 좋습니다. 예를 들면 다음과 같습니다.

· 하루 한 번 부서 미팅에는 꼭 참여한다.
· 카페나 도서관 같은 외부 장소에서의 근무는 보안상 금지한다.
· 그날 받은 메일은 그날 회신한다(시간이 필요할 경우 언제까지 답장하겠다는 내용을 포함한다).
· 업무 진행 상황은 팀 그룹웨어에 바로바로 기록한다.
· 팀장과의 원온원 일정은 일주일 전까지 팀원이 먼저 팀장 일정표에 스케줄을 잡는다.
· 퇴근 시에는 메신저로 서로 인사한다.

Output

오랜 기간에 걸쳐 리더들은 구성원들을 눈앞에 두고 관리해왔습니다. 그래서 출퇴근 시간과 윗사람들을 대하는 태도, 눈치 빠른 행동 등이 알게 모르게 평가에 영향을 끼쳐왔던 것도 사실입니다. 그러나 이제 눈앞에 없는 구성원들의 성과를 평가해야 합니다. 말 그대로 성과의 기준을 명확히 하고 사전, 사후에 충분히 논의하지 않으면 성과평가를 리더 마음대로 결정했다고 오해하기 쉬운 상황입니다. 그래서 재택 또는 원격근무가 리더들에게도 또 하나의 시험대일 수 있습니다.

기업마다 인사에서 제공하는 평가의 기준이 있을 것입니다. 그 기준에 맞추어 우리 팀의 미션, 올해의 목표, 개인별 직무^{job description}, 구성원의 업무 역량, 과업의 난이도 등을 정리한 후에 우리 팀만의 세부 평가 기준을 구체적으로 잡아보길 바랍니다. 어떤 아웃풋을 내야 상위 평가를 받을 수 있고, 평가자로서 팀장이 중요하게 보는 평가 요소가 무엇인지 알려주어 경기의 룰을 서로 공유하고 시작해야 공정한 평가가 시작되었다고 할 수 있습니다.

다음과 같은 기준도 참고해보기 바랍니다.

· 상위평가를 받을 수 있는 기준: A급 난이도의 프로젝트를 3개 이상 성공적으로 수행
· 가점 기준: 피어리뷰(동료 평가)를 통해 다른 동료들을 지원하여 타 프로젝트에 기여한 바가 인정될 때

Clear

재택근무 환경에서는 서로 간의 커뮤니케이션 빈도가 줄어들기 때문에 자연스럽게 목표 대비 일정이 지연되거나 마감 기한을 넘기기 쉬워질 수밖에 없습니다. 이럴 때일수록 모두가 서로 하고 있는 일들을 투명하게 공유하고 자신의 어려움을 알릴 수 있도록 해야 합니다. 줌^{Zoom}, 팀즈^{Teams}, 슬랙^{Slack}, 노션^{Notion} 등을 활용한 온라인 커뮤니케이션 도구가 일상화되었기 때문에, 팀 전체가 이러한 도구를 활용해서 자신이 하고 있는 일의 일정과 진행 상황을 공유할 수 있도록 합니다. 더 짧은 단위로 체크하고 납기를 관리해야 구성원들도 빠르게 따라올 수 있습니다.

팀원들과의 업무 공유 방법으로 '스크럼Scrum'도 추천합니다. 요즘 팀원들이 일과 중 잠깐 모여 오늘 자신이 집중해서 할 일을 공유하는 '스크럼'을 하는 기업이 많습니다. 스크럼은 미식축구나 럭비 경기에서 선수들끼리 어깨를 맞대고 공을 에워싸고 있는 공격 태세라고 합니다. 높낮이 없이 촘촘하게 어깨를 맞댄 팀원들끼리 현재 하고 있는 일들을 공유하는 짧은 미팅을 통해 구성원 간에 서로 어떤 일을 하는지, 무엇이 진행되고 무엇이 어려운지 알 수 있게 됩니다. 물론 이 스크럼에서는 리더도 예외 없이 본인의 업무 상황을 공유해야 하며, 리더의 지원이나 결정이 필요한 안건들은 별도 미팅으로 진행하는 것이 좋습니다.

이러한 스크럼의 장점은 구성원들의 업무 상황을 들으면서 전체 팀의 프로젝트나 업무가 어떤 방향으로 가고 있는지 알 수 있고, 서로 도움을 주거나 받을 수 있는 포인트들을 파악할 수 있다는 것입니다. 또한 어느 조직에서나 발생할 수 있는 업무상 도덕적 해이를 사전에 방지할 수 있고, 좀 더 투명하게 팀 내에서 구성원 간 기여도가 드러나기 때문에 의도치 않아도 성과평가 측면에서 납득할 수 있는 근거들을 쌓아가는 효과가 있습니다.

팬데믹으로 재택근무가 일상화된 이후 미국의 한 조사 결과에 따르면 구성원은 근무 시간이 줄어든 것에 비해, 관리자는 근무 시간이 오히려 증가한 것을 볼 수 있습니다. 출퇴근 시간이 줄면서 일반 직원들은 집중 근무를 통해 근로 시간을 단축시킨 것으로 보이지만, 관리자는 물리적으로 떨어져 있는 구성원들을 지속적으로 연결시키고 업무를 진행하기 위한 노력을 계속해야 하기에 근무 시간이 오히려 증가한 것입니다. 고단한 팀장들의 노고가 느껴지는데요.

이제 팬데믹과 무관하게 재택 또는 원격근무는 시대의 메가트렌드가 되었습니다. 팀장들에게도 비대면 근무 환경에 맞는 소통 채널과 업무 관리 방법을 정립해서 본인의 워라밸도 잘 지킬 수 있는 팀장이 되기를 응원합니다.

5장

어떻게 해도
어려운 평가

01

평가가
달라졌어요

2백만 시간의 기업판 허례허식

어도브Adobe가 성과 등급제를 포기하고 상시관리체계 체크인Check-in을 도입한 2012년 이후 마이크로소프트, GE, IBM 등 글로벌 기업에서 인사평가 방식의 전면 변화가 이어졌습니다. 국내 그룹사들도 2~3년 전부터 수시평가, 절대평가, 공개평가, 동료 피드백 등 새로운 형태의 평가제도가 도입되는 등 성과 관리 혁명의 시대를 맞습니다. 미국 소재 기업이 성과평가에 연간 소비하는 시간 총 200만 시간, 1만 명 규모의 기업이 평가에 쓰는 시간을 금액으로 환산하면 3,000만 달러라는 하버드 비즈니스 리뷰(The performance management revolution, Peter Cappelli and Anna Tavis, Oct. 2016, HBR) 아티클이 있습니다. 기업판 허례허식이라 불릴 만큼 많은 시간과 비용이 들어가고, 구시대적 관행이라는 비판이 있을 만큼, 성과평가가 효과적이지 않은 데에는 이유가 있습니다.

첫째, 사람들의 성과에 등급과 순위를 매기는 방식은 극도의 긴장감을 유발하여 오히려 업무 동기, 협력 의지, 위험 감수 정신을 떨어뜨립니다. 한 신경과학 실험에 따르면, 사람들이 자신의 성과가 평가받는 상황이 제시되자 적에게 공격당했을 때 활성화되는 뇌 부위인 편도체가 작동하여 도피-투쟁 반응flight or fight response이 나왔다고 합니다.

둘째, 비즈니스 사이클이 짧아지면서 비즈니스가 명확한 연간 주기를 따르지 않게 되었습니다. 시장 요구에 탄력적으로 반응하며 수정해 가는 애자일 방식이 테크 분야뿐 아니라 비즈니스 전반의 일하는 방식이 되었습니다.

셋째, 평가는 내부 경쟁을 부추길 뿐 아니라 기업 경쟁력의 원천인 협업을 저해하는 요소가 됩니다. 기존 평가제도는 팀 단위의 성과를 향상시키지 못하고 협업을 측정하기 어려웠습니다. '잃어버린 10년'을 보낸 마이크로소프트는 상대평가 제도가 내부 협업을 방해하자 성장 마인드셋 중심의 문화와 평가제로 전환했습니다.

평가 제도가 인력개발에 더 도움이 되는 방향으로, 빨라진 비즈니스 주기에 부합하는 방향으로 진화하고 있지만 기업의 고민은 계속됩니다. 갈수록 평가의 절차와 도구가 다양해지고 기법이 정교화되지만 평가의 본래적 목적을 달성할 그런 완벽한 제도는 없기 때문입니다. 이러저러한 평가제의 변화를 시도할수록 사람들에게 체감되는 불만이 늘어날 뿐입니다. 평가에 대한 본질적 재고가 필요한 시점입니다.

평가의 궁극적 목적은 무엇일까요? 직원들의 성과를 평가하여 책임 소재를 찾고 차별적으로 보상하는 것에 그치는 것이 아니라 성과 창출 과정 자체가 구성원의 역량을 성장시키고, 성장 중심의 문화를 통해 조직의 지속 가능성을 만드는 시스템이 아닐까요?

새로운 평가 방식으로 등급제 폐지, 절대평가, 다수의 평가자, 논의 기반의 평가 프로세스, 상시적 피드백 등이 제시되고 있습니다. 방식뿐만 아니라 목적 자체가 등급 결정이나 보상이 아닌, 개발과 성장으로 이동한다는 점이 핵심입니다. 비중이 줄어든 평가의 자리를 상시적 피드백과 코칭이 차지하게 됩니다. 공식적 성과 관리 일정을 따르기보다는 성과 또는 역량 관련 피드백을 상시적으로 전달하고 코칭을 통해 연중으로 개발과 성장이 일어나도록 하는 과정의 중요성이 강조되는 것입니다.

일상이 된 평가

새로운 흐름이 시작된지 10여 년, 지금 어떻게 되었을까요? 어느 정도 긍정적 효과를 보고 있지만 불안한 성공 또는 과대포장된 성공이거나 또는 드러나지 않은 실패나 유예된 실패가 나란히 목격됩니다. 성과 관리 혁신의 핵심은 연례평가나 평가등급을 없애는 데 있는 것이 아니라 상시적 성과 향상이 이뤄지게 하는 것이라는 점에서 상당한 시간을 필요로 합니다.

등급제가 완화 내지 폐지되면서 리더가 편해졌을까요? 그렇기도 하고 아니기도 합니다. 의무적 할당에서 벗어난 대신 리더는 자신이 준 점수가 타당함을 증거해야 하는 부담이 커졌습니다. 방패막이 될 등급 비율이 없어지니 자신이 준 점수의 정당성을 스스로 증거해야 하는, 즉 평가의 납득성이 오로지 리더의 몫이 되었습니다.

또한 상시적 피드백과 코칭이 기업에서 빠르게 주목받고 있지만 리더의 코칭 역량은 내재화의 시간을 필요로 합니다. 때문에 기대되는 것과 실제로 해내고 있는 것과의 상당한 갭이 존재합니다. HR은 HR대로, 리더는 리더대로 조급함과 심적 압박을 느끼고 있습니다. 그 많은 팀원에게 업무마다 피드백을 제공하려면 일은 언제 하냐는 리더의 불만 소리가 나옵니다.

이를 돕기 위해 GE의 PD@GE 앱을 필두로 IBM의 체크포인트, 아마존의 애니타임 피드백, 카카오의 스냅샷, 상용 앱 워크데이. 임프레이즈 등 리얼타임 피드백 툴이 쏟아지고 있습니다. 하지만 구성원은 구성원대로 실시간으로 울려대는 수시 피드백용 앱 때문에 업무에 몰입할 수 없다고 합니다. 아직 가야 할 길이 멉니다. 제너레이션의 변화, 성장에 대한 폭발적 욕구, 절대적 공정성 요구 등 시대적 대세를 담기 위해 성과평가의 변화가 시작되었고 그 변화는 현재 진행 중입니다. 그럼에도 리더에게 평가는 평가입니다.

1년에 한 번 하던 것을 연중 상시적으로 하게 되었으니 어쩌면 평가가 더 부담스러워졌습니다. 격식에 얽매이지 않고 개발에 대한 얘기를 빈번히 자연스럽게 주고받도록 기대됩니다. 평가가 일상으로 들어왔습니다. 일상이 된 평가, 과연 잘 해낼 수 있을까요?

평가의 새로운 문법

불확실한 미래와 높아가는 경쟁의 강도로 직장인들에게 평가와 보상은 어느 때보다 민감한 사안입니다. 얼마 전 보상의 공정성을 내세우는 MZ세대에서 2021년 기업 성과금의 논란이 불거졌고, 사회적 소통망을 타고 회사의 담장을 넘어 사회적 이슈로 번지면서 평가는 리더뿐 아니라 조직에게도 피할 수 없는 뜨거운 감자가 되었습니다.

평가와 관련하여 두 가지 진실이 있습니다.

첫째, 어떤 제도도 완벽할 수 없습니다. 차등 보상은 동료 간 경쟁을 부추기고 실수를 감추려는 동기를 키우는 반면, 평등한 보상은 성과 향상에 대한 동기를 약화시킵니다. 리더의 입장에서 제도의 문제점을 제기하는 것은 별로 의미가 없습니다. 제도 자체의 불완전성을 운영적 적합성이나 유효한 평가 행위로 메우는 전략이 필요합니다. 평가자가 이 보완의 주체가 되어야 한다는 점을 받아들이는 것이 리더의 책임감입니다.

둘째, 어떠한 보상 제도도 만족자보다 불만족자가 더 많습니다. 회사는 보상 제도를 조금이라도 효율적이고 윈-윈의 효과를 얻기 위해 지속적으로 수정해갑니다. 자원이 한정된 상황에서는 보상 제도의 수립과 개편은 좋은 뜻으로 시작했지만 불만족이 커지는 결과로 이어지기 쉽습니다. 보상 제도의 변화로 인해 더 유리해진 사람들의 기쁨의 총량보다 더 불리해진 사람들의 박탈감의 총량이 훨씬 큽니다. 사람들은 이익에 대해 느끼는 즐거움보다 동일한 양의 손실에 대해 느끼는 아픔이 더 크기 때문입니다. 종종 평가와 관련하여 회사는 성과 촉진과 개발에 그 목적을 두는 데 반해, 직원들은 보상을 결정하는 도구로 여깁니다. 그럴 경우 평가가 주는 성과 향상을 위한 메시지보다는 평가등급에 매몰될 우려가 있습니다. 평가의 역기능이 순기능을 가리는 것입니다.

평가의 본질은 성장과 학습입니다. 조직에서 일하는 많은 사람은 매뉴얼대로 기계적으로 일하는 단순 노동자가 아닙니다. 개인의 목적을 위해서뿐만 아니라 조직의 성과 창출에 기여하기 위해 스스로 성과를 탐색하고 실행해나가는 지식노동자입니다. 이들에게 필요한 것은 냉엄한 통제와 정량적 잣대에 의한 보상이 아니라 적절한 목표가 이끄는 동기부여입니다. 그로 인한 역량 개발, 조직에 기여할 기회, 기여도에 대한 합당한 인정과 금전/비금전적 보상, 그리고 더 잘하기 위한 정보와 피드백입니다.

의견 차이, 어디서 올까?

객관화된 평가 기준이 있다 하더라도 실제 평가 시 조직의 맥락과 사람들의 인지적 요인이 변수로 작용하기 때문에 의견 일치에 이르기 쉽지 않습니다. 리더의 평가와 구성원의 평가가 왜 차이가 나는지 우리의 판단 기능과 관련된 인지 메커니즘을 살펴보면 다음과 같습니다.

첫째, 다 알 수 없습니다(인지 기능의 한계). 리더가 구성원이 과제를 제대로 수행하고 있는지 각각을 모니터링하는 것은 거의 불가능합니다. 가능하더라도 비용이 매우 많이 듭니다. 리더는 가용한 아주 일부분의 정보를 갖고 평가를 한다고 볼 수 있습니다. 더구나 우리에게 도달한 정보 중 우리 뇌는 0.000004%만을 처리할 수 있다고 합니다. 구글 리워크 자료에 의하면 초당 1,100만 비트의 정보가 우리에게 도달하는데 뇌가 처리하는 양은 40비트라고 합니다. 우리는 세상에 대해 극히 일부분만을 지각하며 살고 있습니다. 평가에 필요한 팩트를 구성원으로부터 청취하기 위한 사전평가 면담이 필요한 이유입니다.

둘째, 각자 알고 있는 것이 다릅니다(정보의 비대칭성). 피평가자는 자신의 성과를 증명할 수 있는 정보를 여러 각도로 갖고 있습니다. 평가자는 피평가자가 갖고 있는 정보보다 적은 양의 정보를 갖고 있습니다. 피평가자는 풍부한 정보 속에서 유리한 정보를 찾습니다. 평가자는 적은 정보 속에서 불리한 정보를 찾습니다. 또한 평가자는 자기가 하는 일만 바라보는 반면, 팀장은 팀 전체의 관점에서 피평가자의 성과를 봅니다. 피평가자는 자기 자신에 대한 정보가 많으나 팀에 대한 정보가 적고, 평가자는 팀 전체에 대한 정보가 많은 반면 피평가자 개인에 대한 정보는 적습니다. 즉 가용한 정보의 종류와 양에서 차이가 납니다.

셋째, 입장에 따라 보이는 것이 다릅니다(소유 효과). 피평가자는 자신의 성과의 우수성을 보여주는 정보를 찾고자 하는 반면, 평가자는 평가자로서의 객관성을 유지하기 위해 엄격한 잣대를 적용합니다. 높은 등급을 줄 수 있는 사람은 소수이기 때문에 평가자 입장에서는 높은 등급을 줄 만한 이유가 차고 넘쳐야 합니다. 매우 엄격한 기준을 들이댈 수밖에 없습니다.

어려울수록 준비하라

목적 세우기

평가를 준비하면서 우선 해야 할 질문은 "평가는 나에게, 또 그에게 무슨 기회인가?" "이것을 통해 얻고자 하는 최종 아웃풋은 무엇인가?"입니다. 평가는 리더에게 주어진 책무이자 권한입니다. 평가 과정을 통해 실현하고자 하는 목적을 세우는 것이 우선입니다.

리더가 평가를 하는 목적

1. 지난 1년 이룩한 성과에 대한 (조직 관점에서) 객관적 평가 내리기

   ⇨ 사실적 대화와 납득성 확보가 중요하다.

2. 그동안 기울인 노력과 결과에 대해 인정하기

   ⇨ 이미 이뤄진 것에 대한 따뜻한 인정이 중요하다.

3. 성찰을 촉진하여 자기 객관화 돕기

   ⇨ 자유로운 자기 표현을 위해 심리적 안전감이 중요하다.

4. 코칭을 통해 성장을 돕기

   ⇨ 과정과 결과에 대한 솔직한 피드백이 중요하다.

5. 올해 배운 점을 내년도에 반영하기

   ⇨ 올해의 러닝을 최대한 이끌어내는 성장 마인드셋이 중요하다.

6. 팀장으로서 업무를 바라보는 기준과 관점 이해시키기

⇨ 확신이 있으되 강요하지 않으며 수용을 이끌어내는 것이 중요하다.

1번과 2번은 과거, 3번과 4번은 현재, 5번과 6번은 미래에 관한 사항입니다. 조직의 맥락, 팀장으로서 추구하는 팀 운영 방향, 비즈니스 환경 등을 고려하여 자신만의 목적 포트폴리오를 구성한 후 시작하면 좋습니다.

사전 셀프 점검

평가를 시작하기에 앞서 평가자로서 얼마나 스스로 준비되어 있는지 자신에게 물어볼 것은 다음과 같습니다.

1. 평가 기준이 명확히 설정되었고 사전 합의가 있었는가?

목표 설정 미팅에서 목표 항목, 타깃, 평가 기준이 구체적으로 설정되었는가?

본인과 합의하에 이뤄졌는가?

2. 그동안 사실 수집(fact gathering)이 있었는가?

관련사항을 수시로 기록해두었는가?

관련성 높은 사항 위주인가?

3. 과정 피드백을 그동안 주었는가?

중간 피드백을 통해 목표와 현재 지점과의 갭에 대해 명확히 인지시켰는가?

갭 극복 방법을 논의 또는 제시했는가?

4. 피평가자의 성장 가능성을 정말로 믿는가?

질책보다 향상에 초점을 두는가?

그의 성장 가능성에 대해 진정 신뢰하는가?

지난 1년 동안 한 일을 알고 있어야 한다

평가의 시작은 관찰

성공적 평가는 관찰로부터 출발합니다. 구성원의 업적뿐 아니라 역량도 관찰의 대상입니다. 평가 결과만이 아니라 평가의 근거가 되는 사항까지 전달하고 성장을 위한 피드백을 주기 위해서는 과정에 대한 섬세한 관찰이 필요합니다. 우선순위와 실행력, 협업, 이해관계자와의 커뮤니케이션, 의사결정, 리소스 관리 등 업무가 이뤄지는 방식이나 전략면에서 그가 보인 역량에 대해 피드백하고 내년도 목표를 설정할 때 반영하는 게 평가의 성공적인 모습입니다.

관찰을 잘하기 위해서는 겉으로 드러난 지식이나 기술, 행동뿐 아니라 드러나지 않은 동기나 특성, 가치 등에 의식적으로 주의를 기울여야 합니다. 업적뿐 아니라 역량에 대한 피드백과 내년도의 성장과 관련된 정보를 주기 위해서는 성과를 만들어내는 지식, 경험, 믿음, 가치관, 선호도 등에 대한 관찰이 필요합니다.

평가 객관성의 진정한 의미는 구성원 간의 비교와 서열화가 아니라 구성원 개인의 역량과 성과에 집중하는 데 있습니다. 그런데 우리는 평가의 과정에서 과연 얼마나 객관적일 수 있을까요? 인간의 인지적 한계로 인해 '관찰 ⇨ 지각 ⇨ 판단 ⇨ 점수 부여'로 이어지는 평가의 단계마다 오류의 가능성에서 자유로울 수 없습니다.

관찰 단계의 오류는 다음과 같습니다.

첫째, 내 생각과 일치하는 정보에는 민감히 반응하고 내 생각과 일치하지 않는 정보는 놓치기 쉬운, 선택적 지각이 일어납니다. 이는 한번 판단이 생기면 계속 그 방향의 생각으로 굳어지는 확증 편향Confirmation bias으로 이어집니다.

둘째, 관심이나 주의를 기울이지 않으면 보이지 않는 무주의 맹시Inattentional blindness 현상도 있습니다. 리더는 많은 수의 구성원과 대면/비대면으로 일하기 때문에 관찰되지 않을뿐더러 의식에 잡히지 않고 지나가는 일이 부지기수입니다.

관찰 단계에서의 부족이나 오류는 판단, 점수 부여 단계의 오류로 이어져서 중심화, 관대화, 엄격화로 나타날 수 있습니다. 최근 것이 더 생생히 기억되는 최신 편향Recency bias, 한두 가지 긍정적 정보로 다른 분야에서도 좋을 것으로 미루어 짐작하는 후광 효과Halo effect가 있습니다.

10월에 RPARobotic Process Automation 프로젝트를 마무리한 구성원이 1사분기에 중요한 전사 사업 기획을 마친 구성원의 성과보다 더 생생히 기억에 남는다든가, A 프로젝트를 잘했으니 B 프로젝트도 잘하리라 미루어 짐작하게 됩니다. 이러한 오류들은 충분히 변별적이어야 할 평가를 본래 목적으로부터 멀어지게 합니다.

관찰은 기록으로

관찰 당시에는 생생하지만 1년 동안 유지된다는 보장이 없기 때문에 기록을 남기는 것이 좋습니다. 바쁜 리더들에게 일일이 기록하는 것이 쉽지 않겠지만, 평가가 탄탄해지기 위한 시작점입니다. 목표 항목 및 지표별로 관찰된 사실을 기록하고 피드백 여부를 체크해두면 좋습니다. 관찰된 사실은 별도 형식 요건 없이 자유롭게 기재하되 상황 ⇨ 결과/행동 ⇨ 영향의 3단계로 담으면 좋습니다. 피드백 여부는 팩트 발생 시 평가 대상자에게 제공했던 구체적인 피드백 내용과 대상자의 반응 등을 자유롭게 기술하면 됩니다.

한 개인에게는 1년에 딱 한 번 있는 피드백 받을 기회임을 상기하여 잘 준비하면 좋습니다. 사안이 발생할 때마다 기록하기보다는 일정 시간을 정해놓고 정기적으로 기록할 수 있는 나만의 시스템을 만들어 실천하면 좋습니다.

평가 면담
잘 활용하기

평가 독성 해독제, 면담

성과평가가 갖는 여러 폐해가 조명되면서 평가의 독성을 줄이기 위한 평가 면담이 강조되고 있습니다. 평가가 갖는 순기능은 살리면서 일방적 평가의 역기능을 줄이기 위한 성과 면담은 점점 진지하게 요구되고 빈번히 시행됩니다. 성장 중심의 성과 관리에서 평가 면담은 리더에게 피할 수 없는 무대입니다. 성과와 성장이라는 두 가지 역할을 감당해야 하는 그들의 리더십을 역으로 평가받는 기회이기도 합니다. 평가능력을 평가받는 시험대입니다. 그렇다면 평가가 리더가 치러야 할 의무방어전이 아니라 성장을 걸고 구성원과 벌이는 진검승부가 되기 위해 면담은 어떻게 진행되야 할까요?

성찰과 발견의 대화

평가 면담은 평가의 규정과 프로세스, 제도 등 과정적 측면에 매몰되기보다는 평가에 거는 목적이 제대로 구현되는 것에 초점을 두어야 합니다. 평가는 수단일 뿐입니다. 자신이 지향하는 평가 목적을 이루기 위해 면담 시 구체적으로 어떤 전략과 대화 기술이 필요할지 준비가 필요합니다. 이미 내려진 결론의 일방적 전달을 위한 통과의례가 아니라, 체계적 성찰과 새로운 발견이 일어나는 대화여야 합니다. 결론 도달보다 과정의 발견이 중요합니다. 한 사람의 목적이 이끄는 일방적 대화가 아니라, 두 사람의 목적이 모두 존중받는 대화여야 합니다. 평가자의 권위와 피평가자의 성장 욕구가 어우러진 이중주입니다.

평가에 필요한 2가지 시간

평가는 실전이기 때문에 평가자로서의 기본 자세나 마음가짐이 준비되어 있지 않으면 평가 실행 중 이러저러한 논쟁에 휘둘릴 수 있습니다. 평가 면담을 진행하기 위해서는 두 가지 시간이 필요합니다. 바로 준비하는 시간과 대화하는 시간입니다.

첫째, 준비하는 시간

면담 전 미리 준비하는 시간을 얼마나 충실히 가지느냐가 면담 성공을 좌우합니다. 평가자는 평가자대로, 피평가자는 피평가자대로 준비가 필요합니다. 면담 전 피평가자에게 잘 준비해오도록 사전 안내를 합니다. 준비가 되지 않았을 때 본인의 성과 파악에 불리함을 명확히 하는 게 좋습니다. 준비가 미흡한 경우 미팅 일정을 다시 잡는 것이 좋습니다.

평가자 준비사항

1. 연초 목표와 성과 데이터

2. 그동안 관찰했던 내용(업무 결과, 기여도, 역량, 태도적 특성)

3. 1년간 제공했던 피드백, 성과 리뷰

4. 이해관계자로부터의 피드백

5. 평가 초안

1~4의 데이터에 기초하여 평가 초안을 만듭니다. 1년 동안 모인 이 데이터를 바탕으로 피평가자에 대한 평가 방향, 강점과 개선점, 성장 포인트, 내년도 목표 방향 등 생각을 정리합니다. 여기에 사전 면담 시 피평가자로부터 얻은 정보를 추가해 최종 평가 의견을 확정합니다. 그에게 전달할 핵심 메시지, 평가등급, 그 등급을 준 근거, 고려된 맥락, 피평가자의 예상 반응, 그에 대한 나의 답변, 전체적인 메시지를 정렬합니다.

피평가자 준비사항

피평가자는 해당 기간 동안 본인이 이룩한 성과를 객관적으로 증명할 데이터를 모아 최대한 어필하도록 요청합니다. 적극적으로 자기 성과를 어필해야 한다는 것을 학습하는 기회이기도 합니다.

사전 면담을 위해 피평가자가 준비할 자료는 다음과 같습니다.

1. 연초 목표

2. 성과 데이터

3. 프로젝트, 이니셔티브의 결과(임팩트 큰 것 위주로)

4. 팀과 비즈니스 목표에의 기여도

5. 담당 업무의 분량, 퀄리티, 타임라인, 코스트

6. 성과 달성 여부(달성, 미달, 초과 달성)

7. 고객, 동료로부터 받은 피드백, 감사장testimonial

8. 결과물 샘플, 본인의 성과를 보여줄 수 있는 기타 증빙

9. 동료의 성공을 도와준 사례

10. 그동안 성과 리뷰한 내용

11. 올해의 배움, 차년도 하고 싶은 업무, 성장 비전

둘째, 대화하는 시간

평가 면담은 시기적으로 보면 두 가지입니다. 평가를 실시하기 전에 정보를 모으기 위한 사전 면담, 평가가 확정된 이후 그 결과를 알려주는 결과 피드백 면담이 있습니다. 두 개의 미팅은 목적이 다른 만큼 분위기가 사뭇 다릅니다. 하나씩 알아보겠습니다.

사전 면담

사전 면담은 업적과 역량에 대한 구성원의 자기 평가를 듣고 평가자가 관찰한 내용을 바탕으로 최대한 정보를 모으는 과정입니다. 피평가자가 당 회기 동안 어떤 목표를 가지고 어떤 성과를 내었는지, 자신의 성과에 대해 어떤 생각을 가지고 있는지 등 정보를 모으고 피평가자의 생각을 듣는 시간입니다. 리더의 가설이나 선입견을 내려놓고 열린 마음으로 청취하는 것이 중요합니다.

높게 줄 수밖에 없는 자기평가

사전 면담의 초점은 성과에 대한 사실과 사례, 구성원의 자기 인식에 대한 정보 수집입니다. 이를 통해 평가에 필요한 사실적 정보를 확보할 뿐 아니라, 피평가자의 셀프 평가 수준을 청취함으로써 그가 자신에게 적용하는 평가 기준을 가늠할 수 있습니다. 거의 모든 경우에 진심이건 의도적이건 구성원은 평가자보다 스스로를 더 후하게 평가합니다. 평가자와 피평가자 간의 인식 차이가 수면 위로 드러나는 순간이 평가 면담의 진검승부의 순간입니다.

리더가 그동안 피평가자에 대해 관찰했던 사항, 의견, 신뢰, 인사이트를 사실기반 대화, 공감, 명료화, 책임감 형성 등의 대화 기술을 통해 전달합니다. 사실의 세계와 인식의 세계, 두 가지를 잘 구분하여 다루는 것이 핵심입니다. 긴장도가 높은 대화이지만 이 인식의 갭을 당혹감보다 반갑게 귀 기울여야 하는 이유는 두 사람 간에 인식 차이가 일어난 정확한 지점을 알 수 있고, 평가 결과 통보미팅에서 어떤 결정적 피드백을 주어야 할지 힌트를 얻기 때문입니다.

사전 면담 진행 순서

① **들어가기**: 밝은 표정, 열린 태도로 대화를 시작합니다. 가벼운 인사말로 시작하여 이 평가 미팅의 목적과 취지를 설명하고 진행 순서를 안내합니다. 그가 가질 긴장감에 대해 공감해주면서 안전감을 만드는 게 중요합니다. 또한 리더 자신이 이 미팅에 평가자로서 어떤 의미를 부여하고 있는지, 어떤 점에서 중요하게 생각하는지 등 개인적 목적을 설명함으로써 면담 초기에 몰입을 이끌어냅니다.

② **구성원의 자기평가 청취**: 구성원이 연초에 세운 성과 목표, 목표별 성과, 역량 항목별 리뷰를 합니다. 팀장은 경청하고 자기 인식을 높이기 위한 질문을 하면서 대화를 진행해갑니다. 구성원의 자기평가(업적과 역량에 대해)가 끝나면 팀장은 잘 들었음을 표시하고 1년간의 노력과 성과를 인정합니다. 혹시 기대 및 눈높이가 다른 부분이 있으면 질문을 통해 그렇게 생각하는 객관적 근거를 최대한 확보하도록 합니다.

③ **갭 탐색**: 피평가자와 평가자의 관점이 다를 경우 이를 언급해야 합니다. 그냥 넘어갈 경우 평가자가 인정한 것으로 오인하게 되므로 의견이 다름을 중립적인 어조로 언급하는 것이 필요합니다. 피평가자가 자기 자신만 보는 터널 시야에서 조직 전체를 보도록 관점을 확대해주는

것이 필요합니다. 결론을 내는 자리가 아니므로 완벽한 동의를 이끌어
낼 필요는 없지만 근거 없는 기대를 갖지 않도록 해야 합니다.

객관화를 위한 질문의 예

의견이 다를 경우 특히 본인의 평가가 높을 경우 제기할 수 있는 질문
은 다음과 같습니다. 이는 챌린징하는 유용한 도구가 됩니다. 단, 의심
하는 톤이나 꼬치꼬치 캐묻는 듯한 뉘앙스가 아닌 중립적인 톤으로 이
어 나가는 것이 중요합니다.

• 그 근거나 사례로 무엇이 있나요?

  더 자세히 (구체적으로) 말씀해주시겠어요?

• 그 성과는 얼마나 어려운 환경에서 이룬 성과입니까?

  얼마나 도전적인 목표였습니까? 과제의 난이도가 어떠했습니까?

• 그 성과가 우리 팀 전체의 성과에 미친 기여도는 무엇입니까?

  당신의 성과가 우리 팀 성과에서 차지하는 중요도/의미/비중은 어떻게

  됩니까?

• 성과를 내는 과정에서 발휘된 본인의 강점은 무엇입니까?

  그 강점은 얼마나 지속적으로 발휘되었습니까?

④ **팀장의 피드백**: 우선 잘 들었음을 표시하고 1년간의 노력과 성과
를 인정합니다. 들으면서 새롭게 알게 된 사실, 의견이 다른 부분, 팀장
의 구체적 기대 수준, 피평가자 주장의 핵심 등을 간략히 전달합니다.

특히 기대 및 눈높이가 다른 부분이 있으면 간략히 사례를 들어 설명합니다. 기대를 키우는 필요 이상의 정보를 주지 않는 게 좋습니다. 그러나 누구 의견이 옳은가를 가리는 논박이나 설득이 되지 않도록 해야 합니다. 이 면담은 평가 결과에 대한 두 사람의 합의를 이끌어내는 자리가 아니기 때문입니다.

⑤ **종료**: 충분히 하고 싶은 말을 했는지 확인하고 평가자뿐 아니라 피평가자에도 힘든 시간이었을 것이니 수고를 인정해주고 본인의 소감을 말할 기회를 줍니다. 평가자로서의 소감도 나누고 이번 면담이 갖는 의미, 특히 어떤 점에서 성장을 위한 시간이 되었는지 의미를 부여하는 것이 중요합니다. 다음 프로세스를 안내하고 마무리합니다.

사전 평가 면담 상황별 대처법

1. **피평가자가 간단명료한 의견만 있을 때**: 구체적인 예를 들어 인과관계에 맞게 설명하도록 명료화 질문을 한다. 그 성과가 조직에 미친 영향 및 중요도에 대해 질문한다.

2. **자기 평가 준비가 미비했을 때**: 자기평가가 성과평가 면담에서 가장 중요한 단계임을 강조하고 필요 시 더 준비할 시간을 주어 다시 미팅 일정을 잡는다.

3. **데이터 없이 장황하게 느낌만 이야기할 때**: 느낌을 피력할 때는 일단 공감합니다. 그러고 나서 근거가 되는 데이터와 사실에 대하여 질문한다.

4. **너무 긴장하거나 민감하게 반응할 때**: 성과평가 면담은 평가를 위한 정보 수집에 그 목적이 있고 평가 대상자의 의견 진술의 기회임을 강조한다. 긴장할

수 있음을 이해하고 공감을 표현하고 평가 결과가 지금 결정되지 않음을 설명한다. 민감하거나 거부감을 표시하는 경우, 가벼운 화제로 돌려 분위기를 부드럽게 유지한 후 다시 진행한다.

결과 피드백 면담

1, 2차 평가자에 의한 평가가 확정되고 나면 본인에게 통보합니다. 시스템에 입력하는 것으로 평가를 마무리할 수 있지만 최대한 납득성을 높이기 위해 직접 만나서 상세히 전달하는 것이 좋습니다. 특히 피평가자와의 생각 차이가 클수록 직접 만나는 것이 필요합니다.

평가 결과는 상위 조직장, HR, 피평가자 간의 논의를 통해 확정된, 번복할 수 없는 회사의 공식적인 결과임을 알립니다. 면담에 앞서, 지난 사전 면담 때 나온 논의를 리뷰하고 납득할 수 있는 객관적 근거와 이견이 있을 수 있는 포인트를 다시 확인하여 그에 대한 답변과 평가 의견을 준비합니다.

결과 피드백 면담 진행순서

① **들어가기**: 이번 면담은 확정된 평가결과를 전달하고 향후 계획을 논의하는 자리임을 설명합니다. 개인적인 판단이 아닌 객관적이고 전사적인 평가 결과임을 언급합니다.

② **확정된 결과 전달**: 업적과 경력개발 면에서 평가 결과와 그 이유에

대해 통합하여 피드백을 진행합니다. 업적 평가는 목표별로, 경력개발은 역량별로 성과와 개선점을 전달합니다. 이 과정에서 이견을 강하게 주장할 경우 그의 주장에 대해 공감과 타당화 후 의견이 다른 지점에 대해 평가의 근거에 대해 사실적으로 피드백합니다. 이때 감정적으로 반응하지 않는 것이 중요합니다. 그의 반론 제기 자체를 문제화하기보다는 각자 눈높이와 가용 정보가 다르기 때문에 의견이 다를 수 있음을 헤아리고 흔들림없이 차분히 설명해줍니다.

③ **학습 심화 및 내년 계획**: 피드백이 완료된 후 차년도 주요 업무 계획을 논의합니다. 당해연도 업무 수행을 통해 얻게 된 레슨, 성장한 면 등 학습을 촉진하는 질문을 통해 최대한 학습을 확장하고 답변에 대해서는 지지하고 인정해줍니다. 성장 마인드셋을 갖고 이 과정에 충분히 시간을 할애하는 것이 중요합니다. 성과 결과가 좋았건 미흡했건 그가 이룩한 성장에 대해서는 진심으로 축하하는 지지자의 모습을 보이면 좋습니다. 이를 바탕으로 내년에 수행할 프로젝트, 역할, 책임과 권한, 팀 구성 등에 대해 쌍방향으로 논의합니다. 이는 내년도 목표 설정 면담의 초안이 됩니다.

학습 심화 질문

· 올해 업무를 통해 배운 점은 무엇인가요?

· 어떤 성장이 있었습니까? 가장 의미 있는 성장은 무엇입니까?

· 그것은 당신의 앞으로 업무/커리어에 어떻게 영향을 줄까요?

· 내년도 업무 시 무엇이 달라질 것 같은가요?

④ **책임 형성**accountability **및 종료**: 피평가자에게 소감을 묻고 질문이 있는지 확인한 후 평가자로서의 소감도 나눕니다. 좋은 결과였다면 긍정적 감정을 나누고 이견이 있는 어려운 대화였다 하더라도 피평가자가 면담에서 보인 모습에서 칭찬할 점을 찾아 인정해줍니다. 특히 그가 이룩한 성장에 대해 기뻐해줍니다. 오늘 대화에서 합의된 내용에 대해서는 행동 항목과 책임소재를 다시 정리합니다. 향후 기대사항과 지원 방안에 대해 언급하며 마무리합니다. 혹시 절대 수용 불가의 태도를 보인다면 추후 일정을 잡아 추가 미팅을 제안합니다.

⑤ **평가 결과 기록에 남기기**: 미팅이 종료된 후 오늘 면담에서 나온 내용 중 팔로업할 사항을 시스템에 기록합니다. 특히 그가 제기한 불만, 우려, 기대사항 등을 기록했다가 추후 업무 추진 과정에서 고려하거나 한 번이라도 언급할 수 있도록 기억합니다. 각 구성원과 있었던 히스토리를 구성원별로 데이터베이스로 만들어놓습니다. 번거로운 일이지만 투자할 가치가 있는 수고스러움입니다.

평가 결과에 대해 수긍하지 않을 때

평가자와 피평가자 간에 이견이 존재하고 수긍하기 힘든 다양한 상황이 있습니다. 그 이견이 발생한 지점을 찾아 그에 맞는 대응 전략이 필요합니다. 점검해야 할 사항은 다음과 같습니다.

평가 기준에 대한 이해도

평가자와 피평가자 간에는 경험과 입장이 상이하다 보니 평가자에게는 너무도 명확한 것이 피평가자에게는 명확하지 않을 수 있습니다. 전달 과정에서의 미흡(전달자 관점에서의 서술), 수용 과정에서의 오류(자기 그릇만큼 이해), 기억에서의 오류(자신에게 유리하게 기억이 재창조됨) 등입니다. 평가 기준에 대한 이해도가 일치하지 않을 경우 그것부터 명확히 하고 들어가야 합니다.

기대치 전달과 수용

평가 기준이 명확하더라도 목표가 수행되는 과정에서의 세부적인 측면과 결과의 질적인 부분 등 정성적 측면에 대해서는 미리 그 기준을 잡는 것이 쉽지 않습니다. 기대를 하는 쪽에서는 일일이 표현할 수 없고, 굳이 표현하지 않아도 알아서 잘해주기를 바랍니다. 반면 기대를 받는 쪽에서는 표현되지 않은 기대에 대해서는 알 도리가 없거나 알 필요가 없습니다. 표현되지 않고 동의받지 않은 기대가 평가의 갭을 만듭니다. 때문에 연중 수시 피드백을 통해 기대 공유 및 합의가 활발히 일어나야 합니다.

긍정적 착각

사람들은 자신감이나 자존감 등 자아 개념에 따라 실제보다 자신을 크게 보거나 작게 봅니다. 일반적으로 자신의 의도가 좋기 때문에 자신의 성과에 대해 좋게 보는 긍정 편향이 있습니다. 더닝 크루거 효과 Dunning-Krugger effect에 따르면 실제 역량이 낮을수록 자신의 수준을 높게 평가하는 성향이 더 강하다고 합니다. 사실에 근거한 피드백을 제공함으로써 자기 객관화가 일어나도록 도와야 합니다.

평가자의 경우는 자신이 전달한 내용에 대해 받는 사람이 생각하는 정도보다 더 정확히 전달했다고 생각하는 경향이 있는데, 이를 투명성의 착각Illusion of transparency이라고 합니다.

사실의 수집

두 사람이 근거로 삼고 있는 사실이 일치하는지 점검해봅니다. 또는 같은 사실에 대해 중요도나 가중치를 동일하게 주고 있는지에 대해서도 점검합니다.

관점의 크기

구성원은 보통 자기 성과만 보는 터널 시야를 갖기 쉬우므로 팀에 미치는 영향도에 대한 질문을 통해 팀 전체를 보는 관점으로 확대해주는 것이 필요합니다. 팀과 구성원들의 1년의 성과를 공개적으로 공유하는 자리를 갖는 것도 좋은 방법입니다.

팀장의 반응 태도

불복하거나 강하게 저항하더라도 당황하지 말고 최대한 감정적 반응을 자제해야 합니다. 감정적 맞대응은 상대의 공격성을 더욱 부추깁니다. 우선 공감하며 반발심을 진정시키고 근거를 가지고 친절히 설명해주어야 합니다. '당신이 비협조적이었고, 커뮤니케이션에 소극적이었다' 등의 평가적 언어를 사용하지 않도록 주의해야 합니다. 평가는 사람에 대한 평가가 아니라 업적, 결과에 대한 평가이므로, 사람 자체에 대한 판단적 언어를 자제하도록 해야 합니다.

아무리 이견이 있다 하더라도 하지 말아야 할 것은 미안하다고 사과하는 것입니다. 회사의 방침을 불평하거나 회사의 규정이라 어쩔 수 없었다거나 사과하는 건 평가의 불공정성을 인정하는 것입니다. 회사의 평가 제도 문제점을 지적하거나, 자신도 힘들다는 식의 토로나 이번에 수용해주면 다음번에 잘해주겠다는 무마용 약속 모두 위험합니다. 리더의 역할 모자를 스스로 벗는 것과 같습니다.

팀장으로서 회사의 방향에 동의가 안 되는 경우가 있을 수 있습니다. 이때 회사 탓을 할 것이 아니라, 조직이 그런 결정을 한 이유를 찾아서 납득시키며 서로에게 발전적인 방향으로 풀어가는 성숙한 모습이 요구됩니다. 최상의 것이 아니라 최선의 방식이 되도록, 이상적으로 훌륭한 것이 아니라 현실적으로 합당한 수준에서의 최선이 필요합니다.

03

다면평가
잘 활용하기

리더는 나르시시스트일까?

리더가 어떠하냐가 조직의 성과와 큰 연관이 있다는 것이 구글 산소 프로젝트의 결론이었습니다. 그렇다면 더 나은 리더가 되기 위해 리더는 스스로 어떻게 성장을 실현해나갈 수 있을까요?

리더의 성장은 리더 개인의 몫이자 조직의 몫입니다. 과연 내가 잘하고 있는지, 그들에게 어떻게 비쳐지는지 궁금하지만 정보를 쉽사리 얻기 힘듭니다. 그것이 민망한 메시지나 힘든 진실일 때, 소통은 더욱 어렵고 각자는 알아서 서로의 마음을 자신에게 유리하게 해석하며 지냅니다. 사실은 상당한 간극이 있는데도 말입니다. 리더는 방향성 제시를 한 것인데 구성원에게는 일방적 소통으로 받아들여지고 자율성을 준 것인데 방임으로 느껴집니다.

옳으나 효과적이지 못한 리더, 자신의 행동이 그들에게 어떻게 받아들여지는지에 대한 인지가 부족하기 때문입니다. '임원의 70%가 자신의 역량을 상위 25%로 본다'는 인시아드 경영대학원 맨프레드 켓드브리 교수의 연구가 있습니다. 유능한 리더일수록 나르시시스트일 가능성이 크다고 합니다.

리더의 성장은 자기 인식으로부터 시작됩니다. 자기 인식이 리더의 효과성과 연관 있음이 많은 연구에서 증명되면서 리더십 개발에 다면평가의 활용이 부쩍 늘고 있습니다. 조직은 일상적으로 서로를 평가하고 실시간으로 비추는 투명한 아레나가 되어갑니다. 누구도 숨지 못한 채 상사 또는 동료에 대한 일상적 느낌을 이런저런 질문에 답하며 기술하도록 요구받습니다. '그들이 얼마나 나를 안다고?' 하는 본능적 거부감을 거론하지 않더라도 다면진단은 분명 한계가 있습니다.

그렇다면 본질적 한계에도 불구하고 유용하게 활용되기 위해서는 어떻게 해야 할까요? 한계점을 제쳐두고 유용성만을 취하기 위해서는 어떤 지혜가 필요할까요? 우선 우리는 서로를 얼마나 객관적으로 보고 있는 걸까요?

자기 인식력에 대해

우선 리더의 자기 인식력과 관련하여 자신의 리더십에 대한 평가와 구성원으로부터 받은 평가가 얼마나 일치하는지에 대한 연구는 흥미롭습니다. 자타 지각일치도^{SOA, Self-Other Agreement}에 대한 많은 선행연구와 메타 분석은 우리가 얼마나 동상이몽인지, 또 이 동상이몽이 얼마나 이유가 있는지를 말해줍니다.

리더의 셀프 인플레이션

가장 일반적인 현상은 리더의 셀프 인플레이션^{Self-inflation}입니다. 자기평가와 타인평가 간 갭의 주 원인은 자기평가의 왜곡에 있다고 합니다. 자기평가와 타인평가 간에는 심지어 유의미한 상관관계가 없다는 것이 메타 분석의 결과입니다. 자기고양 오류^{Self-enhancement bias}는 주로 관대화 경향이나 사회적 바람직성 추구에서 생겨나는데 '내가 나에 대해 아는 것'이 '남이 나에 대해 아는 것'보다 정확하다고 믿는 자기 인식력에 대한 과신으로 더욱 심화됩니다. 그렇다고 타인평가가 더 정확한 것은 아닙니다. 모두 각각의 방식으로 바이어스되어 있습니다.

자기 인식력은 실제로 성과와 상당히 관계가 있는 것으로 나타납니다. 한마디로 하면 자-타의 관점 차이가 작을수록 높은 리더 효과성을 보입니다.

일치형^{In-agreement} **그룹의 리더**는 외부 정보와 자기평가를 잘 통합하여 행동 기준으로 삼기 때문에 자신에게 어떠한 개선점이 필요한지 잘 인지하고 그것을 받아들이는 열린 리더라 할 수 있습니다.

과대평가형Over-rating **리더**는 지나치게 이상화된 긍정 셀프 이미지를 가지고 있어 자기 개선 목표가 적절치 못하거나 구성원에 대한 관심 부족과 거만함으로 의사소통의 단절을 느끼게 합니다.

과소평가형Under-rating **리더**의 경우 자신의 약점에 집중하며 낮은 기대 효능감을 갖지만 반대로 성실한 근면성을 발휘하게 되므로 그 결과는 긍정적으로 작용할 가능성이 있습니다. 과소평가형은 자기 개선에 열심인 점에서는 좋으나 자신의 능력 부족에 대해 늘 염려하느라 에너지를 빼앗깁니다. 힘있게 리딩해야 할 때 주저한다거나 지나치게 유하게 자기 주장을 할 우려가 있습니다.

흥미로운 건 지위나 문화에 따라 선호되는 자기평가 유형이 다른데 낮은 단계 리더에게는 겸손한 셀프 디플레이션이 기대되지만 지위가 올라갈수록 셀프 인플레이션은 자신감으로 비쳐 선호되는 특질이 되며 승진 예측성을 높입니다. 여기에 문화에 따른 차이도 있는데 과대평가형 리더는 자기 주장성이 장려되는 개인주의적 문화에서는 집단주의 문화에서보다 긍정적 특질로 받아들여집니다.

내가 나를 더 잘 알까, 남이 더 잘 알까?

그렇다면 과연 나에 대해 내 자신의 관점과 타인의 관점 중 무엇이 더 유효한 것일까요? 자기 자신을 늘 관찰하고 성찰하기 때문에 우리는 대체로 자신을 잘 안다고 생각하지만, 동시에 나 자신도 모르는 점에 대해 다른 사람이 정확히 지적하여 놀라기도 합니다.

한 사회심리학 논문의 실험 결과는 이에 대한 흥미로운 단서를 제공합니다. 잘 아는 사람과 잘 모르는 사람들을 섞어서 각각 만나 대화할 시간을 주고 나서 서로의 성격적 특성을 평가하게 한 결과, 자신이 잘 아는 영역과 타인이 더 잘 아는 영역이 각각 다르다는 결과가 나왔습니다. 자존감, 불안, 신경증적 특성 등 개인 내면 깊은 부분에 해당하는 영역은 자신이 가장 정확하게 인식했습니다. 지능, 창의력 같은 알아차리기 어려워도 비교적 측정하기 쉬운 영역은 타인의 평가가 정확도가 높았습니다. 리더십, 커뮤니케이션, 외향적 특성 등 외부로 잘 보이는 영역은 자신과 타인이 비슷한 정확도로 평가한 것으로 나왔습니다.

이 결과는 내 인식에 더 무게를 둘 때와 타인의 시각에 더 귀 기울일 때를 어떻게 달리 해야 하는지 힌트를 줍니다. 효과적인 다면평가가 되려면 우선 질문 항목이 타인이 잘 알 수 있는 영역이어야 한다는 뜻이기도 합니다. 요즘 조직에서 행해지고 있는 다면평가의 대상이 되는 항목이 대부분 리더십 역량에 해당한다는 점에서 다면평가 결과에 귀 기울일 필요가 있습니다. 리더십 역량평가는 타인에게 묻는 것이 어느 정도 유효하다고 할 수 있습니다. 자기 이해를 위해서는 본인 스스로의 성찰과 타인의 피드백이 모두 필요합니다.

다면평가 결과 해석하는 법

다면평가는 다양한 원천으로부터 리더에 대한 다각적인 정보를 수집하고 피드백해주는 일련의 과정입니다. 팀장 본인의 시각과 구성원의 시각을 비교할 수 있는 드문 기회임에도 불구하고 결과를 받으면 충격이 작지 않습니다. 우선 뒤통수를 맞은 듯한 충격에 "누구야" 하며 범인 색출에 나서고, 충격은 이내 분노로, 부정으로, 회피로, 결국 상처로 남고 학습은 사라지기 쉽습니다. 이런 상처가 두려워 아예 자기 점수를 낮게 주는 사람도 있습니다. 많은 사람이 동원되어 많은 시간이 들어가는 고비용 제도입니다. 불편한 감정과 조직의 피로감이라는 비싼 대가를 치르고 시행된 다면평가이니만큼 감정은 뒤로 하고 옥석을 가려내어 성장에 유용한 정보를 최대한 얻어내는 것이 상책입니다.

데이터를 읽는 방법은 다음과 같습니다.

1. 항목(역량군)별로 비교한다(역량의 전체적 분포).

2. 역량 항목 중 최고치와 최저치를 본다(강점과 개선점).

3. 평가의 주체 별로 비교한다(본인, 상사, 구성원, 동료의 점수 비교).

4. 회사 평균과 자신의 점수를 비교하고 표준편차를 살펴본다(동료와의 비교).

5. 전년도와 올해를 비교한다(향상도).

6. 위험 요소 항목을 본다.

여기서 눈여겨 봐야 할 것은 자기평가와 타인평가의 갭(자타 일치도)입니다. 본인과 타인이 비교적 동일하게 준 항목과 차이가 나는 영역이 있습니다. 이를 SWOT 모델로 본다면 동일한 점수 항목 중에 동일하게 높은 영역은 공인된 강점 영역이고, 동일하게 낮은 영역은 취약점 영역입니다. 본인이 타인보다 높게 준 영역은 맹점 영역, 본인이 타인보다 낮게 준 영역은 미지의 강점(잠재력) 영역으로 볼 수 있습니다.

정확한 측정과 체계적 관리를 위해 역량이 쪼개져 있지만 평가하는 입장에서는 평상시 느낌을 바탕으로 직관적으로 점수를 주는 경향이 있습니다. 그러므로 다면평가는 어쩌면 조직 전반에 대한 더 큰 차원에서의 피드백일 수도 있습니다. 한때는 팀에 효과적이었던 리더의 행동이 더 이상 유효기간이 지났다거나, 겉으로는 잘 돌아가는 듯하나 구성원들이 느끼는 심리적 안전감이 낮다거나, 현재 조직적 맥락에서 요구되는 것이 방치되고 있다거나 하는 등 조직의 진짜 진실을 말해주고 있는지도 모릅니다. 그러니 다면평가 결과를 리더 개인에 대한 피드백으로만 한정하여 이해하지 않는 것이 필요합니다.

다면평가 결과 피드백하는 법

다면평가 결과는 피평가자의 리더에게 먼저 전달되어 리더가 피평가자에게 피드백과 함께 전달하는 방식이 있지만, 보통 피평가자와 리더에게 동시에 공유하는 것이 일반적입니다. 평가 결과를 HR과 경영진만 확인하고 피평가자 본인을 제외하는 것은 지양해야 합니다. 피평가자가 평가 결과를 활용하여 스스로를 보다 객관적으로 바라보고 이를 토대로 개발을 위한 인사이트를 얻도록, 특히 직속 상사의 역할이 중요합니다.

무엇을 공유해야 할까?

평가결과 데이터, 평가 데이터를 분석한 시사점, 정성적 피드백으로 나누어볼 수 있습니다. 피평가자가 결과를 성장의 기초자료로 활용하기 위해 필요한 정보를 최대한 풍부하게 공유하는 것이 좋습니다. 개선과 발전을 위해 제안할 수 있는 아이디어를 담습니다. 평가의 목적, 정보의 투명성, 평가에 참여한 구성원들이 얼마나 성숙하게 참여했는지를 공유하는 것이 중요합니다. 특히 정성적 피드백의 경우 스크리닝을 반드시 거친 후 욕설, 맥락 없는 인신공격성 피드백 등을 제외한 결과를 공유하는 것이 피평가자가 수용하는 데 도움이 됩니다.

다면평가 후 One-on-One 면담

리더와 일대일 면담을 통해 결과로부터 최대한 많은 것을 인식할 수 있도록 자기성찰을 돕는 동시에 필요한 피드백을 전달하고 이를 토대로 자기계발 계획을 수립하는 것이 필요합니다.

리더가 다면평가 결과를 피드백을 줄 때 사용할 질문
"평가 결과를 받고 어떤 기분이 들었나요?"
"받은 피드백에 대해 어떻게 생각하나요?"

"예상하지 못한 내용이 있나요?"

"동의되는 부분은 무엇이며 이해되지 않는 부분은 어떤 것인가요?"

"우리 팀에 대해 새롭게 알게 된 점은 무엇인가요?"

"본인에게 기대되는 사항에 대해 더 인식하게 된 점이 있다면 무엇인가요?"

"더 나아가기 위해 개선할 사항이 있다면 무엇인가요?"

다면 피드백 결과에 대해 피드백을 받을 때 사용할 수 있는 질문

"구체적인 예를 제시해주실 수 있나요?"

"피드백을 이해할 수 있도록 도움을 주실 수 있을까요?"

"제가 놓치고 있는 부분이 있다면 무엇인가요?"

"저의 그런 행동이 다른 사람에게 어떤 영향을 미쳤을까요?"

"어떤 행동을 하면 저를 성장시키는 데 도움이 될까요?"

평가 면담을 위한
5가지 질문 시스템

질문 시스템 1 마음 열기

"1년의 자신의 성과에 대해 전반적으로 어떻게 생각하시나요?"

"얼마나 만족하시나요?"

"스스로의 성취를 돌아본다면?"

질문 시스템 2 자기 객관화

"자세히 말씀해주시겠어요? 좀 더 예를 들어주시겠어요?"

"본인의 성과가 팀의 성과에 어떻게 기여했나요?"

"얼마나 도전적 상황에서 이룩한 성취인가요?"

질문 시스템 3 자기 긍정

"그 상황에서 본인이 잘한 점은 무엇인가요?"

"스스로 뿌듯하게 해낸 점은 무엇인가요?"

"그 결과가 어떻게 가능했나요? 어떤 강점이 발휘되었나요?"

질문 시스템 4 학습 심화

"그 결과로부터 배운 점은 무엇인가요?"

"스스로 명확해진 것은 무엇인가요?"

"올해 업무 과정이 본인을 어떻게 성장시켰나요?"

질문 시스템 5 행동 촉진

"올해 느끼고 배운 점을 내년도 업무에 어떻게 반영하시겠습니까?"

"다음엔 어떻게 다르게 하시겠습니까?"

평가 면담을 위한 대화 기술

사실기반 대화fact-based conversation

"'성공적이었다'고 본 근거는 무엇인가요?"

"그와 맥을 같이 하는 객관적 데이터는 무엇이 있을까요?"

명료화clarifying

"~과 관련하여 어떤 경험이 있으셨습니까?"

"목표는 110% 달성했고 2주 앞당겨 완료되었으니 작년보다 높은 아웃스탠딩outstanding 등급을 생각하셨군요?"

공감적 경청empathic listening

"외부 변수도 많고 의사결정이 본인의 예상보다 원할하지 못해 긴장을 놓을 수 없는 상황이었겠습니다."

"목표 수준도 높은데 고객사 요구가 까다로워 남다른 수고를 하셨습니다."

핵심 요약bottom-lining

"요약하면 프로젝트 지연의 주원인이 ~에 있다고 보시는군요?"

"지금까지 하신 말씀을 정리하면 어떻게 될까요?"

타당화normalizing

"본인이 맡은 여러 과제 중 가장 큰 과제로 누구보다 몰입해서 진행한 건이라 스스로 자부심이 크실 것입니다."

"실무자의 관점에서는 그런 의견을 가질 수 있습니다."

도전하기challenging

"그 성과는 얼마나 어려운 환경에서 이룬 성과입니까? 얼마나 도전적인 목표였습니까?"
"성과가 우리 팀 전체의 성과에 미친 기여도는 무엇입니까?"

분리의 기술making distinction

"그렇다면 이번 지연 사태에서 환경적 요인 외에 본인이 책임져야 할 부분으로는 무엇이
있습니까?"
"환율의 이슈가 아니라면, 그 프로젝트는 어떤 점에서 성공이었나요?"

허락 구하기asking permission

"~한 점에서 A와 B를 분리해서 논의해도 될까요?"
"관련하여 한 가지 요청드려도 될까요?"

책임감 형성creating accountability

"올해 업무 과정을 통해 학습한 점을 프로젝트 개선에 어떻게 적용하시겠어요?"
"언제 시작할 계획인가요?"

LEADING

THE TEAM

6장

함께 자라기,
C-Player

01

어디에나 꼭 한 명쯤은 있는
우리 팀 구멍,
C-Player

팀장의 아픈 손가락

다들 꺼려한다는 총괄운영팀장을 맡은 지 3개월이 되었습니다. 이제 팀 업무도 어느 정도 파악이 되었는데, 가장 막막한 부분이 사람입니다. 우리 팀은 8명으로 구성되어 있습니다.

이 중 나를 가장 답답하게 하는 사람은 김정연 씨입니다. 정연 씨는 우리 팀의 가장 고참으로 그야말로 딱! 시킨 것만 합니다. 이제 그 정도 연차이면 어느 정도 알아서 해야 할 텐데, 주어진 일에 대해 시킨 것만 합니다. 어떻게 하면 좋을지 생각해보라고 하면 "팀장님은 어떻게 하길 원하십니까?"라고 오히려 반문합니다. 사소한 것까지 시키지 않으면 안 하니, 이럴 바에는 차라리 내가 하겠다는 말이 속에서 불끈불끈 튀어나오려 합니다.

그에 반해 최은수 씨는 우리 팀 막내입니다. 은수 씨는 나름 열심히는 합니다. 자료 준비를 요청하면 필요 이상으로 자료를 준비합니다. 그런데 이제 그 노력과 정성이 점점 안타깝고 답답해집니다. 필요한 자료를 수집해서 일목요연하게 분류하고 정리하여 전달해주면 좋을 텐데 종종 엉뚱한 자료로 일을 두 번 해야 하는 경우도 있습니다. 다시 요청해도 필요한 자료가 준비되지 않으니 시간만 낭비하는 것 같고…. 점점 일을 맡기기가 조심스러워집니다.

그나마 서수연 씨가 있어 다행입니다. 수연 씨는 업무 역량이 매우 뛰어납니다. 요청한 업무의 핵심을 정확하게 파악하여 그야말로 깔끔하게 전달합니다. 그나마 수연 씨 덕분에 지금까지는 중요한 일들이 차질 없이 진행될 수 있었습니다. 그런데 아쉬움이 있다면 수연 씨는 자기주장이 강한 편이라 팀원들과 의견을 조율하는 것이 어렵습니다. 자신의 생각과 다른 방향으로 의견이 모아지면 끝까지 팀원들을 설득하려 합니다. 포기를 모르는 수연 씨는 별것 아닌 일에도 고집을 부리니 때로 팀 분위기가 어색해지고 팀원들도 이제는 수연 씨 생각을 바꾸려고 시도조차 하지 않는 것 같습니다.

리더로서 함께 일하는 구성원들이 내 마음처럼 각자의 역량을 발휘해 주어진 일을 딱딱! 잘 수행해주면 이보다 더 감사한 일은 없을 것입니다. 그러나 서로 다른 성향과 업무 스타일, 그리고 각자의 기준과 기대를 갖고 있는 사람들이 만나면 그 사이에서 갈등은 당연할 수밖에 없지요. 그런데 일에 있어 각자의 기준과 생각이 서로 다를 수 있다고 아무리 이성적으로 생각하려 해도 도저히 이해되지 않는 구성원이 있을 수 있습니다. 그리고 시간이 지나면서 이런 구성원과 업무상의 문제는 관계의 문제, 감정의 문제로 번지기도 합니다.

처음에는 나름 이해하려고 노력해봅니다. 관계의 불편함이 싫어서 최대한 팀장인 내가 어떻게든 맞춰보려고도 합니다. 그러다 오히려 내가 끌려가는 것 같아서 화가 나기도 하지요. 어쩌다 편한 동료 팀장을 만나면 자연스럽게 업무에 대한 고민을 말하게 되고, 결국은 사람에 대한 고민으로 넘어가게 됩니다. 하지만 뻔한 결론에 스스로 못난 모습을 보이는 것 같아 어느 순간부터는 그냥 웃어 넘깁니다. 괜히 되지도 않는 일에 공연히 사람 마음만 심란해져서 차라리 없는 셈 치자고 스스로 위로해보기도 합니다.

하지만 이것도 잠시뿐입니다. 쏟아지는 업무를 팀에서 누군가는 해야 하고, 이렇게는 안 되겠다 싶어 다시 마음을 다잡고 구성원이 최소한 자기 몫의 역할은 할 수 있도록 다시 업무지시와 업무 방법을 설명해줍니다. 휴~ 그래도 안 될 때는 급하게 다른 구성원에게 다시 업무를 맡기거나, 어쩔 때는 팀장인 내가 결국 마무리를 하게 됩니다.

누가 C-Player인가?

<그림 6-1>에서 볼 수 있듯이 조직은 일반적으로 업무 성과와 보유 역량을 기반으로 역량과 성과가 모두 높은 팀원을 A-Player라고 합니다. 이들은 높은 성과를 내고 있는 구성원으로, 추후 성장할 잠재력을 내재하고 있는 핵심인재이지요. 전체 조직의 약 10~15%로 조직의 성장

[그림 6-1] 업무 성과와 보유 역량에 따른 구성원 레벨 구분[*]

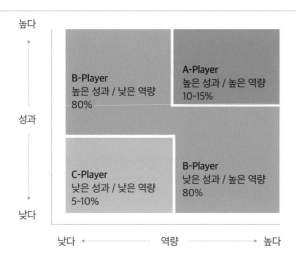

과 핵심 동력에 기여하는 바가 큽니다. 팀장으로서 이런 구성원들과 함께 일한다는 것은 마치 천군만마를 얻은 듯한 든든함을 갖게 합니다.

다음 B-Player는 역량은 뛰어나지만 성과가 낮거나 성과는 높지만 역량이 낮은 팀원입니다. 전체 조직의 약 80% 정도를 차지하는 이들은 장기적으로 지속적인 성과 창출의 기반이 되는 집단입니다. 때로 더 잘할 수 있는데 그러지 못해 아쉬움을 느낄 수도 있지만, 이 정도나마 성과를 내주어 고맙기도 한 팀원입니다.

마지막으로 역량도 성과도 모두 낮은 팀원이 있습니다. **팀의 성과를 떨어뜨리거나 기대보다 낮은 성과를 내는 이들을 C-Player라고 합니다.**

---

* 한국능률협회, C-Player Up-Skilling 연구, 2016~2021

이들의 비율은 전체 5~10% 정도로 객관적인 평가 기준에 의해 성과와 역량이 기대 수준 이하로 낮고 업무에 대한 불성실한 태도를 보이는 팀원입니다. 팀장에게 이들은 한계를 느끼게 하는 존재이자 도전입니다. 적어도 자기 몫은 해줘야 하는데 그 마저도 되지 않는 우리 팀의 구멍, 팀장의 아픈 손가락이지요.

이 정의는 그야말로 개념적인 정의로, 개인의 성과와 역량을 중심으로 C-Player를 구분했습니다. 이때 주의해야 할 것은 **개인의 역량과 성과는 뛰어나지만 함께하는 구성원들의 성장을 방해하거나 팀 시너지를 떨어뜨려 결국에는 팀의 성과에 방해가 되는 구성원입니다. 이들 역시 C-Player입니다.**

이 경우 리더는 그 팀원의 성과만을 기준으로 일을 잘한다고 생각할 수 있습니다. 일만 잘하면 혹 문제가 될 수 있는 그의 태도나 다른 구성원 및 팀 성과에 미칠 수 있는 일의 방식에 대해서는 그냥 넘어가기도 하지요. 팀장으로서 내가 인식하지 못하는 우리 팀의 C-Player가 있는지를 살펴보시기 바랍니다.

축구와 같은 팀 경기에서 좋은 성과를 얻으려면, 단지 한두 명의 스타 선수의 활약만으로는 어렵습니다. 감독과 코치는 각 선수의 상태를 정확히 파악하고 어떤 포지션에서도 구멍이 생기지 않도록 해야 합니다. 뿐만 아니라 **서로의 역량이 충분히 발휘될 수 있는 팀플레이**를 통해 최고의 결과를 얻을 수 있도록 해야 합니다.

그럼, 다음 〈그림 6-2〉를 활용하여 우리 팀 구성원들은 과연 어디에 속하는지 분류해보기 바랍니다.

[그림 6-2] 우리 팀 구성원 분류표

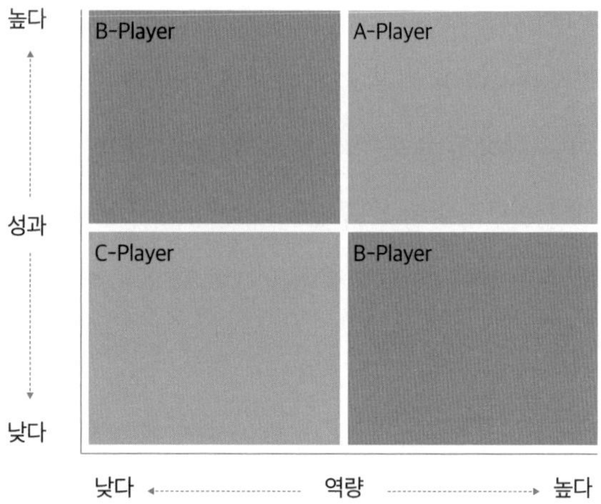

도대체 왜 C-Player가 되었을까?

조직은 언제나 신중한 절차를 거쳐 최고의 인재를 선발하려고 노력합니다. 그런데 이전 세대와는 비교가 안 될 만큼 뛰어난 역량을 갖춘 신입사원들과 함께 일하려고 하면 의아해지곤 합니다. 그 뛰어난 역량들은 도대체 어디에 숨어 있는지, 아니 역량이 있기는 한 것인지, 역량은 있는데 발휘를 안 하는 것인지, 못 하는 것인지….

우리 팀의 C-Player가 자신의 역량을 최대한 발휘하고, 업무에서 필요한 역량을 개발하며 팀 성과에 기여할 수 있도록 하기 위해서는 왜 C-Player가 되었는지 먼저 정확한 원인을 파악해야 합니다. C-Player의 원인은 크게 개인 차원과 조직 차원으로 나눌 수 있습니다.

개인 차원의 원인

업무 능력이 부족하다면 업무 경험이나 훈련의 부족 때문인지, 아니면 구성원이 이를 향상하는 동기가 부족해서인지를 확인해야 합니다. 뿐만 아니라 리더는 구성원의 가족 문제나 건강상의 문제 또는 그 외 개인적인 삶의 문제가 업무 수행에 영향을 미치고 있는지에 대해서도 세심한 파악이 필요합니다.

> "입사 1년 차인 저는 대학에서 경영학을 전공하였고 나름 뛰어난 성적으로 졸업했습니다. 취업이 어렵다는 요즘 시기에 더구나 전공을 잘 활용할 수 있을 것 같은 K사 총괄운영팀에 입사하게 된 것이 대학 입학보다도 기뻤습니다. 대학 4년 동안 학점 관리하랴, 필요한 자격증 챙기느라 어느 누구보다도 열심히 노력했던 대학 시절에 대한 보상이라고 생각했습니다. 이제 인생의 꽃길만 걷게 될 줄 알았는데…. 이상합니다. 정말 이상합니다. 경영학 전공으로 누구보다도 잘할 줄 알았는데, 저는 팀의 구멍이 되었습니다."

조직 차원의 원인

간혹 이전 팀에서는 뛰어난 업무 성과를 보였는데, 팀 또는 담당 업무가 바뀐 후 C-Player가 되는 경우가 있습니다. 조직의 제도 또는 팀장이 바뀐 후 개인의 업무 태도가 변하고, 업무 동기가 떨어지는 경우도 있습니다. 이 경우 좀 더 구체적인 이유들을 살펴보면 개인과 직무가 맞지 않거나 지나치게 성과 지향적인 조직 관리 또는 성과와 보상 간의 연계성이 부족한 경우가 있을 수 있습니다.

아무리 열심히 일해도 이에 대한 정당한 인정과 보상을 못 받거나 심지어 열심히 일하지 않은 구성원들과 동일한 대우를 받는다면 굳이 열심히 일할 필요가 없다고 느낄 수 있지요. 뿐만 아니라 스스로 아무리 노력해도 좋은 결과를 얻기 힘든 상황이거나 불명확한 책임라인 또는 상사와의 관계 갈등이 원인이 될 수도 있습니다.

다음 〈표 6-1〉에는 구성원이 C-Player가 되는 개인 차원과 조직 차원의 다양한 원인들이 제시되어 있습니다.

[표 6-1] 구성원이 C-Player가 되는 원인

개인 차원의 원인	조직 차원의 원인
• 업무 능력의 부족 • 업무 경험, 훈련의 부족 • 업무 수행을 위한 동기부족 • 불량한 태도와 업무 습관 • 건강 악화, 부상 • 가족 문제: 이혼, 배우자 상실, 자녀 등 • 음주와 기타 중독 등	• 개인과 직무의 불일치 • 성과 지향적이지 않은 조직 관리 • 성과와 보상 간의 연계성 부족 • 모순된 성과 기준의 적용, 잘못된 직무 설계 • 빠듯한 마감기한 • 불명확한 책임라인 • 보직 이동 • 직무 자체의 특성상 성과와 관련이 적은 경우 • 구조조정이 제대로 관리되지 않은 경우

02

C-Player의
유형

C-Player의 유형은 원인에 따라 크게 세 가지가 있습니다.

- **역량부족형**: 자신에게 주어진 업무를 성공적으로 수행하기 위해 필요한 역량
  이 부족한 유형
- **동기부족형**: 주어진 업무를 잘 해낼 수 있는 역량은 있지만 이를 잘 발휘하지
  못하는 유형
- **문제유발형**: 개인의 성과 차원이 아니라 팀 성과를 떨어뜨리는 유형

팀장의 꿋

우리 팀 C-Player의 유형 구분

우리 팀의 C-Player를 구별하는 것은 그리 어렵지 않지만, 막상 이들이 어떤 유형인지를 구분해보려고 하면, 참 애매하지 않나요? 역량이 없어 성과가 안 나오는 것인지, 역량은 있지만 일할 동기가 없는 것인지를 구분하기가 쉽지 않습니다. 흔히 역량도 없고 동기도 없다고 뭉뚱그려 생각하곤 하지요.

역량이 부족한 것인지, 동기가 부족한 것인지, 아니면 정말 둘 다 부족한 것인지를 좀 더 분명하게 구별하기 위해서는 두 단계로 나누어 접근해보기 바랍니다.

우선 첫 번째 단계는 **해당 팀원의 주요 업무를 기록하고 해당 업무를 잘 수행하기 위해 필요한 기본 역량이 무엇인지를 리스트해보기 바랍니다.** 예를 들어 기술제안서를 작성하고 이를 고객사에 프레젠테이션을 해야 하는 기술영업 담당자라면 이 업무를 잘 수행하기 위해 기본적으로 해당 기술 분야에 관한 전문지식과 기술이 필요합니다. 그리고 고객의 니즈를 정확히 알아차리고 이에 적절하게 대응하며 관련 내용을 설득력 있게 잘 전달할 수 있는 커뮤니케이션 역량이 필요합니다. 이렇듯 담당 업무를 수행하기 위해 필요한 역량들을 세분화하고 리스트하는 것이 첫 단계입니다.

두 번째 단계는 **필요한 각 역량에 대해 팀원이 실제로 그 역량을 어느 정도 갖고 있는지를 객관적으로 평가해보기 바랍니다.** 좀 더 객관적인 역량평가를 위해 팀원에게 과업을 명확하게 제시하고 정해진 기간 안에 구체적이면서 정량화할 수 있는 결과물을 완성하도록 제안해보기 바랍니다. 정해진 데드라인과 본 과업의 중요한 기준을 명확히 제시하면 업무의 진전도와 결과물의 질을 좀 더 객관적으로 측정할 수 있습니다. 이때 구성원이 본 과업을 잘 수행하기 위해 어떤 것이 필요한지 확인하고 필요한 지원에 대해서는 모두 제공함으로써 외부적인 요인에 의해 영향을 받을 수 있는 변수를 차단해야 합니다. 그런데도 기대에 미치지 못한다면, 이는 동기의 문제가 아니라 역량의 문제일 수 있습니다.

우리 팀의 C-Player가 자신의 주요 업무를 수행하기 위해 필요한 역량을 어느 정도 갖춘 상황이라면 그 역량을 충분히 발휘하지 않는 이유가 무엇인지를 확인하기 위해 다음 질문을 통해 구성원의 동기 수준과 동기를 떨어뜨리는 주요 원인에 대한 탐색이 필요합니다. 이 질문들은 팀장이 해당 팀원을 생각하며, 각 질문에 대해 팀원의 행동을 관찰하고 동기저하의 원인을 탐색해보는 질문입니다.

- ○○님은 스스로 성과를 내기 위해 어떤 노력을 합니까?
- ○○님은 더 좋은 성과를 내기 위해 피드백을 받고 싶어 합니까?
- ○○님은 더 나은 성과를 위해 관련 정보를 수집하고 참고합니까?
- ○○님은 주변의 피드백을 반영하고자 합니까?
- ○○님은 일을 할 때 언제 힘이 나고, 업무 동기가 높아집니까?
- ○○님의 일할 마음을 떨어뜨리는 것은 무엇입니까?

C-Player 유형 구분 체크리스트

다음 〈표 6-2〉는 우리 팀 C-Player의 유형을 구분하는 데 도움을 주는 체크리스트입니다. 1번부터 9번까지 주어진 문장을 읽고 5점 척도로 음영이 칠해진 칸에 점수를 적어보기 바랍니다. 총점을 기록한 후, 가장 높은 점수가 해당 팀원의 유형입니다.

[표 6-2] C-Player 유형 체크리스트

No	문 항	A유형	B유형	C유형
1	더 나은 업무 성과를 위해 스스로 노력하지 않는다.			
2	업무 성과를 위한 주변의 피드백을 반영하지 않는다.			
3	업무에 대해 적극적인 태도를 보이지 않는다.			
4	현재 업무를 수행하는 데 필요한 주요 역량이 부족하다.			
5	주어진 업무 목표를 달성하지 못하고 있다.			
6	업무에 필요한 역량을 개발하지 않고 있다.			
7	개인의 업무 역량은 뛰어나다.			
8	함께 일하는 팀원들과 마찰이 잦다.			
9	팀원들이 함께 일하기를 꺼려한다.			
	총점			

응답 방식 1점: 매우 그렇지 않다, 2점: 그렇지 않다, 3점: 보통이다,

4점: 그렇다, 5점: 매우 그렇다

A유형은 동기부족형, **B유형**은 역량부족형, **C유형**은 문제유발형이다. 동점의 경우, 왼쪽의 유형이 더 우선권을 갖는다.

이 체크리스트를 통해 C-Player의 유형을 확인했다면 이를 토대로 C-Player에 대한 효과적인 대처방안을 살펴보겠습니다.

팀의 구멍에 대한 대처방안

어려운 경영환경 속에서 기업이 안전하게 생존하고 지속적으로 성장하기 위해 가장 중요한 것은 바로 유능한 인재의 확보와 유지 그리고 개발입니다. 그래서 많은 조직은 핵심인재의 중요성을 인식하고 이들을 어떻게 관리해야 하는지에 많은 노력을 기울이고 있습니다.

그러나 C-Player의 관리에는 종종 소홀하곤 합니다. 국내 기업은 C-Player에 대해 '3년 연속 최하위 고과자'라고 정의하는 등 상당히 보수적인 기준을 갖고 있습니다. 평가가 제대로 이루어지지 않거나 평가에 대한 신뢰가 낮은 경우, 이 기준마저도 무용지물이지요. 그나마 일정 기준에 따라 **C-Player를 인지하더라도 성과 개선의 기회를 적극적으로 부여하는 경우는 그다지 많지 않습니다.** 단순 이동 배치를 하는 경우가 가장 많고 때로 권고사직을 하는 경우가 있지만, 이 역시 개인에게 별다른 불이익 조치를 취하지는 않습니다. 그렇다면 C-Player의 관리에 관한 리더들의 생각은 어떠할까요? 다음 리더들의 고민을 살펴봐주세요.

C-Player에 대한 리더들의 고민
- C-Player의 성과를 높이려면 시간이 많이 걸립니다. 차라리 그 시간에 우수 팀원을 관리하는 것이 더 낫지 않을까요?

- 성과가 낮은 팀원에 대해 어떤 조치를 취하면 다른 팀원들도 긴장을 하게 되고 이것이 오히려 팀의 분위기와 사기를 떨어뜨릴 것 같아서 조심스럽습니다.
- 성과가 낮은 팀원에게 '당신이 우리 팀의 C-Player'라고 알리는 것이 너무 어렵습니다. 오히려 관계만 나빠지지 않을까요?
- 성과가 낮은 팀원의 문제를 해결한다는 것이 현실적으로 쉽지 않을 것 같습니다. 원인도 다양하고 절차도 복잡해서 과연 가능한 일일까 엄두가 나지 않습니다.
- 성과가 낮은 팀원의 문제를 부각시키는 것은 리더로서 저의 부족함을 보이는 것이 아닐까요?

C-Player를 관리하는 것은 결코 쉬운 일이 아닙니다. 리더로서 적지 않은 시간과 에너지를 투입해도 낙관적인 결과가 기대되지 않는다면 차라리 다른 대안을 찾는 것이 더 낫지 않을까 고민될 수도 있습니다. 그러나 이들이 팀에 미치는 위험의 심각성을 안다면 리더로서 결코 내버려둘 수는 없을 것입니다.

C-Player가 팀에 미치는 위험

C-Player가 조직에 미칠 수 있는 위험을 살펴보면, 1) 무엇보다 조직의 비효율성을 증대 시킵니다. 예를 들어 팀원이 7명인데, 이 중 한 명의 C-Player가 있어 그가 자신의 몫을 다 해내지 못한다면 결국 남은 6명이 7명의 몫을 해내야 하므로 팀의 효율성은 떨어질 수밖에 없지요.

2) 그가 소화하지 못한 일은 결국 다른 팀원, 주로 업무 성과가 좋은 팀원에게 넘어가게 됩니다. 이것은 곧 우수 팀원의 업무 과부하와 업무 스트레스로 연결될 수 있습니다. 3) 이러한 일이 누적되다 보면 결국 우수 팀원의 이탈을 초래할 수도 있지요. 4) 때로 온정적인 팀장은 업무 성과가 낮은 C-Player에 대해 포용 정책을 쓰기도 합니다. 그런데 이는 조직 전반에 무사안일의 근무 태도를 전염시킬 수도 있습니다. 5) 그 결과 다른 팀원들의 업무 동기마저도 떨어뜨리게 되지요.

C-Player는 조직의 폭탄과 같은 위험 요소가 될 수도 있습니다. 미국 노동부에 따르면 C-Player 1명으로 인해 근로자 1년 치 기대소득의 최소 30%의 비용이 발생한다고 합니다. 때로 이들의 심각한 실수는 고객과의 관계를 손상시켜 중요한 사업을 놓치거나, 잘못된 업무 수행으로 실질적인 금전적 손해와 시간 자원의 낭비를 초래할 수도 있습니다.

C-Player 관리 프로세스

그렇다면 리더로서 C-Player를 어떻게 효과적으로 관리할 수 있을까요? 효과적인 C-Player관리 프로세스는 'Stop(멈추기) - Thinking(분석/분류하기) - Action(적절하게 대응하기)'입니다.

1 Stop	2 Thinking	3 Action
대상에 대한 개인적인 감정을 먼저 Stop하기	C-Player의 유형과 원인을 탐색하기	효과적인 C-Player의 대처 방안을 적극적으로 실행하기

우선 **첫 번째 단계는 C-Player 팀원에 대한 개인적 관계와 감정을 STOP하는 것입니다.** 팀장으로서 C-Player를 관리할 때 가장 방해가 되는 요소는 바로 C-Player와의 개인적인 관계입니다. 이미 불편한 관계가 지속되어 감정적으로 갈등이 생겼을 수도 있고, C-Player에 대한 연민이 있을 수도 있습니다. 그러나 객관적인 분석을 위해 이러한 개인적인 관계나 감정의 개입을 멈춰야 합니다.

제대로 성과를 내지 못하는 C-Player와의 지속적인 마찰은 결국 관계의 불편함을 넘어 서로에게 깊은 감정의 골을 만들기도 합니다. 눈엣가시 같은 팀원에 대한 불편한 감정을 STOP한다는 것이 결코 쉬운 일은 아닙니다. 하지만 C-Player의 유형과 원인을 정확하게 분석할 수 있으려면 우선 리더가 자신의 감정을 관리할 수 있어야 합니다.

'2장 관계의 시작, 감정'에서도 제시되었듯 자신의 감정을 잘 관리하기 위해서는 상대에 대한 솔직한 내 마음을 마주하고, 이를 수용할 수 있어야 합니다. 내가 이 팀원에 대해 어떤 감정을 갖고 있는지, 나의 마음을 하나하나 모두 꺼내보기 바랍니다. 그에 대한 나의 여러 가지 마음을 있는 그대로 바라봐주기 바랍니다. 그 마음의 옳고 그름이나 합당한지의 여부를 따지거나 평가하지 말고 있는 그대로 수용해주기 바랍니다.

우리 팀 C-Player _____에 대한 나의 마음 들여다보기

....

....

내 마음을 모두 꺼내놓았다면 그런 마음이 생기게 된 내 마음의 뿌리를 생각해보기 바랍니다. C-Player를 보면 '답답하다, 화가 난다. 안타깝다, 안쓰럽다' 등의 감정이 생긴다면, 이런 감정이 생기게 된 이유가 무엇인지 내 마음의 뿌리를 살펴보고 그런 마음이 들어 힘들어하는 나 자신도 토닥토닥 해주기 바랍니다.

두 번째는 C-Player의 유형과 원인을 탐색하는 Thinking의 단계입니다. 팀원의 역량과 동기를 객관적으로 평가함으로써 과연 어떤 유형에 속하는지 분석하거나 분류를 하는 단계이지요. 역량이 부족하다면 구체적으로 어떤 역량이 부족한지, 동기가 부족하다면 그 원인이 무엇인지를 꼼꼼히 체크해야 합니다.

C-Player의 유형을 분석 및 분류할 때에는 앞의 〈표 6-2〉의 C-Player 유형 체크리스트 양식을 활용해볼 수 있습니다. C-Player가 된 원인에 대한 탐색은 〈표 6-1〉을 참고해보기 바랍니다. C-Player의 유형과 원인을 탐색했다면 이를 토대로 효과적인 관리 방안을 계획해보기 바랍니다.

- **역량부족형이라면** 어떤 역량이 부족한지를 명확히 하고, 해당 역량을 어떻게 강화할 수 있을지에 대한 구체적인 방법과 전략을 세워보세요.
- **동기부족형이라면** 동기가 떨어진 근본적인 원인이 무엇인지를 확인하고, 다시 동기를 강화할 수 있는 구체적인 방법과 전략을 세워보기 바랍니다.
- **문제유발형이라면** 팀에 미치는 긍정적인 영향과 부정적인 영향을 명확히 해보기 바랍니다. 팀장의 입장에서 보는 개인의 기여와 팀원들이 보는 팀에 대한 기여는 다를 수 있습니다. 따라서 팀원들의 의견을 꼭 참고해보기 바랍니다.

세 번째는 효과적인 관리 방안을 실행하는 Action 단계입니다. 역량부족형의 경우, 해당 업무를 잘 수행하기 위해 어떤 역량이 필요한지 구체화하고 각 역량을 효과적으로 개발할 수 있는 전략적인 접근이 필요합니다.

- 부족한 역량, 개발해야 할 역량이 무엇인지 명확하게 피드백하기
- 특정 지식 및 기술이 필요하면 관련 교육을 연계하기
- 관련 업무를 잘 수행하는 선임을 통해 직접 배울 수 있도록 멘토 연결하기
- 필요한 역량을 보완할 수 있는 업무 파트너 연결하기

때로 필요한 역량을 키우는 것이 어려운 상황이라면 해당 팀원이 할 수 있는 새로운 직무로의 전환이나 고용 조건의 전환이 필요할 수도 있습니다.

동기부족형의 경우, 팀원의 업무 동기를 강화하기 위한 전략적 접근이 필요합니다.

· 동기를 떨어뜨리는 조직 내 원인이 있다면 이를 제거하기
· 의미와 가치를 찾을 수 있는 목표를 수립하기
· 목표에 대한 관점 전환으로 성과 목표 대신 학습 목표 수립하기
· 역량을 발휘할 수 있는 새로운 업무를 선정하기

C-Player의 관리에 있어 새로운 역할을 성공적으로 수행할 수 있다고 확신하지 않는 한, 떠넘기기 식의 부서 이동은 조직의 입장에서 근본적인 해결책이 될 수 없음을 유념해야 합니다. 따라서 동기부족형이든 역량부족형이든 다양한 이유로 인해 새로운 업무 내지는 새로운 조직으로의 이동이 필요하다면 이에 대한 정확한 이유를 설명하고, 새로운 조직에서 새로운 도전을 할 수 있도록 지원해주어야 합니다.

C-Player
유형별 전략

유형 1.
사람은 좋은데 일은 대책이 없는 역량부족형

C-Player의 첫 번째 유형은 자신에게 맡겨진 업무를 누구보다도 잘 해내고 싶어 하는 업무 의욕은 높지만 막상 업무를 맡겨보면 기대만큼 성과를 내지 못하는 역량부족형입니다. 이러한 역량부족형 C-Player는 자기 역량을 넘어서는 승진을 한 경우나 새롭게 직무 전환이 되었을 때, 또는 뭘 어떻게 해야 할지 모르는 신입의 경우에 자주 나타날 수 있습니다. 이들에 대한 기본적인 관리 방안은 다음과 같습니다.

① 성과 개선을 위해 업무 역량 개발이 필요함을 명확하게 피드백하기

② 주어진 업무를 잘 수행하기 위해 필요한 업무 역량을 함께 정의하기

③ GROW 프로세스에 따라 필요한 업무 역량을 개발하기 위한 구체적인 실행 계획 수립하기

④ 지속적으로 점검하고 피드백하기

역량부족형 1. 자기 역량을 넘어서는 승진을 한 경우

"박 책임은 최근 선임에서 책임으로 승진했습니다. 연구소에서 책임
은 자신만의 전문 분야에서 연구개발을 책임지고 이끌어갈 수 있어
야 하는데 박 책임은 평소 성실하고 책임감이 강하지만 자기만의 전
문 분야에서 독자적인 연구 결과물을 만들어내기에는 전략적 사고
와 독립적 의사결정 능력이 부족해 업무 추진력이 늘 아쉽습니다.
최근 성과평가에서 박 책임은 상반기 연구개발 목표를 달성하지 못
했고, 현재 진행하고 있는 타 팀과의 협업 프로젝트에서도 만족스러
운 결과물을 제대로 창출하지 못해 함께하는 프로젝트 구성원들과
잦은 마찰을 경험하고 있습니다."

성과 개선을 위해 업무 역량 개발이 필요함을 명확하게 피드백하기

개인의 성장과 변화를 위한 첫 단계는 자신에 대한 객관적인 인식입
니다. 따라서 C-Player의 역량 개발을 위해 가장 우선되어야 하는 것은
현재 자신의 상황에 대한 정확한 피드백입니다. 이때 중요한 것은 **업무
목표와 목표 달성 수준에 대한 합의 및 목표 달성 여부를 평가하는 기준**

에 대한 신뢰가 전제되어야 합니다. 만약 박 책임이 자신의 업무 목표를 잘못 인지하고 있었거나, 팀장이 제시한 목표 수준에 대해 동의하지 않았거나, 또는 평가 기준에 대한 신뢰가 없다면 이에 대한 합의 과정이 먼저 선행되어야 합니다.

> **팀장** 박 책임, 책임이 된 지 벌써 6개월이 되었네요. 책임으로 일하면서 어려운 점은 무엇인가요? 혹 제가 도울 부분이 있다면 무엇일까요? 책임으로 승진하면서 박 책임의 올해 중요한 업무 목표는 신기술을 반영한 시스템 개선 방안의 실용화 사업 아이템을 기획하고 착수 단계까지 도출하는 것입니다. 그런데 현재 진행 현황을 살펴보면 목표 기준 대비 60% 정도밖에 도달하지 못했습니다. 올해 말까지 목표를 달성하기 위해서는 현재 진행되고 있는 업무들을 잘 수행하고 관리하기 위해 어떤 역량이 필요한지 확인하고 이에 대한 개발 및 보완이 필요하겠습니다.

주어진 업무를 잘 수행하기 위해 필요한 업무 역량을 함께 정의하기

자기 역량을 넘어서는 승진을 한 C-Player의 경우, **업무 역량에 대한 정의를 하기 전에 자신의 역할 정의가 우선되어야 합니다.** 역할이란 자신의 위치에서 기대되는 행동으로 박 책임의 경우 새롭게 책임이 되면서 자신의 역할이 어떻게 달라졌는지 역할에 대한 재정의가 우선 필요합니다. 조직에서 책임이라는 위치에서 요구되는 행동이 무엇인지, 책임의 역할이 정의되면 그 역할을 잘 수행하기 위해 필요한 역량이 무엇인지, 특히 올해 자신의 업무 목표를 달성하기 위해 어떤 역량이 요구되는지를 함께 정의해봅니다.

> **팀장** : 박 책임, 역할이란 현재 조직 내에서 내 위치에 기대되는 행동을 의미합니다. 즉 조직은 선임에게 기대하는 행동과 책임에게 기대하는 행동이 다르지요. 물론 팀장인 제게 기대하는 행동 역시 다를 거고요. 박 책임이 생각하기에 우리 조직은 책임이 된 박 책임에게 무엇을 기대하고 있을까요? 과연 박 책임의 역할은 무엇일까요? 역량이란 고성과자들, 즉 그 업무를 잘 수행해내는 사람들의 행동특성이라고 쉽게 정의할 수 있습니다. 박 책임이 생각하는 책임의 역할을 잘 수행하는 사람들은 과연 어떤 행동 특성, 즉 어떤 역량이 필요할까요? 올해 박 책임의 업무 목표를 잘 달성하기 위해서는 어떤 역량이 필요할까요?

이때 중요한 것은 박 책임의 새로운 역할과 요구되는 역량과 함께, 해당 역량에 대한 박 책임의 현재 수준과 요구되는 수준에 대한 합의입니다. 이 과정에서는 요구되는 역량에 대해 각 수준별 행동 특성의 기준은 무엇인지, 이 기준에 따라 박 책임은 현재 어느 정도의 수준이고, 역량 개발을 통해 어느 수준까지는 개발해야 하는지 박 책임과의 협의를 통해 이를 이해하고 수용할 수 있도록 해야 합니다.

GROW 프로세스에 따라 필요한 역량을 개발하기 위한

구체적인 실행 계획 수립하기

박 책임과 개발되어야 하는 업무 역량이 무엇이고, 어느 수준까지 개발되어야 하는지 합의가 되었다면 이를 토대로 개발 우선순위를 결정합니다. 그리고 개발을 위한 구체적인 행동 변화 목표를 GROW 목표 설정 프로세스에 따라 함께 수립합니다.

이때 각 단계별로 활용할 수 있는 코칭 질문은 다음과 같습니다.

GROW 프로세스	질문
Goal (목표 설정)	• 현재 업무 목표 달성을 위해, 우선 개발되어야 할 역량은 무엇인가요? • 해당 역량이 개발되면 업무에 어떤 변화가 생길까요? • 해당 역량이 개발되면 ○○ 님에게는 어떤 변화가 생길까요? • 이 역량을 개발하려면 어떤 노력(행동)이 필요할까요?
Reality (현실 인식)	• 이 행동의 목표 수준이 10이라면 현재 수준은 몇 점 정도 될까요? • 향후 3개월 동안 이 수준을 몇 점 수준으로 향상시키고 싶나요? • ○점 수준이라고 하셨는데, ○점 수준의 행동은 어떤 수준일까요? • 이 변화가 ○○ 님에게 중요한 이유는 뭘까요?
Option (대안 탐색)	• 이 역량/행동을 개발하기 위해 구체적으로 어떤 노력을 해볼 수 있을까요? • 또 다른 방법에는 어떤 것이 있을까요? • 이 역량/행동을 개발하기 위해 다른 사람들은 어떤 노력을 시도해보려고 할까요? • 다양한 대안들 중에서 ○○ 님에게 가장 좋은 방법은 무엇인가요? • 그 방법이 가장 좋다고 생각하는 이유는 무엇인가요? • 그 방법으로 진행하면서 혹 어려움이 생긴다면 어떤 어려움이 예상되나요? • 그 어려움은 어떻게 해결해볼 수 있을까요?
Will (변화 계획 수립)	• 선택한 가장 최적의 방법을 실천하기 위해, 가장 먼저 해야 할 것은 무엇인가요? • 언제부터 시작할 수 있나요? • 그 방법을 시도하기 위한 구체적인 계획을 세워본다면 언제부터, 어떻게 계획을 세워볼 수 있을까요? • 이 역량/행동을 잘 개발할 수 있도록 팀장인 제가 도울 부분은 무엇이 있을까요?

이 대안 탐색 단계에서 리더는 조직 내 팀원의 역량 개발을 위한 다양한 제도들에 대한 정보를 탐색하고 이를 적극적으로 활용할 수 있도록

제안해주어야 합니다. 팀원 개인의 차원에서 시도해볼 수 있는 것뿐만 아니라 팀장이 지원해줄 수 있는 다양한 제도들에 대해 적극적으로 알아보고 제안합니다. 그리고 이 중 팀원이 자신에게 적합하고 필요한 방법을 스스로 선택할 수 있도록 하는 것이 역량 개발을 위한 팀원의 동기를 강화하는 데 효과적입니다.

지속적으로 점검하고 피드백하기

C-Player의 업무 역량을 개발하기 위해서는 리더의 지속적인 점검과 피드백이 반드시 필요합니다. 역량 개발을 위해 GROW 프로세스에 따라 구체적인 행동 변화 목표와 계획을 수립했다면 이 계획을 잘 지킬 수 있도록 지원하고 지지해주어야 합니다. 한꺼번에 너무 많은 역량 개발 과제를 제시함으로 인해 오히려 C-Player의 변화 동기가 떨어지지 않도록 팀원의 현재 상황과 상태를 고려하여 역량 개발 과정을 관리해야 합니다.

역량부족형 2. 새롭게 직무 전환이 된 경우

역량부족형 C-Player의 두 번째 경우는 직무가 전환됨에 따라 새롭게 맡게 된 업무에 대한 역량이 부족한 경우입니다.

"기술연구 파트에서 나름 실력을 인정받아 좋은 평가를 받아오던 한 선임은 최근 새롭게 구성된 글로벌 상품개발 파트로 직무가 전환되었습니다. 새롭게 생긴 파트라서 아직 팀원들과도 서먹한 관계이고,

무엇보다 예측하지 못한 외부 변수가 많아 한 선임도 업무에 대한 스트레스가 큽니다. 이 파트에서 업무 성과를 내려면 무엇보다 외부 변수에 유연하게 대응할 수 있어야 하고 유관부서와 긴밀한 협력관계가 필요합니다. 평소 내성적인 성격에 계획을 수립하고 계획대로 업무가 체계적으로 진행되는 것을 선호하는 한 선임 입장에서는 새로운 직무에 대한 부담이 큽니다."

새 업무에 대한 마음을 확인하고 변화 동기를 북돋우기

직무 전환의 경우, 구성원이 적극적으로 희망한 경우도 있지만 종종 개인이 원치 않은 직무 전환은 구성원의 업무 동기까지 떨어뜨리는 결과를 초래합니다. 팀장은 팀 이동을 했거나 직무 자체가 새롭게 전환된 팀원이 있다면 이전 팀에서의 주요 업무와 해당 업무에서의 역량 수준 및 팀 이동을 하게 된 이유와 과정 등을 먼저 확인해보기 바랍니다.

팀 이동 및 직무가 전환된 팀원이 있을 경우

- 이전 팀에서의 주요 업무와 해당 업무의 역량 수준을 확인해주세요.
- 새롭게 맡은 업무에서 요구되는 역량은 무엇인지 구체적으로 알려주세요.
- 요구되는 역량의 수준과 팀원의 현재 수준을 미리 점검해주세요.
- 새롭게 맡은 업무의 역량을 개발하는 것이 개인에게는 어떤 의미와 기회가 될 수 있는지, 조직의 입장에서는 어떤 의미와 기회가 될 수 있는지 생각해볼 수 있는 기회를 주세요.

업무 동기에 있어 이슈가 없다면 새로 맡은 업무에서 요구되는 역량이 무엇이고, 요구되는 수준은 어느 정도인지, 이 역량을 개발하는 것이 팀원 개인에게 어떤 의미와 기회가 될 수 있는지에 대해 충분한 논의가 필요합니다. 이를 통해 **새롭게 맡은 업무에서의 역량부족이 팀원의 심리적 위축이나 자신감 저하 등 업무 동기를 떨어뜨리지 않도록 예방**하는 것이 필요합니다.

주어진 업무를 잘 수행하기 위해 필요한 업무 역량과 수준을 함께 정의하기

새 직무의 업무 역량을 개발하기 위한 변화 동기가 강화되었다면 1) 새롭게 맡은 업무를 잘 수행하기 위해 필요한 역량은 무엇인지, 2) 요구되는 역량의 수준은 어느 정도이고, 3) 현재 팀원의 수준은 어느 정도인지를 구체적으로 정의해야 합니다. 아무리 연차가 많아도 새로운 직무로 전환하게 되면 이에 따른 직무교육 및 역량 개발 교육이 반드시 필요합니다.

점점 더 많은 변화와 다양성을 요구하는 기업 환경 속에서 조직은 이 변화에 적응하고 더 나아가 변화를 주도하기 위해 직원들의 역량 개발이 무엇보다 중요합니다. 체계적인 역량 개발 시스템을 통해 업무 성과에서의 손실뿐만 아니라 구성원들의 업무 몰입도에서의 손실도 미리 예방하고 관리할 수 있어야 합니다.

GROW 프로세스에 따라 필요한 업무 역량을 개발하기 위한
구체적인 실행 계획 수립하기

새롭게 맡은 업무에 대한 역량 개발 동기를 북돋우고 주어진 업무를 잘 수행하기 위해 필요한 업무 역량 및 역량 수준을 정의하였다면, 이를 토대로 개발 우선순위의 업무 역량을 함께 결정합니다. 이때 GROW 목표 설정 프로세스의 질문을 활용하여 역량 개발을 위한 구체적인 행동 변화 계획을 수립합니다.

지속적으로 점검하고 피드백하기

역량이란 궁극적으로 '고성과자의 행동 특성'으로, 역량을 개발한다는 것은 해당 업무를 잘 수행해내는 사람들이 보여주는 행동 특성의 개발을 의미합니다. 인간의 행동은 개인의 노력에 의해 충분히 변화 가능하지만 그 변화가 결코 쉽지만은 않습니다. 따라서 효과적인 행동 변화를 위해 무엇보다 중요한 것은 지속적인 점검과 피드백입니다.

팀장의 중요한 역할 중 하나는 팀원의 성장을 위한 피드백이고, 효과적인 피드백 시스템뿐만 아니라 팀원이 자신의 행동 변화 계획을 잘 수행할 수 있는 시스템도 필요합니다. 대표적인 방법은 공개 선언의 효과를 활용하는 것으로 사람들은 혼자 생각만 한 것보다 사람들에게 자신의 변화 목표를 공개적으로 선언했을 때 그 행동을 훨씬 더 자주하게 됩니다. 팀에서 팀원들과 함께 각자의 업무 역량을 강화하기 위해 개발 목표와 계획을 함께 나누는 것도 서로의 성장을 촉진하는 효과적인 자극제가 될 수 있습니다.

역량부족형 3. 뭘 어떻게 해야 할지 모르는 신입

역량부족형 C-Player의 또 다른 경우는 뭘 어떻게 해야 할지 몰라 하는 신입사원입니다.

> "최은수 씨는 팀의 막내로 입사한 지 이제 막 1년이 다 되어 갑니다. 누구보다 일에 대한 의욕이 넘치고 뭐든 잘하고 싶어 합니다. 팀원들이 업무를 진행하다가 급하게 필요한 간단한 업무 지원에 대해서도 은수 씨는 며칠을 야근하며 관련된 모든 자료를 수집하고 필요 이상으로 정리하여 보고합니다. 그런데 막상 업무 아웃풋을 보면 요청한 업무에 대한 이해가 잘못되어 정작 필요한 자료는 없고, 엉뚱한 자료들만 두서없이 나열되어 있곤 합니다. 또한 함께 논의하지 않은 자신만의 생각을 추가하여 아예 업무를 엉뚱한 방향으로 돌려놓기도 합니다.
>
> 늘 열심히 하려고 노력하고 있음을 잘 알기에 매번 뭐라고 할 수도 없습니다. 다시 업무 요청을 해도 여전히 필요한 자료가 준비되지 않아 시간만 낭비하게 되는 경우들이 많아지면서 점점 다른 팀원들도 일 맡기기를 주저하는 눈치입니다. 그런데 정작 은수 씨는 자신의 일에 만족하고 있고 스스로 일을 잘 해내고 있다고 생각합니다."

신입사원의 경우, 팀에서 주도적인 역할을 하기보다는 지원 업무가 많고 업무가 바쁘다 보니 종종 정확한 가이드나 피드백을 받지 못하는 경우가 많습니다. 때로는 팀의 막내라는 이유로 늘 지원 업무만을 하다

보면 정작 자신이 주도적으로 맡아서 진행해야 하는 담당 업무에 대해서는 업무 역량을 키우지 못하기도 합니다.

정확한 자기 인식을 위한 피드백은 구성원 누구에게나 중요합니다. 그중에서도 특히 우리 조직에 온보딩하여 처음 일을 시작하는 새내기 사원이거나 다른 조직의 업무 방식에 길들여졌다가 새롭게 우리 조직 또는 팀에 들어온 직원의 경우 팀의 업무 방향과 업무 방식에 대한 정확한 가이드라인과 피드백은 팀 적응의 중요한 첫 단추 역할을 합니다. 따라서 리더는 이 첫 단추를 잘 시작할 수 있도록 새롭게 팀에 합류한 뉴페이스에 대해 더욱 세심한 관리와 피드백을 제공해주어야 합니다. 신입사원의 경우 업무 성과가 나오지 않는다면 다음 세 가지를 확인해보기 바랍니다.

기본적인 업무 가이드라인을 정확하게 알고 있는가

조직에 새로 합류하게 된 경우, 기존 구성원들은 오랜 조직 경험을 통해 자연스럽게 습득했거나 때로는 공식적인 교육 과정을 통해 배운 업무 역량이 부족할 수 있습니다. 심지어 입사 전, 다른 조직 경험을 통해 그 조직의 업무 방식을 그대로 적용함으로써 업무에 혼선을 줄 수 있습니다. 따라서 이를 예방하기 위해서는 신입사원의 경우, 입사 초기에 우리 조직 및 팀의 업무 목표와 방향 및 업무 방식에 대한 기본적인 가이드라인을 명확하게 전달하고 OJT를 통해 신입사원에게 필요한 실무 능력을 정확하게 습득할 수 있도록 해야 합니다.

업무 우선순위를 명확히 알고 있고, 시간 관리의 문제는 없는가

신입사원의 업무 역량과 관련하여 가장 흔하게 제기되는 문제는 우선순위와 시간 관리의 문제입니다. 자신에게 주어진 여러 가지 업무에 대해 우선순위를 명확히 알고 제한된 시간 안에 요구되는 업무들이 제때 마무리될 수 있도록 시간 관리를 잘할 수 있어야 합니다. 만약 업무 우선순위를 놓치게 될 경우, 함께 맞물려 진행하고 완성해야 할 과업의 위험 요인이 되기도 합니다. 이 경우 팀장은 팀의 목표와 업무 우선순위 및 기본적인 시간 관리 방안에 대해 신입사원이 알 수 있도록 관련 정보를 제공해야 합니다. 또 필요한 경우 관련 교육을 수강하거나 이를 배우고 보완할 수 있는 선배와 멘토링을 연결해줄 수 있습니다.

업무 성과에 방해가 되는 환경적 요인은 없는가

신입사원의 경우, 엄격한 선발 절차를 거쳐 우리 조직에서 필요한 성과를 보여줄 것으로 평가되었기에 최종 선발된 것입니다. 따라서 개인이 업무 역량을 가지고 있지만, 이것이 충분히 발휘되지 못하고 있는 것은 아닌지를 체크해보아야 합니다. 신입사원과 심층적인 업무 면담을 통해 업무 수행 과정을 점검하고, 이 과정에서 개인의 성과를 방해하는 요인이나 어려움은 무엇인지를 확인해보기 바랍니다.

때로는 조직 내에서 정해진 업무와 역할이 명확하지 않아 너무 많은 업무에 분산되어 있어 업무 효율성이 떨어질 수 있습니다. 또는 처음 조직에 적응하면서 자신의 스타일과는 다른 환경에서 잘못된 적응 방식을 선택하는 경우도 있습니다. 예를 들어 다른 팀원들과의 관계를 고려하여 거절하지 못함으로 인해 너무 많은 지원 업무가 쌓이게 되는 경우 또는 관계의 이슈로 다른 팀원들로부터 적절한 지원을 받지 못하는 경우 등은 없는지 꼼꼼히 살펴보아야 합니다.

유형 2.
잘할 수 있는데 안 하는 동기부족형

C-Player의 두 번째 유형은 주어진 업무를 잘 수행할 수 있는 업무 역량은 충분하지만 정작 그 업무를 잘 수행하려는 업무 동기가 부족해서 자신의 역량을 충분히 발휘하지 못하는 동기부족형입니다. 이러한 동기부족형 C-Player의 기본적인 관리 프로세스는 다음과 같습니다.

① Search : 업무 동기가 낮은 원인을 탐색하기

② Eliminate : 동기 부족의 원인을 제거하기

③ Strenthen : 업무 동기를 강화하기

1단계 : 업무 동기가 낮은 원인을 탐색하기

동기부족형 C-Player는 크게 두 가지 경우가 있습니다. 첫째는 **이전에는 업무에 대한 동기가 높았는데, 다양한 이유로 인해 업무 동기가 떨어진 경우**입니다. 때로 고성과자였는데 어느 날 갑자기 업무에 대한 태도가 달라진 경우로, 더 이상 예전처럼 업무에 몰두하지 않는 팀원이 있을 수 있습니다. 업무적인 이유가 아니라, 건강이나 가족 등 개인적인 이유로 업무에 집중하기 힘들어하는 팀원도 있을 수 있습니다.

둘째는 **일에 대한 개인의 기본적인 태도로, 굳이 힘들게 일하고 싶어 하지 않고 적당히 자신이 할 만큼만 하겠다는 경우**입니다. 이는 최근 많은 팀장이 팀원을 관리할 때 어려워하는 이유 중 하나이지요. 역량이 부족해서 잘하려고 해도 할 수 없는 팀원은 그래도 이해가 됩니다. 하지만 충분히 잘할 수 있는데 열심히 하지 않고, 자신의 몫만 완성하면 다른 팀원이나 팀의 상황에 대해서는 나 몰라라 하는 이기적인 행동을 보면 섭섭함을 넘어 분노까지 느끼게 된다고 합니다.

그럼, 잠깐 그들의 다양한 이야기를 살펴보도록 하겠습니다.

○○건설 인사팀 7년 차 남 책임

요즘은 솔직히 일할 맛이 나지 않습니다. 예전 팀장님과는 별 어려움 없이 자연스럽게 진행되던 일들도 새로 팀장님이 오고 나서는 제가 하는 업무 방식이 마음에 들지 않는지, 아니면 못 미더운지 사사건건 업무 진행에 대해 보고하라고 하시니 보고가 또 다른 일이 되고, 정작 일은 진도를 내지 못하고 있어서 답답하기만 합니다.

○○식품 상품기획팀 5년 차 강 선임

이 회사에 입사한 지 올해 5년 차가 되었습니다. 처음에는 정말 열심히 일했지요. 제일 일찍 출근해서 제일 늦게 퇴근하는 날이 참 많았습니다. 그렇게 밤낮 가리지 않고 일만 하다 보니 어느 순간 지쳐버렸습니다. 내가 왜 일하는지도 모르겠고, 삶의 의미도 못 찾겠고, 그저 일만 하는 기계가 되어버린 것 같아 모든 것이 무의미해졌습니다.

○○엔지니어 2년 차 김 매니저

저는 일과 생활의 균형을 중요하게 여깁니다. 그렇다고 제가 맡은 일을 소홀히 하겠다는 것은 아닙니다. 그저 남들 하는 만큼은 하지만 굳이 그 이상을 하고 싶지는 않습니다. 그저 평범하게 할 만큼만 하면서 제 개인의 삶을 충분히 누리며 살고 싶습니다.

○○테크 해외 사업팀 6년 차 송 책임

지난 2~3년 동안 해외 출장이 많았습니다. 유난히 까다로운 어린 아들을 혼자 돌보느라 아내가 무척 힘들어했지요. 그렇다고 출장을 안 갈 수도 없고…. 그러다 보니 점점 아내와 사이가 멀어지게 되었고, 아내가 힘들어하면서 아이에게도 어려움이 생긴 것 같습니다. 지금은 온가족이 모두 힘든 상황입니다. 왜 상황이 이렇게까지 되었는지, 과연 무엇을 위해 열심히 일했는지…. 모든 것이 혼란스럽습니다.

업무 동기가 떨어진 경우

이전에는 A-Player였는데 어느 날 갑자기 C-Player가 된 첫 번째 경우에는 다양한 원인이 있을 수 있습니다. 과도한 업무와 역할로 지쳤거나 이로 인해 번아웃이 되었을 수 있습니다. 또는 나름 열심히 일했고 업무 실력도 늘었다고 생각하는데 이를 인정받지 못하고 있다는 생각이 들거나, 아무리 열심히 해도 여전히 제자리걸음이라는 생각이 든다면 업무 의욕이 떨어질 수도 있지요.

업무 동기가 떨어지는 중요한 이유 중 하나는 바로 관계 갈등입니다.
조직에서 개인의 업무는 다양한 이해관계자와의 협업을 통해 완성될 수 있습니다. 따라서 함께 일하는 구성원, 특히 상사와의 갈등은 업무뿐만 아니라 팀원의 조직생활 전반에 영향을 미쳐 결국은 개인의 성과는 물론, 팀 성과에도 치명적인 악영향을 미치게 됩니다.

가족관계에서의 어려움이나 개인의 건강상 이유 또는 경제적인 어려움 등의 지극히 개인적인 이슈에 의해서도 업무 동기는 떨어질 수 있습니다. 비록 개인적인 이슈이지만 이것이 업무에 영향을 미치는 경우라면 그냥 지나치기보다는 삶의 관점에서, 팀원에 대한 인간적인 애정을 갖고 조직적 차원에서 도울 방법은 없는지 함께 고민해보는 노력이 필요합니다. 개인적인 어려움에 대해 실질적인 도움을 주는 것은 현실적인 한계가 있지만, 함께 고민해주는 것만으로도 팀원은 팀과 팀장에 대한 더욱 깊은 신뢰를 형성할 수 있습니다.

○○테크 해외 사업팀 6년 차 송 책임

올해는 저와 저희 가족 모두에게 의미 있는 한 해가 될 것 같습니다. 지난번에 업무 면담을 할 때 저의 개인적인 고민을 팀장님께 말씀드렸는데, 정말 뜻밖에도 팀장님께서 귀 기울여 주시고 인생의 선배로 그리고 무엇보다 제 입장에서 저의 문제를 함께 고민해주셔서 그것만으로도 정말 감동이었습니다. 그런데 지난달에 가족이 모두 중국 주재원으로 함께 나갈 수 있는 기회가 생겼을 때 팀장님이 발 벗고 나서 주셔서 덕분에 좋은 기회를 얻을 수 있었습니다. 정말 이번 중국 주재원은 저의 개인적인 커리어뿐만 아니라 우리 가족의 새로운 관계 전환에도 좋은 기회가 될 수 있을 것 같습니다. 진심으로 저를 생각해주신 팀장님께 거듭 감사드립니다.

팀장의 꿋

업무 동기가 기본적으로 낮은 경우

두 번째 경우는 일에 대한 개인의 가치와 기본 태도에 관한 이슈로 자신의 역량을 100% 발휘하지 않는 팀원이 있을 수 있습니다. MZ세대의 경우 이전 세대와는 다른 가치와 태도를 가지고 있습니다. 조직에서 열심히 일해서 좋은 평가를 받고 그에 따른 인정으로 승진과 보상을 바라기보다는 할 만큼만 하고 개인의 삶을 즐기고 싶어 합니다. 이 경우 팀장 입장에서는 충분히 잘할 수 있는 역량이 있는데 열심히 최선을 다하지 않는 구성원의 태도에 오히려 더 감정이 상하기도 합니다. 이때 감정적으로 대응해서도 안 되지만 그렇다고 이를 당연하게 여기는 것 또한 팀에 부정적인 영향을 미칠 수 있습니다.

동기부족형 C-Player의 관리 프로세스에서 첫 번째 단계는 동기가 낮은 원인을 정확하게 탐색하는 것입니다. 특정 이유로 인해 동기가 떨어진 경우인지, 아니면 개인의 일에 대한 가치와 태도의 문제인지를 우선 구분합니다. 그리고 동기가 갑자기 뚝 떨어진 경우라면 주요 원인을 탐색하는 단계입니다.

갑자기 업무 동기가 뚝 떨어지는 주요 원인

- 과도한 업무와 역할로 인한 번아웃
- 자신의 업무 성과나 역량에 대한 평가 불만
- 함께 일하는 사람들과의 관계 갈등
- 업무 방식에서의 갈등
- 개인적인 상황

2단계 : 동기부족의 원인을 제거하기

동기부족형 C-Player의 동기 저하 원인을 명확히 확인했다면 이를 제거할 수 있는 방안을 적극적으로 모색해야 합니다. 번아웃이란 의욕적으로 일에 몰두하던 팀원이 극도의 신체적·정신적 피로감을 호소하며 무기력해지는 현상입니다. 번아웃의 주요 원인은 완벽주의로 인한 스트레스나 과다한 업무로 인한 피로, 상사 및 동료와의 대인관계 스트레스, 근무환경 변화로 인한 적응의 어려움 등이 있습니다.

번아웃의 경우 한동안 고갈된 심리적 에너지를 충족할 수 있는 시간이 필요합니다. 팀원이 자신의 번아웃 상태를 인지하고 이를 수용할 수 있도록 해야 합니다. 또한 이러한 번아웃이 생긴 원인에 대해 생각해보게 함으로써 추후 이를 예방할 수 있도록 돕는 것도 중요합니다. 대부분의 사람은 스스로 번아웃 상태임을 인지하지 못해 외부 상황에 대한 인지적 왜곡이 생길 수 있고, 이는 또 다른 문제의 원인이 되기도 합니다. 현재 자신의 상태를 객관적으로 인지하고 수용하는 것은 더 큰 문제를 예방하고 적극적인 대안 마련을 위한 노력에 에너지를 집중할 수 있도록 합니다.

업무 의욕이 떨어진 경우에는 이를 자각하고 그 원인을 스스로 찾을 수 있도록 해야 합니다. 때로 주변 사람들의 추측이나 판단은 개인에게 오히려 반감과 방어를 불러일으킬 수 있습니다. 팀원이 현재 업무에 대해 어떤 마음을 갖고 있는지, 어떤 부분에서 어려움을 느끼는지, 그 어려움이 개인의 업무 성과에 어떤 영향을 미치고 있는지에 대한 질문을 통해 팀원이 자신의 현재 상태를 자각하고 이를 수용할 수 있도록 도와야 합니다.

동기가 떨어진 정확한 원인을 스스로 탐색하고 이를 수용할 수 있어야 이를 제거할 수 있는 효과적인 방안을 팀원 스스로 주도적으로 탐색할 수 있습니다. 만약 관계 갈등으로 인해 업무 동기가 떨어진 경우에는 현재 갈등의 핵심 대상이 누구인지 명확히 하는 것이 우선입니다. 갈등은 시간이 오래 지나고 나면 칡과 등나무처럼 꼬이고 꼬여서 이 갈등이 어디에서부터 시작되었는지 애매해지곤 합니다. 결국 가장 만만하거나 자주 부딪치는 상대에게 화살이 돌아가기도 하지요. 따라서 불편한 관계로 인해 일이 힘들어지고, 일에 대한 의욕이 떨어진 상황이라면 현재 상황을 객관적으로 인식하고 일과 관계를 분리하여 갈등의 해결방안을 찾는 노력이 필요합니다.

3단계 : 업무 동기 강화하기

이전 단계에서 동기부족의 원인을 탐색하고 이를 제거했다고 팀원의 업무 동기가 회복되지는 않습니다. 이미 추락한 업무 동기에 대해서는 이를 다시 강화해줄 수 있는 새로운 접근이 필요합니다. 때로 너무 많은 업무와 역할의 과부하로 번아웃이 되었다면, 개인에게 적절한 업무량과 역할을 재정의하고 좀 더 효율적으로 일할 수 있는 방안을 함께 모색해야 합니다.

개인적인 이슈로 업무에 몰두하지 못하는 C-Player의 경우 그저 개인의 문제로 치부하여 외면하기보다는 조직의 차원에서 개인에게 어떤 도움을 줄 수 있는지에 대한 좀 더 다양한 대안을 모색해보려는 노력이 필요합니다. 적어도 팀장이 인간적으로 개인의 어려움을 공감하고 도와주려 한다는 것만으로도 팀원에게 용기를 줄 수 있습니다.

육아나 경제적인 문제 등 지극히 개인적인 이슈라 할지라도 육아휴직이나 대출 등 사내 다양한 복지제도와 연결하여 현실적인 도움을 받을 수 있는 방안을 함께 찾아볼 수 있습니다. 팀장으로서뿐만 아니라 인생의 선배, 조직의 선배로서 팀원이 처한 개인적인 어려움에 대해 업무적으로만 접근하기보다는 인간적인 접근이 필요한 때도 있습니다.

C-Player의 업무 동기를 강화하기 위해서는 목표에 대한 팀원의 관점을 전환할 필요가 있습니다. 목표는 성과 목표와 학습 목표로 나뉘는데, 성과 목표는 목표를 달성하지 못했을 때 C-Player의 업무 의욕과 에너지를 오히려 더 떨어뜨릴 수 있습니다. 따라서 C-Player의 업무 동기를 강화하기 위해서는 성과 목표가 아니라 이 목표를 달성하기 위해 스스로 어떤 노력을 할 것인지, 결과보다는 효과적이고 체계적인 목표 달성 과정에 초점을 두는 학습 목표를 설정하는 것이 더 유용합니다.

학습 목표는 C-Player의 자신감을 높여주고 도전적인 업무에 흥미를 느낄 수 있도록 합니다. 또한 자신이 발전하고 성장하고 있다는 느낌을 갖게 함으로써 일에 대한 동기를 강화시켜줄 수 있습니다.

성과나 평가에 관심이 없는 두 번째 경우의 C-Player라면 그들이 일의 진정한 의미와 가치를 찾을 수 있도록 하는 목표 설정이 필요합니다. 사람들은 누구나 타인에게 의미 있는 존재가 되고 싶어 합니다.

일이 단지 수익을 극대화하고 이로 인해 자신의 수입이 늘어나거나 승진과 같은 보상을 얻기 위해 일한다면 일에서 의미와 가치, 보람을 찾고 업무에 대한 의욕을 갖기는 어렵습니다. 따라서 업무 역량은 충분하지만 개인의 일에 대한 가치와 태도로 인해 자신의 역량을 충분히 발휘하지 않는 팀원의 경우에는 자신에게 일은 어떤 의미가 있는지, 일을 통해 사람들에게 그리고 팀과 조직에, 더 나아가 세상에 어떤 기여를 하고 싶은지를 탐색해보세요. 그 과정에서 자신은 어떤 변화와 성장을 할 수 있는지에 대한 의미와 가치를 발견할 수 있는 목표 설정이 필요합니다.

동기부족형 C-Player의 동기 강화 프로세스를 GROW 모델에 적용하면 다음과 같습니다.

GROW프로세스	질문
Goal (목표 설정)	• 현재 자신의 업무 동기 수준은 어느 정도라고 생각하나요? • 이전과 비교했을 때 어떤 차이가 있나요? • 업무 동기 수준이 떨어졌다면, 그 이유는 무엇일까요? • 업무 동기 수준을 높이고자 한다면 어떤 변화가 필요할까요? • 업무 동기가 높아지면 나의 개인 삶과 일에 어떤 변화가 생길까요?
Reality (현실 인식)	• 업무 동기를 떨어뜨린 이유들에 대해, 현재 어떤 상황인가요? • 자신이 가지고 있는 업무역량을 충분히 발휘하기 위해 필요한 최소한의 동기 수준은 몇 점이고, 현재의 동기 수준은 몇 점 정도 될까요? • 동기가 떨어진 것이 나의 개인 삶과 팀 및 업무에 어떤 영향을 미치나요?
Option (대안 탐색)	• 업무 동기를 높이기 위해 구체적으로 어떤 노력을 해볼 수 있을까요? • 업무 동기를 떨어뜨린 이유들에 대해 앞으로 어떻게 대응해볼 수 있을까요? • 또 다른 방법에는 어떤 것이 있을까요? • 다양한 방법들 중에 자신에게 가장 좋은 방법은 무엇인가요? • 그 방법이 가장 좋다고 생각하는 이유는 무엇인가요? • 이 모든 과정에서 혹 어려움이 생긴다면 어떤 어려움이 예상되나요? • 그 어려움은 어떻게 해결해볼 수 있을까요?
Will (변화 계획 수립)	• ○○ 님이 가장 우선 선택한 동기 강화 방법을 실천하기 위해, 제일 먼저 해야 할 것은 무엇인가요? • 언제부터 시작할 수 있을까요? • 그 방법을 시도하기 위한 구체적인 계획을 세워본다면 언제부터, 어떻게 계획을 세워볼 수 있을까요? • 이 과정에서 팀장인 제가 반드시 챙기고, 지원해야 할 부분은 무엇일까요?

유형 3.
일은 잘하는데 사사건건 문제를 일으키는 문제유발형

C-Player의 세 번째 유형은 문제유발형으로, 업무에 대한 동기도 있고 역량도 충분하지만 다른 팀원들과 함께 일하는 데 있어 결국은 팀의 성과를 떨어뜨리는 팀원입니다. 개인의 성과에만 초점을 두어 종종 간과될 수 있는 문제유발형 C-Player는 크게 다음 세 가지 유형으로 세분화할 수 있습니다.

> 1 독불장군형
> 2 독고다이형
> 3 불평불만형

문제유발형 1. 독불장군형

독불장군형 C-Player는 자기 방식만을 고집하는 팀원으로 주장이 강하고 공격적이며 자신의 주장이 수렴되지 않으면 협업을 이끌어내기 힘든 경향이 있습니다. 이러한 독불장군형의 행동은 팀장과 잦은 마찰로 인해 팀장의 심리적 에너지를 떨어뜨릴 뿐만 아니라 함께 일하는 다른 팀원들의 업무 동기와 사기를 떨어뜨리게 되고 결국은 팀워크를 해쳐 팀 성과를 떨어뜨리게 합니다.

이러한 독불장군형 C-Player의 관리 방안은 관찰, 분석, 피드백, 점검입니다.

관찰

관찰은 **C-Player 팀원의 행동 방식에 관한 객관적인 정보 수집의 과정**으로, 자기 방식만을 고집하는 팀원의 행동이 팀장과 팀원 간의 관계 문제인지, 다른 팀원들과의 관계에서도 동일하게 발생하는 것인지를 객관적으로 관찰하고 확인해봐야 합니다. 팀에서 자주 발생하는 독불장군형 팀원의 일방적인 자기주장이 특정 업무 분야에 국한된 것인지, 업무 전반에 관한 것인지도 좀 더 면밀하게 확인해봐야 합니다. 또한 독불장군형의 불편한 자기주장이 내용은 틀리지 않는데, 그것을 전달하는 방식의 문제로 상대의 마음을 불편하게 하고 상대를 방어적으로 만드는 것은 아닌지 등도 꼼꼼하게 살펴보아야 합니다.

이 과정에서 팀장만의 생각이 아니라, 다른 팀원들의 생각은 어떠한지, 팀원들은 이러한 상황을 어떻게 보고 있는지도 함께 살펴보기 바랍니다. 또한 독불장군형 C-Player는 이 상황을 어떻게 인식하고 있고 어떤 생각을 갖고 있는지 개별 미팅이나 팀 미팅 때 이에 관한 주제로 함께 이야기를 나눠보기 바랍니다.

분석

다음은 분석 단계로, **관찰 과정을 통해 수집된 정보를 토대로 현재의 상황을 분석 및 해석**하는 과정입니다. 현재 팀에서 일어나고 있는 일에 대해 서로 어떤 차이가 있는지를 명확하게 정의하는 것으로, 팀장이 생각하는 방식과 구성원이 생각하는 방식에 어떤 차이가 있는지, 팀원들 간의 생각과 입장, 방법의 차이가 있는지를 독불장군형 C-Player와 함께 좀 더 구체화하고 객관화하는 과정입니다. 그리고 이러한 차이가 업무에 미치는 영향과 팀에 미치는 영향에 대해서도 함께 이야기를 나눠 봅니다.

이때 팀장은 **팀원이 자신의 생각과 입장을 솔직하게 말할 수 있도록 신뢰 관계를 형성**하는 것이 무엇보다 중요합니다. 팀원과의 불편한 관계는 팀원의 마음을 더욱 닫아버리게 하고 방어적인 태도로 귀를 더 막아버릴 수 있습니다. 또한 자기주장을 합리화하는 데 온통 에너지를 쏟아부어 자신의 행동과 이것이 미치는 영향에 대해 객관적으로 인식하기 어려워질 수 있습니다.

이 과정의 궁극적인 목적은 독불장군형 팀원이 자신의 행동을 객관적으로 인식하고, 이것이 팀에 미치는 영향에 대해 인지하고 인정하게 함으로써 변화의 필요성, 즉 변화 동기를 갖도록 하는 것입니다.

피드백

객관적인 관찰을 통해 수집된 정보를 토대로 현재 상황에 대한 분석 및 해석이 진행되었다면 다음 과정은 피드백 과정입니다. 팀원이 일에 있어 스스로 중요하게 생각하는 것이 무엇인지, 이를 이루기 위해 이전과는 다른 방식으로 어떻게 일을 진행하면 좋을지를 팀원이 먼저 생각해볼 수 있도록 합니다.

사람은 누구나 자신의 제한된 생각과 경험에 근거하여 익숙한 방법으로 업무를 처리하곤 합니다. 팀장은 관찰해온 객관적인 사실에 근거해서 팀원의 업무 강점과 개발해야 할 점을 구체적으로 피드백해주고 이를 통해 **팀에서 다른 팀원들과 함께 좀 더 조화롭게 일할 수 있는 효과적인 업무 방식으로의 변화를 촉진**해야 합니다. 행동 변화를 위해 일방적으로 강요하기보다는 좀 더 효과적으로 상호작용할 수 있는 방법을 팀원 스스로 생각해보고 다양한 대안들 중 자신에게 최적의 방법을 선택할 수 있도록 해야 합니다.

점검

마지막은 점검의 과정입니다. 피드백 과정에서 제시된 새로운 행동 변화 계획에 대해 팀원이 잘 지키고 있는지, 그 과정에서 혹 어려운 점은 없는지를 **세심하게 살피고 조정해야 할 부분이 있다면 함께 협의를 통해 조율**하는 단계입니다. 이때 중요한 것은 팀원이 새로운 방식을 경험해볼 수 있도록 지원하고 격려하는 것으로, 이를 통해 팀원의 동기를 떨어뜨리지 않으면서 자신이 가지고 있는 업무 역량을 충분히 발휘할 수 있도록 지원하는 것입니다.

과정을 진행하는 데 있어 **리더가 특히 주의해야 할 것은 감정적으로 대응하지 않는 것**입니다. 물론 감정을 솔직히 이야기해야 하지만 감정적 대응을 통해 관계의 갈등으로 넘어가지 않도록 주의해야 합니다. 자기주장만 하는 팀원과 협력 관계를 구축하는 것은 쉬운 일이 아닙니다. 이를 방치한다면 다른 팀원의 사기를 떨어뜨리고 결국 개인과 팀 성과에 모두 악영향을 미칠 수 있습니다. 하지만 이를 해결하기 위한 강압적인 접근은 독불장군형 C-Player의 업무 동기를 떨어뜨리고 팀 분위기를 더 악화시킬 수 있으므로 또 다른 팀 손실을 초래하게 됩니다.

문제유발형 2. 독고다이형

자기 일만 하는 독고다이형은 자신이 맡은 일은 잘 해내기 때문에 조직에서 크게 문제가 될 것이 없다고 생각할 수도 있지만 **팀원들이 함께 해야 하는 업무나 공유해야 하는 업무에서 협업이 되지 않아 팀의 위험 요소**가 될 수 있습니다. 따라서 팀장이라면 이를 정확하게 인지하고 위험 요소를 미리 예방하고 제거할 수 있어야 합니다.

독고다이형 팀원도 관찰, 분석, 피드백, 점검을 통해 행동 변화를 촉진할 수 있습니다. 독불장군형과 마찬가지로 이들을 변화시키기 위해 가장 중요한 것은 객관적인 행동 관찰로, 왜 자기 일만 하고 다른 팀원 또는 업무에 대해서는 관심이 없는지, 다양한 정보 수집을 통해 그 원인을 정확하게 파악해야 합니다. 팀원에 대한 정보로는 이전에 함께 일했던 상사나 동료의 직접적인 피드백 자료, 다면평가 결과 또는 교육에서의 심리평가 결과 등을 활용할 수 있습니다.

이전에는 안 그랬는데, 특정 계기로 인해 업무 태도가 달라졌다면 동기부족형 C-Player로 분류될 수 있습니다. 그런데 **이전에도 팀원들과**

적극적으로 상호작용하며 협력 관계를 형성하기보다는 독립적으로 수행하고자 했다면, 이는 개인의 성격 또는 업무 성향 때문일 수 있습니다. 팀원의 행동 원인을 정확하게 파악하기 위해 개별 면담을 통해 팀원은 이 상황을 어떻게 인지하고 있는지, 팀장이 모르고 있었던 상황은 없는지, 팀원이 스스로 생각하는 원인은 무엇인지 등을 탐색해볼 수 있습니다.

팀원의 관련 정보를 확인하고 행동 관찰을 통해 왜 이러한 행동을 하는지 원인을 파악했다면 다음 과정은 **팀원의 행동이 개인과 팀에 어떤 영향을 미치는지 현재 상황에 대한 분석**이 필요합니다.

직급이 낮을 때에는 자신에게 맡겨진 업무만이라도 성실하게 잘 수행해내면 되지만 직급이 올라갈수록 팀은 혼자서 수행해야 하는 업무보다는 다른 팀원들과 함께해야 하는 업무가 점점 더 많아집니다. 따라서 업무 성과가 아무리 뛰어나도 대인관계 역량이 부족하면 팀원들과 함께 유기적으로 협력하여 업무를 수행하는 데 어려움을 겪게 됩니다. 그리고 팀원이 자신의 역량을 팀 내에서 발휘하는 데 한계를 갖게 합니다. 뿐만 아니라 팀이 한 방향으로 나아가는 데 있어 함께 공유하고 협력해야 하는 부분에서 구멍이 생기게 되어 팀의 목표를 달성하는 데 위험 요인이 될 수 있습니다.

팀장은 독고다이형 팀원이 다른 팀원들과 유기적으로 협력하고 공유하지 않음으로 인해 발생한 최근 사례에 대해 이것이 개인과 팀의 업무 성과에 어떤 영향을 미치는지 구체적으로 피드백해주어야 합니다. **피드백은 조직의 리더로서 팀원의 대인관계 역량의 중요성을 강조하고**

팀원들과 함께 유기적으로 협력하여 더 큰 성과와 성장을 촉진해야 하는 팀장의 중요한 역할입니다.

때로 팀원 간의 과도한 경쟁으로 자신이 맡은 일만 잘하면 되고, 평가권이 있는 상사의 지시만 따르면 된다고 생각하는 팀원이 있을 수 있습니다. 이러한 팀원들을 방치하게 되면 조직에서는 내가 맡은 일만 잘하면 된다는 개인주의적 팀원이 많아져 결국은 팀으로서의 의미가 무색해집니다. 따라서 팀장은 팀원들을 이끌어가는 데 있어 팀의 미션과 비전을 명확히 하고 개인의 성과평가에 있어 팀의 기여도 평가를 함께 반영함으로써 개인의 성과가 곧 팀의 성과로 연결될 수 있도록 해야 합니다.

문제유발형 3. 불평불만형

습관적으로 No를 하는 불평불만형은 매사 부정적이고 반대를 일삼는 팀원으로, **부정적인 이들의 태도는 함께하는 팀장뿐만 아니라 다른 팀원들의 감정 에너지와 업무 동기까지 떨어뜨리곤 합니다.** 해보지도 않고 안 된다고 하는 불평불만형 C-Player에 대해 많은 팀장은 그 시간에 뭐라도 해보면 좋을 텐데 하는 답답함을 경험하게 됩니다. 그리고 이들을 설득하는 것이 힘들어 때로는 다른 팀원에게 업무를 맡기기도 합니다.

불평불만형 팀원의 관리 역시 관찰, 분석, 피드백, 점검의 프로세스에 따라 진행해보기 바랍니다. 팀원의 행동을 좀 더 객관적으로 관찰하고 해당 팀원이 다른 팀원들에게도 비슷한 반응을 하는지, 이전의 팀에서도 그러했는지, 주로 어떤 사안이나 상황에서 문제적 행동을 하는지 등 관련 정보들을 탐색해보기 바랍니다. 이런 태도의 원인이 업무 스타일의 문제일 수도 있지만 팀장과의 관계에서 감정적 갈등으로 인해 발생한 것은 아닌지 점검해보기 바랍니다.

팀원이 습관적으로 No를 하는 **원인을 분석하기 위해서는 우선 팀원과의 관계를 먼저 점검하고 자신의 감정을 솔직하게 이야기할 수 있도록 분위기를 조성해보기 바랍니다.** 때로는 자신의 행동을 객관적으로 보지 못하거나 이러한 행동의 원인이 되는 관계 갈등을 인식하지 못할 수도 있습니다. 분석의 과정에서는 팀원의 행동 원인을 파악하기 위해 관찰한 객관적인 행동을 팀원에게 있는 그대로 보여주고, 그 행동의 뿌리가 되는 원인이 무엇인지를 함께 탐색해보아야 합니다.

이때 최근 실제 상황에서 팀원이 어떤 말과 행동을 했는지, 그것이 팀에 어떤 영향을 미쳤는지 사실적으로 알려주는 것이 필요합니다. 이는 팀원이 자신의 행동을 객관적으로 살펴볼 수 있도록 거울을 비춰주는 것과 같습니다. 따라서 평가나 판단의 말을 배제하고 있는 그대로의 사실, 즉 팀원이 실제로 했던 행동과 말에 초점을 두고 말해주어야 합니다. 팀원의 행동이 팀과 업무에 어떤 영향을 미칠 수 있는지에 대해서도 사실적인 정보를 토대로 함께 이야기를 나눠보기 바랍니다. 팀장의 솔직한 감정 표현과 태도는 팀원으로 하여금 방어적이지 않고 자신의 마음을 편안하게 들여다볼 수 있도록 해줍니다.

불평불만형 팀원에 대한 팀장들의 다양한 반응을 살펴보면 다음과 같습니다.

· 어떻게든 일이 진행되도록 하기 위해 팀원을 설득하거나 사정하기
· 강하게 밀어붙이기
· 이들의 반응을 외면하거나 무시하기
· 논리적으로 반박하여 팀원의 생각이 잘못되었음을 깨닫게 하기

여러분은 불평불만형 팀원에 대해 주로 어떻게 대응했나요? 그 방법이 효과적이었나요? 팀원의 반응을 무시하고 무조건 밀어붙이거나 반대 이유에 대해 문제점을 하나하나 따져 논박하는 것은 일시적으로 팀원의 반대행동을 멈출 수는 있어도 근본적인 해결책은 되지 않는다는 것을 이미 알고 있을 것입니다. 오히려 팀원의 마음을 더욱 굳게 닫아버리는 위험을 초래할 수 있습니다.

습관적으로 No라고 말하는 팀원에게는 **No의 이유나 근거가 아니라 No를 표현하는 그의 마음을 이해하고 그 마음을 적절하게 표현할 수 있도록 도와주어야 합니다.** 팀원의 의견을 무조건 부정하거나 팀원의 이런 태도를 부정적으로 보지 않도록 노력해야 합니다.

팀장으로서 내가 하는 모든 행동의 원인은 팀원의 행동 그 자체 때문이 아니라, 팀원의 행동에 대한 나의 감정 또는 판단이나 해석이 나의 행동의 원인이 됩니다. 따라서 팀원의 행동을 부정적으로 인식하면 그의 입장을 이해해줄 마음이 생기지 않고 오히려 그 행동에 대한 부정적

인 감정과 판단을 촉진할 수 있습니다.

　팀의 성과를 저해하는 **불평불만형 C-Player의 성장을 위해 팀원의 의견에서 그의 좋은 의도를 찾아보기 바랍니다.** 안 된다고 했다가 잘 수행한 경험을 구체적인 예로 제시하면서 어려운 상황임에도 불구하고 잘 진행하기 위해 무엇이 필요한지를 생각해볼 수 있도록 질문해주기 바랍니다. 감정적 반응에 감정적으로 대응하지 않고 우리 팀의 C-Player가 팀에서 자신의 강점을 발휘하고 팀의 성과에 기여할 수 있도록 하기 위해 스스로 할 수 있는 것은 무엇인지에 초점을 맞추기 바랍니다.

나아가는 힘, 자기 자신

01

자기 이해^{Self-understanding:}
나는 당신과 다른 사람입니다

"숙고하고 실천하려는 리더는 자신을 아는 사람이다.

자기 인식은 리더십 존재감의 초석이 된다."

–존 발도니John Baldoni

자기 확신의 함정에 빠졌을 때

Interview Question 1) '자기 확신의 함정에 빠졌을 때', 이 문구를 들었
을 때 생각나는 사건이나 의견이 있으신가요?

> 인사팀장 사실, 예전에 자기 확신이 너무 약할 때는 회사에서 일을 하
> 면서 그것 때문에 속도가 안 난다거나 구성원들이 방향이 불명확하다
> 고 이야기하지 않을까 약간 이런 걱정을 했던 것 같아요. 그런데 그때

당시에는 진짜 그게 맞다고 생각했던 것 같아요. 지금 자기 확신의 함정이라는 말을 듣고 보니 무슨 일이든 솔루션을 찾을 때 그게 유일한 해답만 있는 게 아니라는 걸 지금은 알겠어요.

나보다 나를 잘 아는 사람이 있을까요? 만약 '없다'라고 대답했다면, 정답입니다. 왜냐하면 스스로의 내면을 가장 정직하게 관찰할 수 있는 사람은 바로 자신이기 때문입니다. 한편, 나보다 나를 잘 아는 사람이 '있다'라고 대답했다면, 그 또한 정답입니다. 나는 의식하지 못했지만 타인은 잘 알고 있는 영역이 분명히 존재하기 때문입니다. 조셉 러프트 Joseph Luft와 해리 잉햄Harry Inham이 소개하는 '조하리의 창'에서는 자신은 모르지만 타인은 자신에 대해 알고 있는 영역을 보이지 않는 창Blind이라고 했습니다. 보이지 않는 창을 열면, 우리는 무엇을 볼 수 있을까요?

우리는 한 번쯤 타인으로부터 생각해보지 못한 나의 모습에 대해 들어본 경험이 있을 것입니다. 이렇게 우리는 종종 특정한 모습으로 묘사될 때가 있습니다. 왜냐하면 우리가 상황에 따라, 감정에 따라 각기 다른 모습을 보일 수 있기 때문입니다. 심지어 스스로 생각할 때는 타인의 평가에 동의하지 못하더라도 말입니다.

그렇다면 누군가 내가 바라보는 나와 다른 시선으로 나를 설명하고 있다면 그것은 내가 아닐까요? 남들은 다 아는데 정작 자신만 모르고 있을 때, 우리는 자기 확신의 함정에 빠져 있지는 않은지 살펴봐야 합니다. 타인의 피드백에 동의하지 못하고 저항감이 생길 때 자기 확신은 더욱 확고해집니다. 그런데 때로는 타인이 묘사하는 나의 모습이 나 자신을 더 정확하게 바라보는 것일 수 있습니다. 나를 이해하는 타인의 눈, 그 눈으로 조명한 나는 어떤 모습일까요? 자신에 대해 새롭게 발견할 수 있다면 개선과 발전을 위한 노력도 시작할 수 있습니다.

다음은 MBTI 성격유형검사를 사용해 자신의 유형을 심층적으로 이해하는 과정에서 의식의 확장과 전환을 경험한 김 팀장의 사례입니다. 문제를 해결할 때 우리는 그 문제를 두고 고민합니다. 그러나 문제가 문제인 것은 쉽게 해결되지 않기 때문입니다. 이때 우리의 의식이 확장되면 문제를 바라보는 시각이 바뀌게 됩니다. 문제를 새로운 관점으로 접근할 수 있게 된다는 것입니다. 자기 이해를 높이는 과정에서 어떻게 타인에 대한 이해도 높일 수 있는지 사례를 통해서 확인해보기 바랍니다.

김 팀장 코칭 사례

코치 자가 진단 결과를 코칭 주제 '어떻게 하면 팀원들과 갈등을 줄이고 나의 의견을 좀 더 잘 전달할 수 있을까'와 관련지어 생각해본다면, 어떤 생각이 드십니까?

김 팀장 안 그래도 지금 여러 가지 생각을 하고 있었습니다. 우선 'ENTJ 유형은 타고난 지도자다'라는 프로파일의 설명이 마음에 듭니다. 왜냐하면 저는 분명 어떤 조직에서든지 비효율적으로 진행되는 문제를 바로잡거나 중요한 결정을 할 때 리더의 역할을 하는 데 주저함이 없습니다. 바로 지금 저의 모습을 한마디로 잘 설명한 것이죠.

그런데 업무를 처리하고 추진하는 데 상당한 능력이 있다고 자부하는 제가 팀원들과의 소통을 위해 무엇을 개선하면 좋을지를 생각해본 적이 없었다는 것을 깨달았습니다.

코치 아, 그런 통찰이 있었군요.

김 팀장 코치님이 통찰이라고 하시니까 드는 생각인데요. 제가 오늘 느낀 점들을 함께 일하는 사람들도 알았으면 좋겠다는 생각입니다.

코치 어떤 이유에서인가요?

김 팀장 오늘 코치님께서 설명해주신 내용을 바탕으로 나와 정반대의 선호… 뭐라고 하셨죠?

코치 선호지표 말씀이신가요?

김 팀장 제가 용어를 잘 모르니(웃음). 그러니까 제가 외향형인데 지금까지 내향형을 바라볼 때, 막연하게 답답하게 생각해왔다는 것을 알게 되었고요. 사고형과 감정형이 이렇게 큰 차이가 있었다는 것에 조금 놀랐습니다.

코치 어떤 차이점이 가장 인상 깊으셨나요?

김 팀장 그야… 제가 다른 사람과 대화할 때 주로 해결책을 제시하려고 하고, 아니면 해결책을 요구하는 타입이었다는 걸 새삼 깨닫게 됐습니다. 그런데 그 공감이라는 게 필요한 것 같기는 한데…. 그걸 내가 정말 잘 못하는 건가, 그걸 꼭 잘해야 하나 이런저런 생각이 듭니다. (잠시 생각에 잠긴 후) 그리고 저와 가장 소통이 안 된다고 생각했던 상대방으로부터 분석적이고 직설적인 제 말이 맞는 말인 것을 아는데도 잘 받아들여지지 않는다는 피드백을 받았던 일이 기억났습니다. 뭔가 해결책을 찾은 것 같기도 합니다.

코치 지금 떠오른 해결책이 있다면 무엇입니까?

김 팀장 팀원들과 원활한 소통을 위해 제가 먼저 개선할 수 있는 점이 무엇이 있는지 구체적으로 알아보는 것이고요. 가능하다면 함께 일하

7장 나아가는 힘, 자기 자신

303

는 사람들도 자신을 살펴볼 기회를 갖고 저와 같은 자각이 일어나면 서로에게 도움이 되지 않을까 하는 생각입니다. 너무 이상적인가요? (웃음)

코치 아주 좋은 방안입니다. MBTI 진단을 통해 나에 대한 이해가 높아지면 자연스럽게 상대방에 대한 이해도도 높아지게 마련이니까요.

김 팀장 맞습니다. 지금 제가 그렇지 않습니까? 그럼 지금부터는 실행 가능한 방안부터 찾아봤으면 좋겠습니다.

코치 좋습니다.

자기 확신의 함정에 빠지면서 우리가 겪는 가장 큰 문제는 시야가 좁아진다는 것입니다. 좁아진 시야를 가지고서는 주변을 살피기 어렵고, 앞서 말한 변화하는 환경에 올라타서 자유롭게 항해할 수 없습니다. 함정 속에서 볼 수 있는 하늘은 정해져 있기 때문입니다. 이것에서 벗어나려면 함정에서 탈출해야 합니다. 자력으로 탈출에 성공하면 가장 이상적이지만 필요하다면 조력자나 전문가의 도움을 받는 것도 좋습니다. 타인에게 비춰지는 우리의 모습이 스스로 생각하는 자신의 모습과 같지 않다면, 보이지 않는 창을 열어 다른 모습이 무엇인지 인지하고 우리의 변화와 성장을 도모해야 하는 것입니다.

피터 시스코, 일레인 비치, 조지 할렌베크가 지은 《COMPASS》에서는 리더의 자기 인식이 갖는 중요성에 대해 잘 설명하고 있습니다. 자기 인식은 잘 드러나지 않지만 매우 중요하다고 강조합니다. 《COMPASS》는 다른 사람들과 소통하며 방향을 제시하고 제시된 방향에 대해 조직과 자원을 정렬하며 몰입과 촉진에 기여하는 리더가 되기 위해서는 자기 자신에 대한 사람들의 생각이 어떤지 잘 알고 있어야 한다고 설명합니다. 그렇기 때문에 자기 인식은 자기 망상navel-gazing이 아니며 오히려 그 반대로, 자기 인식 속의 자기self는 다른 사람들이 정의하는 모습이라고 말합니다.˙ 따라서 자기 인식은 나와 타인에 대한 바른 이해에서 출발한 진정한 소통이 가능하게 도와줍니다.

Interview Question 1 '자기 확신의 함정에 빠졌을 때', 이 문구를 들었을 때, 생각나는 사건이나 의견이 있으신가요?

> 자신의 생각을 써보세요.
>
> ....
>
> ....

• 피터 시스코, 일레인 비치, 조지 할렌베크, COMPASS, PSI컨설팅 리더십센터 옮김, pp.19~20

내가 궁금합니다

Interview Question 2 동료나 팀원으로부터 당신이 생각하는 자신과는 다른 피드백을 받아본 경험이 있다면, 무엇인가요?

연구단 팀장 처음 팀장이 되었을 때는 음… 일단 기분이 많이 나빴죠. 내가 맞으니까 그걸 설득하려고 계속 이런저런 이야기를 많이 했어요. 어떻게든지 내 주장을 관철시키려고 논리적으로 계속해서 이야기를 했던 거죠. 그런데 지금은 일단은 다 들어보려고 노력합니다. 특히 대안을 가지고 발전적인 이야기를 한다면 가능하면 수용해보려고 합니다.

내가? 난 그렇게 생각하지 않는데

"대놓고 말하지 못했지만, 부하 직원들로부터 허심탄회하게 들은 몇 마디 말에 나는 오늘 마음이 편하지 않았다. 평소에 화를 좀 덜 내면 좋겠다는 이야기였다. '내가? 언제? 난 그냥 말을 했을 뿐인데….' 화를 낸 것은 아니었다. 아니, 사실 화가 나 있지도 않았다. 나는 화를 낸 것이 아니라고 열심히 설명해주었지만, 부하 직원들의 반응을 보니 내 말이 변명처럼 느껴졌다. 어디서부터 잘못된 것일까? 오래 생각해보았지만 뾰족한 해결 방법은 떠오르지 않고, 불편한 감정의 소용돌이도 쉽게 가라앉지 않는 것을 느꼈다. 그냥 이런 감정도 오늘의 짧은 대화도 무시하고 지나가고 싶은 마음이 든다."

이 사례는 한 조직을 이끄는 박 팀장이 코칭 세션 중에 나눈 이야기입니다. 현재 그는 어떤 어려움 속에 있는 것일까요? 부정적인 피드백을 받아서일까요? 마음이 상해서일까요? 본인의 설명을 부하 직원들이 받아들여주지 않아서일까요? **그의 마음을 가장 어렵게 만든 것은 다름이 아닌 '동의'에 있었습니다.** 부하 직원의 피드백에 동의할 수 없는 그의 내심, 그것을 알게 되었기 때문입니다. 동의가 안 되는데 동의하려니 죽을 노릇이었겠죠. 그리고 지금 그의 마음에는 그동안 애쓰며 잘해줬던 부분에 대해서 인정은커녕 기억하지도 못하는 것 같다는 섭섭함과 속상함이 가득합니다.

박 팀장은 나름 자신 있었습니다. 완벽하지는 않아도 팀의 화합과 모두의 발전을 위해 노력해왔다고 생각했습니다. 특히 어려운 프로젝트를 성사시키면서 함께한 지금 팀원들에 대한 애정은 더욱 각별했습니다. 그런데 그런 그에게 화를 줄여달라는 요청은 인정하기 싫지만 상처가 된 것입니다. 갑자기 그는 진짜로 화가 치밀어오르는 것을 느꼈습니다. 그는 분노하고 있었던 것입니다. 코칭은 현재 그의 감정을 공감하는 데서 시작됐습니다. 그의 이야기를 경청하며 마음을 계속 읽어주고, 그의 말에 진심으로 반응해주자 그는 점점 평정심을 찾아갔습니다.

박 팀장 코칭 사례

코치 혹시 팀원들이 그렇게 피드백을 할 만한 이유가 있었을까요?

팀장 글쎄요… 목소리가 커서일까요?

코치 아, 그럴 수도 있겠군요.

팀장 아니면, 말이 직설적이어서, 아니면 너무 솔직해서? 그것도 아니면 단어 선택을 잘못 했나….

그는 점차 자신만의 시선에서 벗어나 팀원들의 시선, **타인의 시선에서 생각할 수 있는 여유를 찾아갔습니다.** 그리고 말을 이어 나갔습니다.

"성향이 다르면, 오해했을 수도 있겠다는 생각이 드는데요. 내 진심이 잘 전달되지 못했을 것이라는 추측도 하게 됩니다."

그런데 잠시 생각하던 박 팀장은 문득 그날의 일이 다시 떠올랐는지 "아니, 내가 어때서? 나 같은 팀장도 없지 않나요? 사람이 완벽할 수는 없는 건데… 그것 참!" 아직은 여전히 내면에서 불편함이 올라오고 있었습니다.

당신은 내면에 자리한 불편함을 감지했을 때, 주로 어떻게 대처하시나요? 어떤 사람들은 그런 불편함을 진지하게 생각하지 않거나 혹은 애써 외면하면서 덮어둡니다. 그러나 자신의 불편한 감정을 살피며 무엇 때문인지 궁금해하는 사람들도 있습니다. 박 팀장의 경우 어떻게 하는 것이 본인의 성장과 관계의 개선, 더 나아가 조직의 발전에 도움이 될까요? 이 문제를 해결하기 위해서는 무엇보다 전향적이고 적극적인 자세가 필요합니다.

지금 그 자리에서 시작하자

'내가 어때서?'라고 생각했다면, 그 지점에서 시작해보기를 권합니다. 어디가 어떻다는 말인지 적어보고 우선 그 요소가 긍정적으로 작용할 때 우리의 강점이 된다는 것을 기억하는 것입니다. 예를 들어 박 팀장은 자신감 있고, 활기차고, 솔직합니다. 추진력을 가지고 팀을 이끌어가는 탁월한 역량으로 평가받았습니다. 그의 이런 강점은 조직에서 성과를 내고 업무적으로 인정을 받는 데 큰 역할을 해왔습니다. 그는 우선 자신의 강점을 명확히 알고 어떻게 강점이 긍정적으로 활용되었는지 인식해야 합니다. 그래야 그는 그 자리에서 시작해서 더 멋진 팀장으로 성장할 수 있습니다.

그런데 팀원과의 개인적인 관계 속에서는 환영받지 못한 부분이 있었습니다. 그의 넘치는 자신감은 때로는 팀원의 부족함을 지적하는 도구가 되었고, 솔직함이 지나칠 때에는 맥락적 소통을 방해해 팀원들에게 상처를 주기도 했습니다. 그리고 이따금 그의 활기참과 추진력이 열정으로 포장되어 상대적으로 그에 미치지 못하는 사람들에게는 열정이 부족하다는 낙인이 붙기도 했습니다. 코칭을 통해 그는 자신의 강점이 오히려 관계의 독이 되는 부분이 있었다는 사실에 대해 생각하게 되었습니다.

'내가 어때서'는 어떤 면에서 좋은 출발점이라고 봅니다. 내가 어떤지 자문하거나 질문을 받았을 때 답을 할 수 있는 준비가 되기 때문입니다. 내가 어떤 모습인지 명확히 볼 수 있도록 인식의 차원으로 초대할 수 있습니다. 만약 전문코치의 도움을 받는다면, 자세히 그리고 깊은 곳에서부터 촘촘하게 귀한 보물을 캐낼 수 있을 것입니다. "당신은 어떤 사람입니까?"라는 질문에 '내가 어때서'라고 말할 때, 당신은 어떻다는 말인가요? 만족스럽다는 것일까요, 마음에 든다는 것일까요? 아니면 이 정도면 됐다는 것일까요, 이대로 살겠다는 의미일까요?

좋은 출발점이라고 한 것은 스스로를 낮게 여기고, 못났다고 생각하는 것보다는 현재의 나를 나쁘지 않다고 생각하는 지점에서 출발하자는 뜻입니다. 그런데 어디를 향해 출발할 것인지 방향성이 명확해야 성장에 도움이 됩니다. 그 목적지가 더 나은 내가 되는 방향에 있다면 우선은 성공입니다.

지금 그 자리에서 출발하면 자기 이해를 높이는 데 많은 도움이 됩니다. 자기 이해가 높아지면 스스로에 의해 동기부여가 되고, 내가 나로 존재하는 아름다운 이유를 찾기 시작합니다. 스스로에 의해 동기가 부여된 사람은 자신의 삶에 있어서 보다 본질적인 목표를 찾으려고 하고, 그 목표를 달성하기 위해 자신에게 맞는 자신만의 실행법 또는 학습법을 적용할 수 있습니다. 이런 과정은 일반적으로 타인을 바라볼 때도 동일하게 적용됩니다. 타인도 존재 자체로서 바라보며 그들이 존재하는 아름다운 이유에 관심을 갖는 것입니다.

만족하는 것은 아니었다

"사람은 변하지 않아요, 변하는 척은 할 수도 있겠네요." 5명 정도를 이끄는 한 조직의 송 팀장이 이야기를 시작했다. 그의 말은 자신을 포함하여 모든 사람을 지칭하는 것이었다. 사람은 변하지 않기 때문에 너무 노력할 필요도 없다는 그는 오늘도 일상에서 일어나는 일을 담담하게 받아들이며 살아가고 있다. "그래서… 현재 생활에 만족하시나요?" 코치가 물었다. "만족이라, 굳이 말하자면 불만족이죠. 하지만 별 수 있나요. 남들처럼 사는 거죠."

지금 내가 하고 있는 생각은 나의 행동에 어떤 영향을 미칠까요? 내 마음속 수많은 감정은 관계와 일에 어떤 영향을 미칠까요? 송팀장은 스스로가 완전하다고 생각하는 것은 아닙니다. 또한 자신이 한계가 없다고 우기고 싶은 마음이 있는 것도 아닙니다. 그런데도 문제가 있다고 생각하려니 큰 저항감을 느끼는 것입니다. 문제점을 찾으려는 것이 아닙니다. 현재의 나를 좀 더 정확히 분별하려고 하는 것입니다. 잘 분별하면 선택의 순간에, 특히 관계 속에서 지혜롭게 행동할 수 있습니다. 다른 사람을 바꾸는 일은 어렵지만, 내가 변화하는 것은 상대적으로 쉽습니다. 다만, 나를 이해하는 지식이 쌓여야 합니다. 스스로를 바르게 분별해야 합니다.

자기 인식이 부족한 리더가 어떤 이유로 실수를 하거나 기회를 놓치게 되는지에 대해 《COMPASS》에서는 자기 인식이 부족한 리더는 다른 사람들이 자신의 행동을 어떻게 받아들이고 있는지에 대한 판단을 왜곡시킨다고 합니다. 다른 사람들에게 영향을 끼치고 생산적인 결과를 도출하는 협력관계를 세우고 유지하기 위해서는 자신의 행동을 조정하는 대처 능력이 매우 중요한데, 이러한 왜곡 때문에 자신 앞에 놓인 사람들과 상황에 대한 대처 능력이 제한될 수 있습니다. 나의 말과 행동의 긍정적, 부정적 영향을 인식하지 못한다면, 나와 나의 업무 능력의 평가에 대한 사람들의 진짜 생각을 알게 될 때 충격을 받을 수 있습니다. 그 결과로 다른 사람들에 대한 혼란과 좌절감을 느끼고 결국 실수하거나 기회를 놓치게 된다고 말합니다.

만족감은 어디에서 오는 것일까요? 특히 스스로에 대한 만족감은 과연 느낄 수 있을까요? 남들처럼 산다는 송 팀장은 과연 행복한 리더일까요? 우리는 어떤 일과 현상에 대한 깨달음이 있을 때 벅찬 희열을 느껴본 경험이 있을 것입니다. 그것은 의식의 차원이 한 단계 올라가는 것을 느꼈기 때문입니다. 그런 깨달음은 우리의 시야를 넓히고 밝혀주어 굴절되거나 왜곡되지 않도록 도와줍니다. 아는 만큼 볼 수 있다는 말이 실감나는 순간입니다. 송 팀장이 스스로 변화할 수 있는 중요한 변곡점을 찾을 수만 있다면 송 팀장이 현재 가지고 있는 신념의 패턴에 변화가 생길 것입니다. 그리고 긍정적으로 변화된 신념의 패턴은 반드시 관계의 패턴에 긍정적인 영향을 주게 됩니다.

Interview Question 2 동료나 팀원으로부터 당신이 생각하는 자신과는 다른 피드백을 받아본 경험이 있다면, 무엇인가요?

자신의 생각을 써보세요.

....

....

나를 배워갑니다

자기 인식 지수가 높으면 어떤 유익이 있을까요?

건설사 팀장 자기 인식 지수가 높으면, 특히 대인관계에서 안전감이 있을 것 같아요. 다른 사람이 나를 어떻게 생각할까 고민하기보다 나의 행동과 말이 어떻게 전달될지 먼저 생각하기 때문인데요. 그런데 참 이상적인 상황이 아닐까 그런 생각도 들고, 나만 자기 인식 수준이 높다고 해서 얼마나 유익이 있을까 회의적이기도 합니다. 물론 팀원들 모두 그런 방향으로 나아가면 좋겠지만…. 그래도 자기 인식 지수가 낮은 것보다는 높은 것이 더 유익하겠네요. 팀장으로서 팀을 이끄는 입장에서는 제가 상황에 따라 보이는 반응의 이유를 스스로 잘 알수록 팀 내에 일관된 메시지를 전달할 수 있고, 아무래도 말이나 업무에서 실수를 줄일 수 있을 것 같습니다.

자기 인식을 높이는 4가지 방법

[표 7-1] 통찰을 위한 객관화 과정

1. 내가 나를 객관화	2. 내가 타인을 객관화
3. 타인의 시선에서 나를 객관화	4. 관련된 환경과 상황을 객관화

무엇이 우리로 하여금 다른 관점을 갖도록 만들까요? 만약, 누군가 내면에서 충돌하는 생각 때문에 앞으로 나아가지 못하고 있다면 어떻게 그것을 자각할 수 있을까요?

나를 바라보는 힘을 기르고 더 나아가 제3자의 입장에서 자신을 바라볼 수 있는 통찰력을 키우면, 스스로를 판단하는 능력, 즉 '메타인지'가 높아지게 됩니다. 자기 인식 지수가 높아진다는 것은 이 메타인지가 강화된다는 것을 의미합니다. 그렇다면 자기 인식 지수는 어떻게 높일 수 있을까요?

아인슈타인은 매번 똑같은 행동을 반복하면서 다른 결과를 기대하는 것은 미친 짓이라고 했습니다. 다른 결과를 얻고 싶다면 다른 선택을 해야 한다는 말입니다. 코칭을 받는 고객들은 각자 도달하고 싶은 다양한 목표를 가지고 있습니다. **자기 인식을 높이는 네 가지 방법**에서는 목표를 이루기 위해 가장 먼저 시작해야 하는 **'자기 이해를 기반으로 한 객관화'**의 중요성과 방법론에 관해 안내해드리겠습니다. 더불어 자기 인식 지수를 높이는 자기 발견 코칭의 과정을 알려드리고 혼자서도 코칭의 효과를 높일 수 있는 방법을 소개하려고 합니다.

한 여성이 있었습니다. 결혼 적령기의 여성은 "코치님, 결혼을 하고 싶은데 어떻게 해야 할까요?"라고 말했습니다. 그런데 몇 마디 주고받던 중에 그 여성이 이런 말을 하는 겁니다. "남자는 다 늑대예요. 다들 그렇게 생각하지 않나요?" 그래서 제가 질문했습니다. "그럼, 고객님은 누구와 결혼하려고 합니까?"

이것은 수많은 사례 중에서 매우 간단한 에피소드입니다. 이렇게 우리는 한 발짝만 뒤로 물러서면 보이는 자기모순을 잘 발견하지 못해서 다음 과정으로 나아가지 못하는 경우를 종종 겪습니다. 자기모순을 발견하는 것, 이것이 바로 자기 인식 지수를 높이는 첫걸음입니다. 그리고 이런 첫걸음을 떼는 데 유용한 방법이 바로 객관화입니다.

무엇인가를 객관화한다는 건 관련된 상황을 제3자의 시각에서 바라보는 것을 말합니다. 현재 처한 어려움이 어떤 것이든 코칭을 통해 객관화 작업을 잘하게 되면 **첫째, 나의 욕구, 동기, 성향, 관계, 상황 등을 객관적인 언어로 정리할 수 있습니다. 둘째, 스스로에 대해 잘못 그리고 있던 이미지를 깨달을 수 있습니다. 셋째, 다양성에 대한 이해가 높아져 문제를 바라보는 시선에 유연함을 줄 수 있습니다. 넷째, 이슈 너머에 있는 근원적인 원인을 찾아 본질적 접근을 가능하게 합니다. 다섯째, 객관화 작업이 잘될수록 통찰력이 높아져 생각하지 못했던 새로운 문제 해결 방안을 찾게 됩니다.** 이렇게 객관화 작업은 문제 해결력을 높일 수 있는 아이디어를 얻을 수 있기 때문에 코칭에서 매우 중요한 과정입니다. 통찰을 얻을 수 있도록 하는 객관화 과정은 문제를 바라보는 방향에 따라 네 가지 단계를 밟습니다.

객관화 과정 1단계는 내가 나를 객관화하는 단계입니다. 이것은 자신을 마치 타인을 바라보듯 탐색하는 과정입니다. 지금까지 스스로를 규정지었던 이미지를 내려놓고 '내가 그렇구나' '내가 이런 모습이었구나' '나는 다른 사람들과 다른 존재였구나' '내가 틀릴 수도 있겠구나' 등을 깨달아갑니다.

자기 분석을 통해 자신이 직관형인 것을 알게 된 사람에게 "직관형인 것을 알고 무엇을 생각하셨나요?"라고 물었더니 지금까지 본인은 스스로를 부주의한 사람이라고 생각하고 있었다고 했습니다. 왜냐하면 그런 피드백을 많이 받아왔기 때문이었습니다. 개선하고 싶었지만 부정적인 피드백에 반응하며 세세한 것을 놓치지 않으려고 노력하는 것은 정말 어려웠다는 겁니다. 하지만 자신의 성향이 자세하게 차근차근 하나씩 정보를 수집하는 감각형과는 다르게 나타난다는 것을 인지한 상태에서, 필요한 것을 개발하고 개선하는 것은 시도할 수 있을 것 같다고 말했습니다. 이렇게 내가 나를 객관화하는 단계는 "나는 나를 잘 알고 있을까?" "내가 바라보는 나는 내가 맞을까?"에 대한 물음에서 시작하게 되는 것입니다.

객관화 과정 2단계는 내가 타인을 객관화하는 것입니다. 내가 나를 객관화하는 첫 번째 단계를 잘 지나가면 타인을 객관적으로 보는 힘이 생기기 시작합니다. 객관적으로 바라보는 힘이 생겼다는 것은 그만큼 여유가 생겼다는 것을 의미하기도 합니다. 그래서 감정적으로 대응하던 마음이 차분해지고 그럴 수도 있겠다는 의식의 전환이 발생합니다.

코칭을 통해서 자신에 대한 이해가 높아진 분에게 "자기 이해가 높아지면서 새롭게 발견한 것이 있나요?"라고 물었습니다. 그러자 자신에 대한 이해가 높아지니 그만큼 있는 모습 그대로의 자신을 수용하는 여유가 생겼다고 하면서 그동안 종종 갈등이 있었던 팀 내 구성원을 생각하게 되었다고 했습니다. 상황은 변한 것이 하나도 없는데 타인과 본인이 많은 부분에서 달랐다는 사실을 인지하게 되고, 그 과정에서 타인을 바라보는 자신의 시선이 관대해지고 여유로워진 것을 분명히 깨달았다라고 했습니다.

객관화 과정 3단계는 타인의 시선에서 나를 객관화 하는 과정을 통해서 얻는 성찰의 단계입니다. 타인의 시선에서 나를 객관화하는 코칭의 과정을 진행하면 여러 각도에서 조명된 모습들을 인지할 수 있습니다. 예를 들어 '그 사람은 나를 오해할 수도 있었겠구나' '내가 굳이 그렇게 반응할 필요가 없었구나' 등과 같이 다른 사람들이 내가 나를 인식하는 것과는 다르게 나를 인식할 수도 있었다는 걸 알게 되는 것만으로도 관계의 패턴에 변화를 줄 수 있습니다. 사람들은 모두 각자 자신의 고유한 성향과 특징을 가지고 있고, 처한 상황도 다를 수 있다는 것을 받아들이게 되는 것입니다. 다른 것은 틀린 것이 아니라는 인식만으로도 관계의 지혜를 얻을 수 있습니다. 타인의 시선에서 나를 객관화할 때 "그 사람도 나를 그렇게 생각할까?"라는 질문에서 시작하는 것이 좋습니다. 보이지 않는 것들이 보이기 시작할 것입니다.

객관화 과정 4단계는 주제와 관련된 환경과 상황을 객관화하는 것입니다. 앞의 3단계 과정을 밟아오다 보면 자연스럽게 이 단계에 도달할 수 있습니다. 이 단계는 현재 상황을 점검하고 감정과 사실을 분리하기 위해 필요합니다. 환경과 상황을 객관화하기 위해서는 우선 사실을 잘 분별할 수 있도록 해주는 질문이 중요합니다. 감정을 배제한 상태에서 있는 그대로의 상황을 인식할 수 있도록 질문하는 것입니다. 예를 들어 직장 내 상황에 대해서 자신의 위치에서 할 수 있는 것과 없는 것 또는 도움을 받아야 하는 것을 구분하는 등 다방면에서 접근할 수 있는 질문을 던지는 것입니다. 만약 처음부터 문제를 둘러싼 상황을 객관화하려고 하면 우리 내면에서 큰 저항이 일어나는 경우를 종종 봅니다. 그러므로 앞서 언급한 객관화 과정 1~3단계를 진행한 후에 환경과 상황을 살펴보는 것이 좋습니다.

이렇게 객관화 과정의 네 가지 단계는 내가 **나를 객관화하는 단계, 내가 타인을 객관화하는 단계, 타인의 시선에서 나를 객관화하는 과정을 통해서 얻는 성찰의 단계, 주제와 관련된 환경과 상황을 객관화하는 단계**를 통해 자기 이해를 높이는 작업입니다. 전문적으로 훈련된 코치의 도움을 받아 코칭을 받게 되면 나와 타인 그리고 상황을 객관적인 시각에서 이해하도록 도움을 받을 수 있습니다. 객관화 과정은 의식을 확장하고 전환할 수 있도록 설계되었기 때문입니다. 코치는 필요에 따라 다양한 자기 분석 도구를 사용하거나 관점을 바꿀 수 있는 질문 또는 활동을 함으로써 고객 스스로 통찰을 얻을 수 있도록 돕습니다.

그렇다면 이런 객관화 과정을 혼자서 하는 방법은 없을까요? 그것은 바로 스스로에게 질문하는 습관을 기르는 것입니다. 자신에 대해 스스로 질문하고 나와 다른 타인에 대해서도 자문해보는 것입니다. 스스로에게 질문하는 습관은 우리에게 많은 유익을 줍니다.

첫째, 생각과 마음을 정리할 수 있습니다. 둘째, 의식의 확장과 전환이 이루어집니다. 셋째, 생각하지 못했던 아이디어를 얻을 수 있습니다. 넷째, 나의 성장과 발전을 돕습니다. 객관화 과정의 네 가지 단계를 밟을 수 있는 질문을 던지면 통제가 가능한 것과 불가능한 것을 구분할 수 있고, 경직된 패턴을 깨게 되어 문제를 바라보는 시각을 달리 할 수 있습니다.

Interview Question 3 자기 인식 지수가 높으면 어떤 유익이 있을까요?

자신의 생각을 써보세요.

....

....

수용Embracement:
나 자신을 포용합니다

"리더는 방어적 태도를 버리고 피드백을 듣고자 요청해야 하며
변화하기 위해 스스로를 훈련해야 한다."

−데이브 얼리치Dave Ulrich, 제시카 존슨Jessica K. Johnson

나 자신을 포용합니다

이 땅에 오면서 자신의 삶을 미리 계획한 사람은 아무도 없습니다. 우리는 우리를 선택할 수 없었습니다. 우리의 시작은 선택하지 않은 모든 것 위에서 비롯되었다고 할 수 있습니다. 시간이 갈수록 낯선 풍경은 점점 익숙해지고 몸도 마음도 적응하며 여기까지 왔을 것입니다. 그런 하루하루가 쌓여서 오늘 우리의 모습이 형성된 것이지요. 그런데 지

금 멈춰 서서 나를 관찰하려니 어디서부터 무엇을 보고 생각하고 느껴야 있는 모습 그대로의 나를 바라볼 수 있는지 어려울 수 있습니다.

'참 나^{true self}'를 마주하고 내면의 진정한 울림을 들을 수 있다면, 그래서 '참 나'와 잘 연결될 수 있다면 우리의 삶에서 무엇이 시작될 수 있을까요?

있는 모습 그대로

최근 쏟아지는 리더십 관련 책들을 살펴보다 보면, 가장 많이 마주하는 단어 중 하나가 '공감'입니다. 공감은 타인의 언어적, 비언어적 표현에 귀를 기울이고 자신의 판단을 내려놓은 채 보여주는 충분히 그럴 수 있다는 진심 어린 반응입니다. 그렇기 때문에 타인의 말에 잘 공감하게 되면, 신뢰와 친밀감을 형성하고 강화하는 데 도움이 됩니다. 타인의 말에 공감한다는 것은 그 사람이 처한 상황을 있는 모습 그대로 바라보는 것입니다. 이제 우리는 타인과의 관계 속에서 신뢰와 친밀감을 높이는데 매우 효과적인 공감을 스스로에게는 얼마나 잘 실천하고 있는지 살펴보아야 합니다.

누군가 나의 이야기에 귀를 기울이고 나를 이해하기 위해 애쓰며 깊은 공감을 해주면 우리는 그 사람과의 관계에서 긍정적인 정서를 경험하게 됩니다. 이렇듯 우리도 먼저 나와 친밀한 관계를 유지할 때 얻는 긍정적 에너지를 경험하는 것이 좋습니다. 자신의 언어적 표현뿐만 아니라 비언어적 표현까지 혹은 인식의 차원에서 보이는 나의 모습뿐만 아니라 깊은 내면, 무의식의 영역에서부터 끊임없이 반응하는 나를 만나 공감하는 것이 중요합니다. 나를 잘 공감해주면, 다시 말해 있는 모습 그대로를 잘 인정해주면 자아 존중감을 높이고 긍정적 자아상을 갖게 됩니다.

자신의 모습을 있는 그대로 바라보는 것은 스스로를 존중하는 가장 중요한 출발점입니다. 무엇 때문이 아니라 내가 나이기 때문에 소중하고, 자신을 가장 잘 아는 사람이 나이므로 긍휼한 마음, 연민을 느낄 수 있는 것입니다. 타인과의 관계를 개선하고 발전시키려면 우선 나와의 관계를 점검하는 것이 필요합니다. 사실 우리에게 가장 필요한 것은 내가 인정하는 나입니다. 있는 모습 그대로를 안아주는 인정이 필요합니다. 이때 자기 이해를 바탕으로 스스로를 잘 수용하면 셀프 피드백self-feedback에도 열린 자세를 갖게 됩니다.

나를 향한 진정성

애덤 스미스Adam Smith는 《도덕감정론》에서 자기기만은 인간의 치명적인 약점이라고 했습니다. 왜냐하면 우리가 살면서 겪는 혼란의 많은 부분이 자기기만에서 온 것이기 때문입니다. 그는 또한 "인간이 다른 사람의 관점에서 자신을 바라볼 줄 알기만 해도 자기기만이란 맹점에 빠지지 않는다"라고 말했습니다.˙ 거짓은 또 다른 거짓을 낳고, 거짓에 익숙해지면 거짓이 진실인 것으로 혼동되기도 합니다. 자기기만을 내려놓는 것은 나를 향한 진정성을 보여주는 첫걸음이 됩니다. 혹시 우리

• 애덤 스미스(Adam Smith) 《도덕감정론》에서 러셀 로버츠(Russell Roberts)가 발췌, *How Adam Smith Can Change Your Life*, 이현주 역, pp. 98

는 지금 자기기만의 맹점에 빠져 있지 않습니까?

진실을 바라볼 힘, 나를 향한 타인의 새롭거나 다른 시선을 기꺼이 수용할 수 있는 힘은 나를 향한 진정성에서 시작됩니다. 나를 향한 진정성이 있는 사람은 자신을 신뢰합니다. 자신과의 관계가 투명합니다. 기꺼이 스스로를 위해 시간을 내며, 자신을 공감하며 따뜻하게 안아주는 사람입니다. 이런 사람은 항상 깨어서 자신에게 일어나는 사건과 관계 그리고 그에 따른 감정을 보살피기 위해 노력합니다.

나를 향한 진정성이 있는 사람은 자신을 존중하고 예의를 갖춥니다. 자신이 어떤 사람인지 잘 알수록 즉 자신에 대한 바른 이해가 높아질수록 우리는 스스로가 소중한 존재이며, 아직도 발굴해내지 못한 무한한 자원을 가지고 있는 사람이라는 것을 발견할 수 있습니다. 우리는 완벽함을 향해 나아가고 있지 않습니다. 오늘보다 나은 내일을 향해 걸어가고 있습니다. 균형이 깨어진 부분을 찾아 조정하고 보수하면서 다듬어가는 것입니다.

존재에는 맞고 틀리고 옳고 그른 것이 없습니다. 존재는 존재 자체로 공감되어야 하고, 존중되어야 합니다. 우리는 그런 존재입니다. 나를 향한 진정성이 있는 사람은 타인을 바라볼 때에도 동일한 시선을 가지려고 애씁니다. 내가 존중받고 싶은 만큼 먼저 상대방을 존중하려고 노력합니다. 나를 향한 진정성이 강화되면, 자기와의 관계가 단단해져 스스로에 대한 신뢰가 높아지므로 타인에 대한 의존성도 낮출 수 있습니다.

쓰리지만 용기 내어 방향을 바꾸다

솔직히 자신의 모습을 확인하는 과정이 유쾌하고 즐거운 일일 수만은 없습니다. 때로는 피하고 싶고 인정하고 싶지 않은 나의 모습과 만나 화해해야 하는 순간을 마주할 수도 있습니다. 그럴 때 자기기만 뒤에 숨어 방관자가 되어서는 안 됩니다. 쓰리지만 용기를 내야만 합니다. 그것은 나의 어두운 면이 아니라 나를 발전시키는 피드백으로 작용할 것입니다.

용기를 가지고 나를 향해 진정성 있게 나아가면, 그것은 내면에 감추어졌던 부분들을 조명할 수 있는 힘을 줍니다. 무의식 가운데 숨어 있던 상처, 결핍, 열등감을 털어내는 과정을 통해 굴절된 눈으로 보던 세상이 바르게 보이기 시작할 것입니다. 바르게 볼 수 있다면 어디로 방향을 돌려야 하는지 우리는 알 수 있습니다. 의식의 그릇이 커지기 시작하면 현상과 문제를 새로운 시선으로, 다양한 시선으로 볼 수 있기 때문에 더 지혜로운 해결책을 선택할 수 있습니다.

또한 용기는 용서가 가능하도록 해줍니다. 나의 과오, 실수를 용서할 수 있습니다. 우리는 이제부터 자신의 성장과 발전에 초점을 모으고 그것을 향해 나아갈 것이기 때문입니다. 앞으로 전진하려면 후회되는 과거의 일들에 대한 용서가 필요합니다. 발전적 미래를 얻으려면 현재를 충만하게 살아내야 합니다. 따라서 비판도 건설적인 피드백이라면 목표를 달성하거나 발전하기 위해서 적극적으로 수용할 수 있습니다. 스스로를 용서하는 일에도 용기가 필요하며, 쓰리지만 용기를 내면 방향을 바꾸는 전환점을 만들 수 있습니다.

나를 아는 즐거움

진정한 자유는 온전한 구속에서 옵니다. 어설픈 구속은 우리를 긴장시키지만 온전한 구속은 오히려 안전감을 주고 틀 안에서 무엇을 해야 하는지가 명료해집니다. 자기 지식self-knowledge이 높을수록 여유로운 참 자유를 누릴 수 있습니다. 나에 대한 알아차림이 민감해지고 깊어지면, 내 감정의 변화에 무엇이 영향을 주는지 잘 파악할 수 있습니다. '아, 그래서 내가…'라는 깨달음은 비슷하거나 같은 상황에서 어떻게 대처하는 것이 지혜로운지 알게 해줍니다.

나를 아는 즐거움을 누릴 수 있는 것은 내가 무엇을 잘해서도 아니고, 많은 것을 갖추고 있어서도 아니며, 완벽해서 그런 것은 더더욱 아닙니다. 누구보다 내가 나 스스로를 보듬어줄 때 느끼는 안정감 때문입니다. 나를 아는 즐거움이 생기려면 있는 모습 그대로의 나를 안아주는 용기가 필요합니다. 상대적 비교가 아닌 다양성 가운데 존재하는 나만의 고유성을 찾아야 합니다. 고유성은 다른 사람보다 나은 기술, 능력이 아닙니다. 세상에 하나뿐인 나를 바라보는 것입니다.

우선 나와 잘 소통할 수 있어야 합니다. 우리는 자기와 사이가 좋아야 합니다. 혹 등 돌리고 있다면 화해해야 합니다. 나를 가장 잘 이해해줄 수 있는 사람이 바로 나라면, 그때 우리는 삶을 진정으로 누리며 살아갈 수 있습니다. 자신의 내면에서부터 긍정적인 에너지를 끌어올릴 수 있습니다. 내가 삶을 누리며 충만하게 살아갈 때 비로소 상대방과 진정으로 소통할 수 있습니다. 그리고 나와 소통하는 상대방에게도 긍정적인 에너지를 흘려보낼 수 있습니다.

이런 경험이 계속되어 선순환을 만들어내는 것이 중요합니다. 자기 이해가 높은 사람은 자기수용력이 큽니다. 그만큼 타인에 대한 이해나 수용력도 커지게 됩니다. 나를 아는 즐거움은 스스로에 대한 긍정적인 경험을 하도록 돕습니다. 그리고 긍정적인 경험은 보다 발전적인 가치관을 정립할 수 있게 만듭니다. '나'에서 시작해 '너'를 거쳐 '우리'에 이르도록 이끌어줍니다.

누군가의 거울이 되어주는 상상을 해봅니다

Interview Question 4 누군가 나의 거울이 되어준다면, 어떤 유익이 있을까요? 그리고 그 사람은 어떤 사람이면 좋을까요?

IT 기업 팀장 누군가가 나의 거울이 되어준다면 엄청난 성장을 만들어 내지 않을까요. 피드백이라는 게 굉장히 중요하잖아요. 그 거울이라는 게 있다면 제가 뭘 하고 있는지에 대한 메타인지를 확 높여주는 장치인 것 같아요. 그 측면에서 메타인지가 높아지는 순간, 그게 저한테 피드백처럼 작용할 거거든요. 제가 굉장히 성숙한 인격체라면, 그 거울이 저는 그냥 투명하게 있는 그대로 저를 비춰줘도 충분한 것 같아요. 그걸 통해서 저는 충분히 성장할 수 있다고 생각하고요. 그런데 제가 에너지가 떨어져 있거나 스트레스 레벨이 높을 때가 있을 거잖아요. 그때는 거울로 인해서 좌절할 수도 있을 것 같거든요. 그럴 때에는 그냥 정말 있는 그대로의 저를 보여주는 거울보다는 오히려 특수한 거울들 있잖아요. 키 커 보이는 거울, 날씬해 보이는 거울, 이런 것처럼 약간의 저를 격려할 수 있는 형태의 거울이 도움이 될 것 같아요. 한마디로 그 사람은 맞춤형 거울이 되어줄 수 있는 사람이죠.

누군가 나의 거울이 되어준다면

거울이라는 단어를 들었을 때, 무엇을 생각하셨나요? 어떤 인터뷰에서 "누군가 나의 거울이 되어준다면, 어떤 유익이 있을까요?"라는 질문에 건설사의 한 팀장은 "도대체 누가 거울이 돼줄 수도 있나요?"라고 다시 물었습니다. 맞습니다. 어려운 질문일 수 있습니다. 그래서 우리는 잠시 거울의 특성에 대한 대화를 나누었고 그는 이에 영감을 얻어 말을 이어갔습니다. "거울이 되어준다는 것은 제3자의 위치에서 객관적으로 보여주는 것이겠네요. 거울을 보는 사람도 스스로에 대해서도 좀 더 객관적인 고찰이 가능해질 것이고요." 그런데 그는 그럴 수 있는 사람을 찾는 것은 어려울 것 같다는 다소 회의적인 반응을 보였습니다.

종종 거울은 상황이나 사실을 그대로 보여줄 때를 비유적으로 설명하기도 합니다. 이렇듯이 거울이 되어준다는 것은 거울이 앞에 있는 사물을 그대로 비춰주듯이 그 사람에 대한 편견이나 판단 없이, 보이는 모습 그대로를 볼 수 있도록 돕는 것을 말합니다.

만약 누군가가 당신의 거울이 되어준다면, 당신은 어떤 거울을 기대하십니까? 당신을 비춰주는 거울은 말없이 당신을 비춰주며 타인과 비교하지 않고 또한 평가도 하지 않습니다. 다만, 표정은 어떤지, 더러운 것이 묻은 곳은 어딘지, 떨고 있는지, 땀을 흘리는지, 어떤 행동을 하는지 등의 정보를 얻을 수 있습니다. 차분하게 거울을 바라보고 있으면 때로는 거울 속의 내가 자연스럽고 편안할 수도 있고, 다소 낯설고 어색하게 느껴질 수도 있습니다. 우리는 누군가가 나의 거울이 되어줄 때 어떤 느낌을 갖게 될까요?

누군가 나의 거울이 되어준다면, 어떤 유익이 있을까요? 그리고 그 사람은 어떤 사람이면 좋을까요?

자신의 생각을 써보세요.

....

....

내가 누군가의 거울이 되어준다면

당신은 팀원의 거울이 되어주고 있나요?

전력기업 팀장 그럴 수 있는 사람은 잘 없을 것 같은데요. 가능하다면, 좀 친하고 편하게 이야기하고 안 좋은 이야기도 해주고 이런 사람이 되어주는 거죠. 이런 경우는 거울이라기보다는 조언자 같은 역할이 아닐까요. 거울이 되어주려면 솔직한 사람이어야 할 것 같은데요. 저는 그러지는 않은 것 같아요. 최대한 부정적인 피드백은 많이 안 하려고 하거든요. 어떻게 보면 이게 솔직하지 않은 걸 수도 있는데…. 내가 과연 객관적으로 비춰주는 거울이 될 수 있을까요? 솔직하고 객관적으로 있는 모습을 정확하게 피드백하는 거울이 될 수 있는 건지…. 거울, 너무 어려운 이야기 같아요. 굳이 이야기해보자면 약간의 가치 판단이 들어 있는 거울이 될 수도 있겠군요.

누군가가 나의 거울이 되어주는 경험을 했다면, 그리고 유익이 있었다면, 우리는 자연스럽게 타인의 거울이 되어줄 수 있습니다. 처음에는 의도적으로 거울이 되어준다는 것이 무엇인지 연습이 필요할 수도 있습니다. 다음 최 팀장의 사례를 통해 타인에게 거울이 되어준다는 의미를 생각해보도록 하겠습니다.

최 팀장의 코칭 사례

최 팀장 어서 와요. 무슨 일로 대화를 요청했는지….

장 과장 지난 번 말씀하신 업무 분장 건으로 팀원 간 갈등이 심한데요. 어떻게 해야 할지 고민이 됩니다.

최 팀장 갈등이라는 것이 어떤 내용인지 좀 더 자세하게 설명해줄 수 있나요?

장 과장 김 대리가 일을 잘 처리해준다는 이유로 본인의 책임하에 있지 않은 일까지 떠맡게 되는 경우가 종종 있었습니다. 처음에는 윗사람이 시키는 일이니 별말 없이 했었는데, 하나 둘 관여하다 보니 타 부서 사람들까지 김 대리를 뭐랄까요, 의지한다고 할까요. 그런 상황이 되어버린 겁니다.

최 팀장 이런, 어려운 상황이 되었군요.

장 과장 네, 그런데 이번 새로 업무 분장을 하려고 하는데, 이 이슈가 결국 터지고 말았습니다.

최 팀장 그랬군요. 김 대리의 입장은 어떤가요?

장 과장 본인은 좋은 마음으로 하다 보니 이렇게 되었다는데, 더 이상 이렇게 업무를 처리하는 것은 불가능하다는 반응입니다.

최 팀장 그렇겠지요. 장 과장의 의견은 어떤가요?

장 과장 상황 정리가 필요한 것은 사실입니다. 그런데 문제는 다른 사람들은 김 대리가 수용했기 때문이었다고 이야기하고, 김 대리는 해도 해도 너무 한다고 생각한다는 점입니다. 양쪽 다 입장이 있고, 서로 감정적으로 대화를 하게 되어 일이 더 어렵게 되었습니다.

최 팀장 어려운 상황이네요. 이 이슈에 있어서 가장 아쉬운 부분은 무엇인가요?

장 과장 저도 몰랐던 것은 아닌데, 좀 더 빨리 조치를 취했어야 했나 생각이 드는 반면, 왜 지금까지 아무런 말도 하지 않았나 하는 답답한 마음도 드는데요. 하지만 한 사람에게 일이 몰리는 구조는 결국 회사에도 좋지 않은데….

최 팀장 그럼 지금 가장 필요한 조치는 무엇이 될까요?

장 과장 무엇보다 김 대리의 짐을 덜어주고 각자 업무에 대한 책임 여부를 좀 더 분명하게 해야겠습니다. 그리고 김 대리에게도 요청해야겠어요. 이런 일이 반복되지 않도록 지금까지의 패턴을 바꾸어야죠.

최 팀장 더 고려해야 하는 사항은 없을까요?

장 과장 사실, 김 대리가 업무 파악도 빠르고 영어에 능통하니 여러 가지로 도움 요청을 많이 받았을 겁니다. 결국 중요한 것은 팀원들의 역량을 더 끌어올릴 수 있는 방법을 찾아 실천하는 것이 필요하다고 봅니다.

최 팀장 이 부분에 대해서 다음 팀원들과의 회의 때 의견을 수렴해서 회사 차원에서 필요한 지원이 있는지 알아봅시다.

장 과장 오늘 저 혼자만 이야기한 것 같은데 답을 얻고 가는 기분입니다. 감사합니다.

최 팀장과 장 과장이 주고받는 대화 속에서 여러분이 발견한 것은 무엇인가요? 장 과장은 대화를 마치며 혼자만 이야기한 것 같은데 답을 얻고 가는 기분이라고 했습니다. 장 과장이 그렇게 느낀 까닭은 무엇일까요? 장 과장은 의식의 흐름을 따라 자연스럽게 대화할 수 있었습니다. 또한 현재 상황을 구석구석 살피며 이슈마다 해결책을 스스로 제시하기도 했습니다. 이 과정에서 최 팀장의 역할은 무엇이었을까요? 최 팀장은 특별히 자신의 의견을 덧붙이지 않고도 장 과장이 사실, 감정, 문제 해결의 방향성까지 생각할 수 있도록 도왔습니다. 그는 최 팀장과의 대화 전에는 잘 보이지 않았던 것을 마치 거울을 보며 찾아내듯이 탐색하게 되었습니다.

팀장이 팀원의 거울이 되어줄 때, 가장 중요한 것은 공감입니다. 그것은 상대방의 말을 잘 경청하고 있다는 것을 보여줍니다. 거울을 보며 이야기를 하는 팀원에게 신뢰와 안전감을 줄 수 있습니다. 거울을 보기 위해 자발적으로 팀장을 찾을 수 있게 됩니다. 다소 이상적으로만 보이는 대화의 패턴이라고 생각할 수도 있지만, 분명한 것은 이와 같은 대화의 방법은 불필요한 논쟁을 피하고 오히려 사실 파악을 더욱 명확하게 할 수 있게 돕기 때문에 면담을 요청해오는 팀원이 있을 때 유용하게 적용할 수 있습니다. 때로는 이렇게 거울을 비춰주는 팀장의 역할을 한번 해보는 것은 어떨까요.

Interview Question 5 당신은 팀원의 거울이 되어주고 있나요?

자신의 생각을 써보세요.

....

....

03

발견Finding:
나는 셀프 리더˙와 만났습니다

모든 진정한 리더십은 자신에게 되돌아가는 것에서 출발한다.

어떤 분야라도 진정한 리더는 세상을 자신의 눈과 가치 그리고

꿈으로 바라본다.

–낸시 아들러Nancy J. Adler

Interview Question 6 지금, 당신의 셀프 리더는 안녕하신가요?

연구단 팀장 글쎄요…. 겉으로는 멀쩡한데요, 사실 지금 저의 내면 상태는 엉망인 것 같아요. 뭐랄까, 정확하게 표현하기 쉽지 않네요. 한마디로 내면의 자아에 균열이 있는 것으로 봐서는 저의 셀프 리더는

• 고태현, 셀프 리더는 누구나 스스로의 삶을 경영할 때, 셀프 리더십을 발휘하는 주체를 말합니다.

안녕하지 않은 것 같습니다. 정신력으로 버티다 보니 내면은 힘든 상태가 아닌가 생각합니다.

코치 지금 이 어려운 상태에서 조금 더 개선하기 위해서는 무엇이 필요할까요?

연구단 팀장 휴식인데… 그냥 혼자 있는 시간이 좀 필요한 것 같아요. 혼자 사색할 수 있는 시간, 혼자 있으면 마음이 좀 평온해지고 치유가 되는 것 같습니다. 어떤 사람들은 대화를 하고 수다 떨고 놀면서 자기 스스로를 돌보잖아요. 그런데 저는 그냥 가만히 혼자 있는 게 휴식이 됩니다. 하지만 물리적으로 시간 내기가 어려워서…. 모든 직장인이 다 힘들겠지만, 특히 팀장급은 제일 바쁘고 정신없고 그렇잖아요. 가장 바쁘게 일할 나이니까요.

스스로를 돌보는 것, 자신을 코칭하는 것은 언제, 누구에게 필요할까요? 어떻게 스스로를 코칭해야 효과적일까요? 일반적인 코칭의 프로세스는 **1) 목표를 명확하게 세우고, 2) 목표 달성을 방해하는 요인을 찾고, 3) 달성 가능한 방법을 발견하고, 4) 지속적으로 실천하는 것**입니다. 그런데 코칭을 더 의미 있게 진행하려면, '지금의 상황은 왜 발생했을까? 기본적인 갈등의 요인은 무엇일까? 혹은 왜 나는 그렇게 행동했을까? 현재 느끼는 감정은 무엇 때문에 자극을 받은 것일까?'와 같은 근원적 질문에 답을 해보는 것이 중요합니다.

리더의 자기 인식은 스스로의 행동을 개선하고 높은 성과를 달성하는 데 가장 중요한 요소입니다. 물론 전문코치의 도움을 받아 적시에 강력한 질문을 받는다면 코칭은 더욱 성공적일 수 있겠지만, 셀프 코칭의 효과성을 높일 수 있는 방법들을 익힌다면 어떤 상황에서도 센터링을 함으로써 자신의 감정을 잘 조절하고 자기 인식을 높이며 문제 해결 능력을 강화할 수 있습니다.

지금, 당신의 셀프 리더는 안녕하신가요?

자신의 생각을 써보세요.

....

....

나는 셀프 리더를 이렇게 발견했습니다

셀프 리더의 마음가짐

여러분은 조직에서 언제 가던 길을 멈춰 서게 되나요? 아마도 문제가 발생했을 때일 겁니다. 사실 문제라고 생각되는 일에 집중하게 된다면, 그 순간 해결책을 가지고 있지 않다는 뜻입니다. 만약 어떻게 해결해야 할지 안다면, 그대로 행하면 됩니다. 반면, 해결 방안이 없다면 멈출 수밖에 없습니다. 이럴 때 우리는 해답을 얻기 위해 어디서부터 시작해야 할까요?

풀리지 않는 문제는 우리를 보다 근원적인 지점으로 인도합니다. 그 문제의 본질을 고민하게 만듭니다. 어떤 사안이든 문제의 본질을 고민하게 되면 대개 그 끝은 나를 돌아보고, 나로부터 출발하는 과정을 겪게 됩니다. 그때 앞서 설명한 자기 인식이 잘되어 있는 리더는 '참 나'를 만남으로써 보다 깊고 확장된 관점을 가지고 문제를 바라볼 수 있습니다.

'참 나'가 건강하고 자율성이 높으며, 유연하고, 독립적이라면 문제의 상황을 마주했을 때, 문제 해결의 주체가 되어 후퇴를 해도 적극적으로 할 수 있는 지혜를 갖출 수 있을 것입니다. 지금부터 우리는 그런 주체를 셀프 리더라고 칭하겠습니다. 셀프 리더가 스스로를 통제하고 이끌어 갈 수 있는 능력이 바로 셀프 리더십입니다. 셀프 리더는 셀프 코칭시 셀프 코치가 됩니다.

셀프 코치에게 가장 중요한 것은 코치로서의 마음가짐을 세우는 일입니다. 코치에게 가장 중요한 것은 코칭 철학입니다. 코칭 철학에서 강조하는 것은 셀프 코칭에도 동일하게 적용할 수 있습니다. **첫째, 나는 무한한 잠재력을 가지고 있다. 둘째, 나는 나 자체로 온전하다. 셋째, 나는 창의적이다.** 이러한 세 가지 코칭 철학은 셀프 코칭에서 매우 중요합니다. 왜냐하면 이것은 '나'를 바라보는 자세이며, 이와 같은 태도를 가질 때, 우리는 왜곡된 시선을 줄이고 긍정적으로 셀프 코칭을 할 수 있기 때문입니다.

그렇다면 셀프 코칭은 무엇이며, 왜 필요한 것일까요?

셀프 코칭

팀장이 뛰어난 것이 아니라 팀이 뛰어나려면, 그래서 팀이 성과를 내려면 팀원이 성장해야 합니다. 팀원의 성장이 팀의 성과를 높이는 것은 당연합니다. 결국 한 사람 한 사람이 세워질 때 팀이 세워지고, 이렇게 팀 단위로 잘 세워진다면 조직도 긍정적인 영향을 받습니다. 조직에 긍정적인 유익이 나타나기 위해서 팀장이 먼저 서야 합니다. 팀장이 서기 위해서는 내면의 셀프 리더를 발견하고, 건강하게 성장시켜야 합니다. 이처럼 셀프 코칭이 중요한 이유는 셀프 코칭은 자기 이해와 직결되기 때문입니다. 셀프 코칭은 '참 나'를 만나는 내면의 여정을 통해 내면을 단단하게 만들어줍니다.

셀프 코칭이 반복적으로 깊이 있게 행해지면, 나를 잘 알아가고 이해하게 됩니다. 무엇보다 있는 모습 그대로를 인정하기 시작합니다. 우리는 강점도 있지만 약점도 가지고 있습니다. 마음에 드는 면도 있지만, 바라보기 싫은 면도 동시에 가지고 있습니다. 그러나 셀프 코칭을 짜임새 있게 잘하면, 스스로에게 깨끗한 거울이 되어 자신을 명확하게 비춰주고 그 모습을 인정함으로써 자신을 신뢰할 수 있습니다.

나를 가장 알아주고 인정해주는 사람이 자신이라면, 그것이 기본이 된다면, 타인의 말과 행동에 영향을 받기 이전에 단단한 내면에서부터 문제를 해결하는 힘을 기를 수 있습니다. 코칭을 받는 고객은 코치의 질문이 처음에는 낯설지만, 질문에 답을 하며 의식의 전환과 확장이 이루어지는 경험을 합니다. 그 경험은 삶 속에 녹아들어 어느 날, 스스로에게 질문을 던지는 자신을 발견합니다.

진정성 있는 셀프 코칭은 셀프 리더십을 함양하고 발전시킵니다. 셀프 리더십을 잘 유지하고 활용하는 사람은 건강한 리더십을 발휘할 수 있습니다. 그런데 우리는 셀프 리더십과 리더십의 상관관계도 살펴볼 필요가 있습니다. 조직에서 팀장이 한 팀을 이끌 때, 리더십은 어떤 상황 속에서 진정으로 빛이 날까요?

한 팀을 이끄는 팀장의 리더십은 팀원의 팔로워십(Followership, 지도자를 능동적으로 따르는 구성원으로서의 능력)이 필요합니다. 그들의 능동적인 참여가 팀의 활력소가 되기 때문입니다. 그러한 팀원의 능동적인 참여를 가능하게 하는 팔로워십은 사실 각 팀원이 셀프 리더십을 발휘해야 나타납니다. 셀프 리더십, 팔로워십, 리더십의 관계는 다음 〈그림 7-1〉을 참고하면 더욱 이해가 잘될 것입니다.

[그림 7-1] 개인과 조직의 리더십 형성 모형

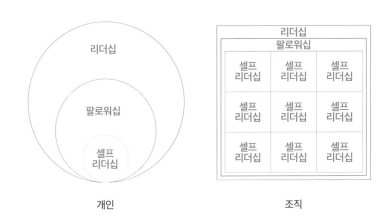

우리는 Good leader(굿 리더)가 되기 위해 Good follower(굿 팔로워)가 되어야 합니다. 그리고 Good follower가 되기 위해서는 각 사람이 Good self-leader(굿 셀프 리더)가 되는 것이 중요합니다. 셀프 리더가 잘 성장하기 위해서는 우선 지속적이고 깊이 있는 셀프 코칭이 선행되어야 합니다. 셀프 코칭을 잘할 수 있는 방법을 통해 우리가 어떻게 셀프 리더와 함께 성장할 수 있는지 알아보겠습니다.

나는 셀프 리더와 함께 성장합니다

셀프 코칭을 잘하는 방법을 소개하기에 앞서, 코칭에서 중요한 기본 요소를 살펴보겠습니다. 코칭은 질문, 경청, 피드백으로 구성되어 있습니다. **첫째, 좋은 질문이 필요합니다.** 좋은 질문은 질문받은 사람의 의식을 열어주어, 문제의 본질에 접근할 수 있도록 도와 새로운 발견에 이르도록 합니다. **둘째, 공감적 경청이 필요합니다.** 대화 속에서 마음의 문을 가장 잘 열 수 있는 방법이 바로 공감적 경청입니다. 감정을 읽어주고, 공감하면, 상호 간 경계를 낮추고 안전감을 느끼게 됩니다. 좀 더 솔직하게 대화를 나눌 수 있는 신뢰가 만들어지는 것입니다.

셀프 코칭도 코칭의 기본 요소를 동일하게 사용합니다. 다만, 일반 코칭이 상대방과의 대화라면, 셀프 코칭은 자신과의 대화를 통해 코칭하며 변화와 성장을 꾀하는 것입니다.

나에게 하는 열린 질문

셀프 코칭은 좋은 질문에서 출발해야 합니다. 낸시 아들러 Nancy J. Adler 는 좋은 질문은 언제나 우리가 세상을 바라보는 방법에 변화를 준다고 말하였습니다.' 좋은 질문은 우리가 초점을 맞추어야 하는 것과 그렇지 않은 것을 구분해주기 때문입니다. 좋은 질문은 우리의 의식을 열어주

팀장의 끗

어야 합니다. 생각하지 못했던 곳을 두드려줄 수 있는 질문은 열린 질문입니다. 열린 질문은 '**누가, 언제, 어디서, 무엇을, 어떻게, 왜**'로 시작하는 질문을 말합니다.

나에게 하는 열린 질문을 셀프 코칭에서 사용하면 문제에 고정된 시선을 나에게로 돌려 보다 근원적인 이유, 필요한 자원을 찾게 해줍니다. 여섯 가지 의문사를 사용해서 어떻게 질문하면 좋을지 사례를 들어 보도록 하겠습니다. 자신의 상황에 비추어 약간씩 응용을 하면서, 다음 질문에 대한 답을 생각하고 간단히 메모해보기 바랍니다.

Who Q. 그 상황 속에서도 나를 믿어준 사람은 누구지?

When Q. 언제부터 지금 한 결심을 실행에 옮길까?

Where Q. 그 감정은 내 마음 어디쯤에 자리 잡고 있을까?

What Q. 내가 한 발 나아가지 못하도록 붙드는 것은 무엇일까?

Why Q. 그때 나는 왜 그것을 하지 않기로 결정한 것일까?

How Q. 그것을 하기 위한 가장 효과적인 방법은 무엇일까?

질문은 생각하게 합니다. 특히, 이와 같은 열린 질문은 단답형의 답보다는 의문사에 맞는 구체적인 답을 찾도록 하기 때문에 우리를 생각하게 만들며, 고민하게 만듭니다. 셀프 코칭을 시작한다면, 우선 스스로에게 열린 질문을 시작해보세요. 자신과의 대화가 깊어질수록 자기 이

• 《리더십을 위한 코칭》 16장 리더십 통찰력편 p.236 _ Coaching for Leadership (Marshall Goldsmith 외 다수)

해가 높아집니다. 자기 이해, 자기 인식이 높아지면 자신을 잘 수용할
수 있습니다.

나를 경청하기

자신의 이야기에 귀를 기울이지 않는 사람과 대화해본 경험이 있습
니까? 그때 기분은 어떠셨나요? 우리는 우리의 이야기를 경청해주는 누
군가가 필요합니다. 이것은 셀프 코칭에서도 동일하게 중요합니다. 어
쩌면 나를 경청하는 것은 타인으로부터 적극적인 경청을 바라기 이전
에 먼저 실천하고 있어야 하는 것일지도 모릅니다. 나를 경청함으로써
스스로에 대한 깊은 관심을 표현해주어야 합니다. 그렇다면 어떻게 나
를 잘 경청할 수 있을지 알아보겠습니다.

우선 자신에게 질문을 한 후, 떠오른 생각이나 말을 메모합니다. 단
어, 구, 혹은 문장을 적습니다. 때로는 앞뒤가 맞지 않은 것 같은 말들도
다 의미가 있습니다. 놓치지 않고 적어놓습니다. 경청은 나를 이해하기
위해서 하는 것입니다. 나를 이해하기 위해서는 질문에 반응하는 자신
을 잘 관찰하는 것이 중요합니다. 현재의 기분, 감정의 변화 그리고 신
체에 나타나는 반응까지 고려하는 것이 나를 잘 경청하는 것입니다.

스스로에게 인정, 지지, 칭찬, 격려 보내기

인정, 지지, 칭찬, 격려는 목표를 달성하기 위해 끊임없이 지속할 수
있는 동기를 부여해줍니다. 자기에게 '나는 너를 신뢰해'라는 신호를 계
속 보내는 것입니다. 옛 습관을 버리고 새로운 변화로 나아갈 수 있도

록 도움을 얻을 수 있습니다. 자신을 **인정**해주는 것은 있는 모습 그대로 안아주는 것입니다. 인정은 그 자리에서 시작할 수 있는 새로운 출발선을 제공합니다. 불안정하게 진동하던 감정의 움직임을 잠잠하게 합니다. 마치 큰 쉼 호흡을 한 것처럼 생각과 마음을 가라앉힐 수 있습니다. 인정은 나라는 존재를 소중하게 바라봐주는 것입니다. '그래, 내가 그랬구나' '그래, 나에게 선한 의도가 있었어' '그래, 그 모습이 나다운 거야' 등 스스로를 인정하는 말을 해줍니다.

스스로를 신뢰한다는 두 번째 반응은 **지지**입니다. 지지는 성장을 위한 행동 변화를 지속할 수 있는 힘을 줍니다. 누군가 계속 함께해준다면, 의지가 약해질 때 힘이 되는 것처럼 스스로가 자신을 가장 지지할 수 있는 사람이 되어주는 것입니다. 내면의 '참 나'가 끊임없이 미래의 가능성을 놓치지 않도록 도와줍니다. 할 수 있다는 자신감을 가질 수 있도록 오늘 하루 해낼 작은 일에도 지지를 아끼지 말아야 합니다. 타인과의 비교를 통한 지지가 아닙니다. 어제보다 나은 오늘을 지지하는 것입니다.

칭찬도 잊지 말아야 합니다. 자신을 칭찬할 때 가장 중요한 것은 목표를 향해 나아가는 과정을 칭찬해야 한다는 것입니다. '성공한 나'에 초점을 맞추기보다는 노력하는 과정의 면면을 칭찬해야 합니다. 작은 것이라도 전진하기 위해 발걸음을 옮겨가는 부분에 초점을 맞춥니다. 그렇게 하기 위해서는 자신을 잘 관찰해야 합니다. 세밀하게 관찰하다 보면 자신의 감정, 기분, 반응을 민감하게 알아차릴 수 있습니다. 따라서 구체적으로 칭찬할 수 있습니다.

마지막으로 **격려**도 셀프 코칭에서 매우 중요합니다. 스스로를 격려하기 위해서 자기와 함께 머무르는 시간이 필요합니다. 하루 일과 중 일정한 시간을 정해놓고 나와 만나는 시간을 가져보는 것도 좋은 방법입니다. 잠시 멈춤의 시간이 필요합니다. 짧은 시간일지라도 자신의 상황과 감정을 충분히 공감해주어야 합니다. 격려를 할 때에는 스스로에게 따뜻한 표현, 친절한 말을 사용합니다. 온기가 전해지도록 자신을 안아주는 격려가 우리 모두에게 필요합니다.

셀프 코칭이 익숙해진 셀프 리더는 성장의 구심점이 될 수 있습니다. 좌우로 치우지지 않고 중심을 잡고 걸어갈 수 있도록 도와줍니다. 우리는 균형 잡힌 셀프 리더와 함께 성장할 수 있습니다. 팀장으로서 먼저 셀프 코칭을 실천하는 리더가 되어보세요. 그러면 조직 구성원과의 관계에서도 자연스럽게 코칭의 기법들을 적용하게 됩니다.

팀장으로서, 리더로서 여러분은 지금 어디에 서 있습니까? 리더를 위한 책, 팀장이라는 직책을 잘 수행할 수 있도록 돕는 수많은 이론서가 넘쳐납니다. 그러나 더 좋은 지식을 갖춘 리더가 되는 데 도움을 줄 수는 있지만 지식만으로 리더가 될 수 없습니다. 리더는 지식보다 지혜가 필요하고 그 지혜는 셀프 코칭을 통해 자신을 잘 이해하고 수용하는 경험에서부터 시작됩니다. 타인을 잘 이끄는 리더십의 시작은 스스로를 잘 통제하고 능동적으로 자신을 이끄는 셀프 리더십에서부터 만들어져야 합니다.

성장Improvement:
나는 지금 리더입니다

> 한 명과의 관계든 수천 명과의 관계든 상관없이
> 리더십은 이끌려고 하는 사람과 따르려고 하는 사람들 사이의
> 관계이다.
> –제임스 쿠제스James M. Kouzes, 배리 포스(Barry Z. Posner

나는 그때 리더가 되었습니다

Interview Question 7 당신은 리더입니까? 언제 리더가 되었다고 생각
하시나요?

> 전력기업 팀장 리더일 때는 그런 것 같습니다. 제가 팀장이든지 아니
> 든지 직책에 상관없이 이끄는 역할을 할 때라고 생각합니다. 제일 많

은 고민을 하는 사람이 아닐까요? 제가 제시하는 비전과 방향성을 보고 따라오는 구성원이 있을 때 리더로서 일을 하고 있다고 생각합니다. 그리고 책임을 지는 자리에 있을 때, 리더가 되었다고 생각합니다.

"팀원으로서 맡은 바 최선을 다할 수 있었을 때가 좋았습니다. 내가 할 수 있는 만큼 혹은 누군가의 도움을 받아 조금 더 나은 성과를 내면 되었을 때가 그립습니다. 팀장이 되고 보니 반드시 성과와 연관이 있는 마무리가 되어야 한다는 부담감이 항상 있어요. 그러다 보니 팀을 이끌어가는 데 스트레스가 많습니다. 한 팀으로 좋은 성과를 내는 것이 과제네요. 저는 과연 좋은 리더일까요?"

팀장은 처음이라

"이번에 신사업 확장을 하면서 제가 해외 사업부의 팀장을 맡게 되었습니다. 지금까지 잘 따라다니다가 팀원을 이끄는 자리에 와보니 같은 세상이 낯설게 느껴집니다. 팀이 살아야 조직도 산다고 위에서는 압력 같은 격려의 말을 합니다. 잘할 수 있을까요?"

신입 팀장에게서 종종 들을 수 있는 말입니다. 팀장마다 본인의 성향에 따라 혹은 준비된 상황에 따라 팀장으로서 시작하는 마음가짐은 조금씩 다를 수 있습니다.

성장하는 팀장이 되기 위해 정체성, 관계, 영향력의 세 가지 영역의 전환을 잘 해내야 합니다. 낯설게 느껴지는 환경도, 이제 달라진 외부의 기대감도 지금부터는 자기 통제self-control의 영역에서부터 다룰 수 있

팀장의 꿋

어야 합니다. 크든 작든 조직 내에서 영향을 주는 사람이 되었다면 당신은 리더입니다.

새로운 직급으로 승진하면서 특별히 한 팀을 맡아 구성원 간 화합을 통해 좋은 성과를 만들어내야 한다면 당신은 반드시 리더가 되어야 합니다. 팀장은 여러 팀원과 함께하며 팀을 이끌어야 하는 리더가 맞습니다. 그러나 당신이 리더라고 말하는데 망설여진다면, 그 이유는 무엇입니까? 혹시 리더의 자리에 있지만, 아직 관리자의 역할에 머물러 있지는 않은지 살펴보아야 합니다.

관리자에서 리더로

케빈 캐시먼은 '**리더십은 드러나는 행위가 아니라 리더 개인의 깊은 내면으로부터 시작된다**'고 말했습니다.* 리더십의 모양을 갖추는 것은 내면의 변화를 통해 성장함으로 보이는 것이어야 합니다. 팀장이 되기까지 쌓아 올린 경력으로 여러분은 팀장이 되었습니다. 이제부터 각자 맡은 바를 성실히 해내는 사람들을 통해 성과를 내야 합니다. 팀장 개인의 탁월한 실력이 팀의 성과를 가져오는 것은 아닙니다. 팀원의 다양성이 곧 팀의 역량이 되도록 통합해야 합니다.

그렇게 하기 위해서는 팀장은 관리자가 아닌 리더로서 팀을 이끌어야 합니다. 지시하는 관리자는 팀원을 공감하기 어렵습니다. 반면, 공감하는 리더는 상사의 입장에서 바라보기보다는 구성원의 시각에서 상

• 케빈 캐시먼, 《내면으로부터 시작하는 리더십》, 시그마북스

황을 조명하려고 노력하기 때문에 진정성 있는 모습으로 다가갈 수 있습니다. 관리자가 아닌 리더가 되기 위해 가장 중요한 태도는 나, 그리고 당신을 넘어 우리를 지향하는 것입니다. 우리가 발전하기 위해 나부터 시작합니다. 우리가 성장하기 위해 당신을 생각하는 것입니다.

팀장인 여러분의 업무 능력은 이미 증명되었습니다. 지금부터는 성장하는 리더로서 여러분의 리더십을 증명할 차례입니다. 여러분의 리더십이 구성원들의 자발적인 참여, 즉 적극적인 팔로워십을 불러일으켜 하나의 팀으로 화합할 수 있도록 해야 합니다. 이때 중요한 **리더의 역량은 책임질 수 있는 용기**^{Courage}, **사람들을 통해 일하는 관계 지혜** ^{Wisdom in relationships}, **그리고 우리가 잘되기를 바라는 공동체에 대한 헌신** ^{Commitment} **입니다.**

세 가지 리더의 역량^{CWC}**은 첫째, 팀이 튼튼하게 설 수 있는 지지대를 만들어줍니다.** 인생에 고난이 찾아오듯이 조직에도 여러 가지 어려움이 대기하고 있습니다. 나뭇가지는 흔들려도 깊고 단단하게 뿌리내린 나무는 버틸 수 있는 힘이 있습니다. 그렇게 되기 위해서 리더의 역량이 발휘되어야 합니다. 뿌리를 내려야 합니다. 뿌리 내린 리더의 영향력이 퍼져나가 각 구성원이 그 뿌리의 일부가 되어야 합니다.

둘째, 리더의 역량이 팀 문화의 근간이 될 때, 팀원 한 사람 한 사람을 세울 수 있습니다. 처음 한 사람을 세우는 일에는 비교적 많은 에너지와 시간이 들지도 모릅니다. 하지만 한 사람을 세우면, 다음은 두 사람이 각각 다음 사람이 잘 설 수 있도록 도울 수 있기 때문에 점점 하나가 둘이 되고, 둘이 넷이 되고, 여덟이 됩니다. 리더의 역량을 갖춘 리더의 영향력은 지수적으로 증가하여, 팀을 넘어 조직에도 선한 영향력을 미칩니다.

셋째, 리더의 역량은 팀 문화를 변화시켜 종국에는 조직 문화의 체질을 개선합니다. 느린 것 같아도 가장 빠르게 많은 구성원을 멀티플라이어로 만드는 길입니다. 리즈 와이즈먼이 쓴 《멀티플라이어》에서는 "디미니셔는 자기 능력에만 집중하는 리더의 부정적 효과를 보여주고, 멀티플라이어는 함께 일하는 사람들의 관점과 조직의 관점에서 출발하면서 곱셈의 언어를 사용한다"고 말합니다.[*] 이처럼 리더의 역량은 리더 스스로 멀티플라이어가 되고 각 팀원을 멀티플라이어로 세워 긍정적인 에너지로 서로를 끌어당기며 곱셈의 법칙을 현장에서 보여줄 수 있는 최고의 기술인 것입니다.

Interview Question 7 당신은 리더입니까? 언제 리더가 되었다고 생각하시나요?

자신의 생각을 써보세요.

....

....

---

[*] 리즈 와이즈먼, 이수경 옮김, 《멀티플라이어》 1장 왜 멀티플라이어인가?, 한국경제신문사

나는 성장하는 리더입니다

Interview Question 8 당신은 어떻게 성장하는 리더인가요?

전략기획팀장 항상 저보다 앞서 제 자리에 있었던 사람을 뛰어넘기 위해 노력하다 보니 여기까지 온 것 같아요. 그 사람을 넘어서는 무엇인가가 준비되는 상태에 도달하는 과정이 저를 성장시켰네요. 어떻게 보면 성과는 나쁘지 않았는데, 앞만 보고 달려온 느낌입니다. 즐거웠다 행복했다기보다는 치열했다 힘들었다는 기억이 많습니다. 이제는 직위 때문이 아니라 리더십 때문에 팀을 움직일 수 있는 리더로 성장해야겠다는 생각은 있습니다. 하지만 말은 좋지만 이상적이라는 생각도 듭니다.

나로부터 성장하기

자기이해가 높아지면 자기수용이 가능해지고, 자기수용이 건강하게 이뤄지면 인생의 전환점을 맞이하게 됩니다. 그렇게 되면 변화를 통한 성장을 기대할 수 있고 결국엔 자아실현의 단계에 이를 수 있습니다. '내가 아는 나는 내가 맞을까'에 대한 의문을 갖기 시작하는 것이 변화의 시작입니다. 이것은 '내가 알고 있는 것은 맞을까'를 생각하게 하고, 자신이 모르는 것에 대해 궁금하게 하며, 현재 어떠한 상태인지 직면할 수 있는 용기를 줍니다.

다시 말해, 나를 이해하는 폭이 커지고 넓어진다는 것은 그만큼 열린 마음의 상태가 되는 것인데, 이때 우리는 스스로를 성찰하면서 보다 나은 해결책을 떠올릴 수 있습니다. 그리고 관계 속에서 생기는 문제를 수용하는 힘도 강해집니다. 지금까지 생각해보지 못했던 것을 깨닫는 것은 새로운 인식의 지평을 여는 일이며, 이것은 성장과 발전에 도움을 줍니다. 그리고 타인을 더욱 잘 이해하게 되어 원활한 소통이 이루어지면 많은 갈등의 요인들을 줄여나갈 수 있습니다.

자신을 개발하고 싶은 사람도 가장 먼저 해야 하는 것이 '나는 누구인가Who am I'를 탐구하는 것입니다. 자신을 잘 알지도 못하면서 스스로를 위한 생애를 설계할 수는 없기 때문입니다. 좀 더 현명하고 지혜로운 해결책을 찾을 수 있다면 우리는 그 방법을 먼저 사용해보아야 합니다.

의식이 확장되고 전환되면 문제를 바라보는 관점에 변화를 가져오게 되어 다른 해결책을 찾는 것이 가능해집니다. 더 이상 방법이 없는 것 같은 상태에서 관점의 변화를 통해 가로막고 있던 벽을 넘어 다음 단계로 전진할 수 있는 방법을 찾을 수 있다는 것입니다. 이런 면에서 진단 도구를 통해 얻은 자기이해와 자기수용의 긍정적인 경험은 조직의 현장에서 제기된 이슈를 해결하고, 일과 삶을 좀 더 균형 잡힌 시각으로 바라보게 하며, 더 멋지고 건강한 자기실현을 가능하게 합니다.

Interview Question 8 당신은 어떻게 성장하는 리더인가요?

자신의 생각을 써보세요.

....

....

성장에서 성숙으로

변화와 성장을 거듭하고 있는 리더라면 이제 성숙의 단계로 나아가야 합니다. 성숙이 시작되는 문이 열리는 방향은 밖입니다. 내면의 풍성함을 맛본 리더는 다른 사람도 같은 풍성함을 누리기를 바라는 마음이 시작됩니다. 우리는 성장할수록 나를 넘어서 누군가에게 도움이 되기를 원합니다. 성장에서 성숙으로 나아가는 것입니다. 왜냐하면 그렇게 하는 것이 결국 나에게 행복을 가져다준다는 것을 깨닫게 되기 때문입니다.

리더를 시작으로 팀의 구성원들 각자가 이런 내면의 풍성함을 갖도록 도울 수 있다면, 협력하고 공유하는 팀 문화에 긍정적인 영향을 미치게 됩니다. 팀이 하나가 되고 단단해지도록 하는 힘은 리더가 성장에서 성숙으로 전진할 때 나타나기 시작합니다.

성숙Maturity:
나는 행복한 리더입니다

개인적인 성공은 단지 업적을 가져다주지만

다른 사람들이 성공하도록 돕는 것은 진정한 성취감을 준다.

리더는 무엇인가를 돌려준 후에야 완벽해진다.

–로렌스 라이언스Laurence S. Lyons

지금까지 열심히 성실히 묵묵히 이곳까지 오신 당신을 응원합니다. 당신은 성장하는 리더에서 성숙한 리더로 전진하고 있습니다. 팀장이 되기까지 직무에 필요한 역량을 기르고 강화하면서 무던히 성장해온 당신은 이제 더욱 견고하게 서기 위해 내면의 나를 보듬어주는 것의 중요성과 방법도 알게 되었습니다.

이번 장에서는 타인에게 영향을 미치는 위치에 있는 리더로서 나아가야 할 방향을 제시하고자 합니다. 리더가 리더로서 완성된다는 것은 무엇일까 생각해봅니다. 리더가 미쳐야 할 영향력의 범위는 어디까지일까요?

내가 꿈꾸는 리더의 모습을 상상해봅니다

Interview Question 9 리더로서 미치는 영향력의 목적지는 어디라고 생각하시나요?

> **IT 기업 팀장** 영향력을 끼쳐야 되는 그 범위에 모든 영향을 미쳤다고 하면 그곳이 목적지가 될까요? 그런데 그런 순간이 오기는 하나 싶네요. 우선 자신에게 바른 영향력을 행사하고 있는지 의문이 듭니다. 왠지 이 질문은 내가 리더로서 바르게 선 뒤, 음… 예를 들자면 팀원들을 '앞으로 리더로서 세워지도록 돕는 것이다'라고 해야 의미 있는 목적지가 아닐까 싶기는 합니다.

의미 있는 목적을 찾아서

영향력을 행사하는 자리, 즉 크든 작든 조직 내에서 영향을 주는 사람이 되었다면 당신은 리더입니다. 지금 리더로서 역할을 해내면서 당신은 어떤 미래를 꿈꾸고 있습니까?

우리는 날마다 무언가로 우리를 채우면서 살아갑니다. 채우지 않으면 분명 부족함을 느끼게 됩니다. 부족함을 느끼게 되면, 우리의 그릇을 채우기 위해 노력합니다. 이때 채워지는 것이 무엇인지가 매우 중요합니다. 왜냐하면 내면의 그릇이 가득 채워지면 자연스럽게 흘러넘치게 되기 때문입니다. 이렇게 넘쳐흐르는 것이 타인에게 영향을 줍니다. 리더가 긍정적인 정서를 가지고 구성원을 대하는 것, 그들의 감정을 공감하며 읽어주는 것, 그들과의 소통을 위해 섬김의 자세를 갖는 것 등 선한 영향력을 끼치기 위해서는 리더에게 의미 있는 목적이 있어야 합니다.

'다른 사람들이 성공하도록 돕는 것은 진정한 성취감을 준다'는 로렌스 라이언스의 말처럼, 리더도 구성원도 함께 성장과 성숙에 이르려면 사람을 세우는 일을 해야 합니다. 사람을 세운다는 것은 다른 사람이 일어설 수 있도록, 그들이 작은 성공부터 이루어낼 수 있도록 돕는 것입니다. 우선 리더가 먼저 진정성을 보여주어야 합니다. 진정성을 보이는 리더라면 스스로의 내면을 잘 경청할 뿐만 아니라 타인의 이야기를 경청하기 위해서도 노력합니다. 진정성 있는 소통을 위해 노력합니다. 셀프 코칭을 통해 스스로에게 질문할 뿐만 아니라 구성원들에게도 강력한 질문을 던지며 그들이 의식을 열어 문제 해결력을 높일 수 있도록 합니다.

함께 성장을 지나 성숙으로 향할 수 있도록 리더는 구성원을 세워주어야 합니다. 게리 콜린스는 《코칭 바이블》에서 변화를 일으키는 데 가장 효과적인 것은 '관계를 맺고relate, 반복하고repeat, 관점을 새롭게reframe 하는 것'이라고 했습니다. 의미 있는 목적을 가진 리더는 회사의 목표와 구성원이 해내는 일의 방향을 맞출 수 있도록 구성원과 진실한 관계를 맺기 위해 소통합니다. 일대일의 만남도 기꺼이 응합니다. 적극적인 경청으로 늘 그들의 관점을 새롭게 할 수 있도록 공간을 내어줍니다.

우리의 자의식은 무언가로 늘 차 있습니다. 리더의 그릇에도 무언가로 가득할 때, 주변에 영향을 미칩니다. 성숙한 리더는 타인을 세울 수 있는 것이 가득해야 합니다. 다른 사람을 세우는 일은 리더로서 가장 보람된 일입니다. 그들이 진정한 리더가 될 수 있도록 돕는 것은 팀을 넘어 지속 가능한 조직을 세우는 데 가장 중요한 근간이 될 것입니다. 따라서 나 자신을 넘어서서 구성원과 조직의 성장과 성숙을 추구하는 리더라면 지시적이고 권위적인 리더십이 아닌, 진정성을 보여주는 공감적 리더십을 발휘할 수 있습니다. 구성원에게 도움이 되는 리더가 되기 위해 우리는 작은 것부터 지금이라도 시작해야 합니다. 그런 리더로 더욱 성숙하기 위해 우리는 코치로 성장하는 리더가 되어야 합니다.

코치로 성장하는 리더

끊임없이 자신의 내면을 성찰하고 스스로의 강점과 약점, 역량과 한계를 잘 인식하고 있는 리더일수록 타인의 잠재력과 감정도 잘 파악하고 대처합니다. 전문코치의 도움을 받거나 정기적으로 셀프 코칭을 실천하고 있는 리더라면, 이미 당신은 코치로 성장하는 리더입니다. 지금까지 리더십 스타일은 시대와 상황에 맞추어 계속 변화해왔습니다. 시대와 상황에 맞춘다는 것은 리더를 따르는 사람들의 요구가 달라져왔다는 것을 의미하고, 이런 변화를 적극 수용해왔음을 뜻합니다.

지시적 리더십은 주어진 일을 빠르게 처리하는 데 도움이 되는 듯

보이지만 변동성, 불확실성, 복잡성, 모호성으로 대표되는 오늘날의 VUCA 시대에는 오히려 일을 처리하는 데 방해가 될 수 있습니다. 왜냐하면 지금과 같은 시대에 우리에게는 자율성, 개방성, 창의성이 조직 구성원 안에서 드러나도록 해서 불확실성에 유연하게 대처할 수 있도록 이끌어주는 리더십이 더욱 필요하기 때문입니다.

조직이 변화무쌍한 상황 속에서도 적응하도록 돕는 데 필요한 리더십이 바로 코칭 리더십입니다. 코칭 리더십은 구성원이 스스로 학습할 수 있는 환경을 열어줍니다. 리더가 일일이 가르치고 명령하는 것은 구성원들이 불확실한 상황에 적절하게 대응하도록 돕지 못합니다. 그러나 그들이 평소 학습과 성장이 촉진되도록 리더의 도움을 받았다면, 스스로 혹은 협업을 통해 그리고 리더와의 자유로운 소통을 통해 상황에 맞는 대응을 할 것입니다.

코칭 리더십을 발휘하기 위해서는 우선 개선점과 보완점을 고려하여 자신만의 리더십 스타일을 끊임없이 발전시켜야 합니다. 코치는 타인의 성장을 기뻐하는 사람입니다. 코칭형 리더 또한 다른 사람의 성장을 통해 성취감을 느끼는 사람입니다. 나의 성장을 기뻐하는 리더라면 누구나 따르고 싶어 할 것입니다. 그 리더를 신뢰하게 됩니다. 타인의 성장을 기뻐하는 리더는 자신도 누군가의 도움으로 여기까지 성장했다는 것을 아는 사람입니다.

코치로 성장하는 리더는 구성원에게 좋은 질문을 함으로써 그들도 스스로의 내면을 탐색할 수 있도록 하고, 생각지 못한 아이디어를 발견하게 만듭니다. 그리고 그들을 인정하고 지지합니다. 코치로 성장하는 리더는 자신과의 관계도 수시로 점검하는 좋은 습관을 가지고 있습니다. 그런 리더는 직함으로 관계를 형성하지 않고, 함께하는 사람들의 마음을 얻기 위해 노력합니다. 자신의 내면을 관찰하는 유익을 그들도 실천할 수 있도록 도와줍니다. 코치로 성장하는 리더는 자신이 먼저 성숙한 리더가 되기 위해 노력하기 때문에 삶으로 리더십을 드러냅니다.

우리가 꿈꾸는 리더는 역량이 뛰어난 것은 기본이고, 끊임없이 자신을 성찰하고 내면을 단단히 다지며, 자신을 소중히 여기는 만큼 타인을 존중하는 리더입니다. 팀에서 열정적이고 긍정적인 역동이 일어나게 하기 위해 우리가 꿈꾸는 리더의 그릇은 구성원을 잘 세울 수 있도록 책임질 수 있는 용기, 사람들을 통해 일하는 관계 지혜, 그리고 우리가 잘 되기를 바라는 공동체에 대한 헌신으로 가득 차야 합니다. 그렇게 될 때, 리더는 구성원들에게 진정성을 보여주며 코치형 리더로서 자리매김하게 될 것입니다.

Interview Question 9 리더로서 미치는 영향력의 목적지는 어디라고 생각하시나요?

자신의 생각을 써보세요.

팀장의 끗

행복한 리더가 되기 위해 당신을 생각합니다

Interview Question 10 당신은 행복한 리더입니까? 어떤 면에서 행복한 리더이신가요?

> **건설사 팀장** 네, 행복한 리더인 것 같습니다. 지난 프로젝트를 생각해보면 우여곡절도 많았지만, 결국 팀 성과도 냈고, 그 과정에서 팀원 간 관계도 좀 더 단단해진 것 같아 나름 행복한 리더가 아닌가 생각됩니다.
>
> **코치** 그 이유는 무엇이라고 생각하시나요?
>
> **건설사 팀장** 글쎄요…. 팀장으로서 팀이 이렇게 바뀌어가고 있다고 말할 수 있으면 좋겠지만, 그게 그리 쉬운 일은 아닌 것 같더라고요. 다만, 확실한 것은 팀원, 즉 개인의 변화는 크지 않더라도 팀 전체의 변화보다는 확인하기가 용이해 팀원이 성장하도록 돕기 위해 노력한 부분이 그 이유 중 하나가 아닌가 생각합니다.

노자는 《도덕경》 17장에서 태상, 하지유지太上, 下知有之, 즉 가장 훌륭한 지도자는 아랫사람이 그가 있다는 사실만 겨우 알게 한다고 하였습니다.˙ 또한 피터 센게는 《학습하는 조직》에서 "위대한 지도자란 사람들이 '우리 스스로 해냈어!'라고 말하며, 그에 대해 언급하지 않는 그런 사람"이라고 말했습니다. 우리는 어쩌면 오랜 시간 진정한 리더의 자리가 어디인지 오해하고 있었을지도 모릅니다. 그래서 정말로 필요한 리더의 역할을 생각할 때, 어떤 면에서는 다소 피상적으로 접근했을지도

˙ 문규선, 《이제는 노자를 읽을 시간》, 미다스북스

모릅니다. 행복한 리더가 되기 위해서는 나를 넘어서야 합니다. 타인을 생각해야 합니다. 그들을 품어야 합니다.

진정한 권위는 리더로부터 나오는 것이 아닙니다. 그를 따르는 구성원에 의해서 얻어지는 것입니다. 구성원에 의해 얻어지는 그것은 진정한 권위를 만드는 존경심입니다. 존경심은 리더가 구성원 한 사람 한 사람을 존중할 때 시작됩니다. 구성원을 존중하는 리더의 행동은 그들의 이야기에 귀를 기울이는 데서 찾을 수 있습니다. 그들의 이야기에 귀를 기울일수록 리더는 그들이 스스로 의문을 품고 속 깊은 답을 찾아낼 수 있도록 질문함으로써 내면 깊은 곳에 있는 목적과 의미를 찾을 수 있도록 도울 수 있습니다. 이런 과정을 통해 리더와 구성원은 연결되는데, 그 과정이 반복될수록 연결되는 구성원이 많아지게 됩니다. 또한 이런 연결을 경험한 구성원은 반드시 다음 사람을 세우며 연결을 이어나가는 경험을 하게 됩니다.

사람을 세워준다는 것은 존재를 존재로서 인정해주는 것을 말합니다. 우리가 살아가면서 나의 존재 가치를 느끼면서 살아간다는 것은 우리에게 매우 큰 만족감을 줍니다. 더 나아가 더 큰 성취감은 다른 사람이 존재감을 갖고 스스로를 가치 있게 느끼도록 공헌하는 데서 찾을 수 있습니다. 그것은 나, 너를 넘어 우리를 지향하는 일이며, 결국 사람을 통해 세상과 연결되는 일이기도 합니다.

이렇게 행복한 리더는 의미 있고 가치 있는 삶을 보여줌으로써 리더십이 드러납니다. 행복한 리더는 자신을 잘 이해하고 수용하며 끊임없는 성찰과 성장을 통해 자신을 개발하며 나아가 타인도 그 모습을 본받아 변화와 성장을 하도록 도와줍니다.

삶의 궁극적인 목표는 행복해지는 것입니다. 이 모든 것이 다 행복해지기 위한 노력들입니다. 그런데 행복은 순간일 수 있습니다. 지속 가능한 행복이 필요합니다. 지속 가능한 행복은 의미 있는 목적이 있을 때 얻을 수 있습니다. 의미 있는 목적이 있는 삶은 우리의 존재감에, 살아 있음에 가치를 부여해줍니다. 《쿼바디스》의 저자 맨프레드 케츠 드 브리스는 의미에 관하여 "나는 임원들과 함께 일하면서 우리가 삶에서 의미를 얻는 방법은 다른 사람을 인정하고 우리 공동체를 돌보는 데 헌신하는 것임을 반복적으로 관찰했다"고 기술했습니다.

이처럼 행복한 리더는 타인을 세워줌으로써 삶의 의미를 발견합니다. 관계의 질을 높이고 강화합니다. 행복한 리더는 내면의 깊은 여정을 잘 걸어가기 위해 노력하기 때문에 스스로 충만함을 경험합니다. 충만함을 경험한 리더의 삶은 풍성합니다. 그리고 나서 그 충만함을 흘러보냅니다. 행복한 리더는 타인을 건강한 시선으로 보기 위해 스스로를 바라보는 건강한 마음의 눈을 갖고자 노력합니다.

리더가 행복해야 합니다. 리더의 행복은 내면의 평온에서 출발해야 하며, 내면의 평온함은 자신을 잘 안아주는 데서 시작합니다. '진정한 나'를 만난 리더는 건강한 셀프 리더를 강화하고, 성장하는 리더가 됩니다. 그런 **리더는 내면으로부터 우러나오는 책임질 수 있는 용기, 사람들을 통해 일하는 관계 지혜, 그리고 우리가 잘되기를 바라는 공동체에**

대한 헌신을 통해 구성원을 바라보는 성숙한 리더로 살아갈 수 있습니다. 성숙한 리더는 행복합니다.

당신은 행복한 리더입니까? 어떤 면에서 행복한 리더이신가요?

> 자신의 생각을 써보세요.
>
> ....
>
> ....

팀장의 꿋

마치는 글

공저자 7명은 좋은 팀장이 되기 위해 노력하고 있는 이 책의 독자를 생각하며 다음과 같은 질문을 갖고 모였습니다. '한 팀의 리더가 되기 위해서는 나 자신이 어떤 사람이 되어야 하는가?' '팀장이 되기까지 나를 이끈 원동력에 어떤 변화가 필요할까?' '팀장으로서 가장 먼저 점검해야 할 것은 무엇일까?' '팀장으로서 개인적으로나 조직적 관점에서 앞으로 어떤 그림을 그려야 할까?' 등 많은 의문점에 대한 답을 찾아보실 수 있습니다.

1장에서는 팀장으로 첫발을 내디딜 때 경험하는 내면의 변화와 환경적인 변화를 보여주고 어떤 선택과 전환이 있는지 소개합니다. 팀장으로의 역할 변화에 대한 특징을 알고 준비할 수 있도록 안내합니다. 정체성, 관계 그리고 영향력 부분의 전환에 대해 깊이 있게 확인할 수 있습니다. 2장은 리더의 감정에 관련된 부분입니다. 팀장으로의 역할 전환 후 겪는 소통의 어려움을 어디에서부터 살펴보아야 하는지 논의합니다. 조직의 효율성을 높이는 것은 보이지 않는 영역을 돌보는 것부터 시작해야 합니다. 팀의 구성원을 살피기 이전에 리더 자신의 감정부터 확인하는 것이 왜 중요한지를 제시합니다.

3장에서는 다양한 팀원이 함께 모여 성과를 만들어가는 여정에서 실천해볼 수 있는 유용한 도구들을 알아보고 어떤 과정을 거쳐 유의미한 결과를 가져오는지 볼 수 있습니다. 도구를 적용한 팀의 실제 사례가 많은 도움이 될 것입니다. 특히 회고를 통해 어떻게 팀이 더욱 단단해질 수 있는지 보여줍니다. 4장은 피드백의 기본기를 다지면서도 피드백을 어떻게 의미 있는 대화로 이끌 수 있는지 다양한 사례를 중심으로 설명하고 있습니다. 피드백을 주는 사람, 받는 사람 모두가 성장할 수 있는 방법을 연구합니다. 비대면 시대를 맞이해 피드백에는 어떤 변화가 있는지도 살펴봅니다.

5장은 조직에서 어떤 형태로든 이루어질 수밖에 없는 평가의 현실을 지적하면서 최상을 위한 최선의 선택을 고민해봅니다. 더불어 평가를 할 때 사전에 준비할 사항에 대해 자세하게 제시합니다. 성공적인 평가와 면담을 위해 현장감 있는 질문을 구성하여 제공하였습니다. 6장은 어느 기업이나 고민하는 C-Player를 다룹니다. 팀의 성과를 떨어뜨리거나 기대보다 낮은 성과를 내는 C-Player는 팀장의 아픈 손가락입니다. C-Player의 유형별 특징과 관리 포인트를 알 수 있습니다.

마지막으로 7장은 행복한 리더가 되기 위해 나를 넘어서서 타인에게로 나아가는 리더의 성장과 성숙의 단계를 소개합니다. 리더가 자신의 내면 탐색을 통해 스스로에 대해 이해하고 수용하는 과정을 거치면서 어떻게 변화와 성장을 할 수 있는지 생각해볼 수 있습니다. 또한 타인을 품고 세우는 리더가 갖추어야 하는 역량CWC을 설명함으로써 그런 리더가 미칠 수 있는 의미 있는 영향력을 제시합니다.

리더가 되었을 때, 우리는 이렇게 점검해보아야 합니다. '나는 리더로서 어떤 준비가 되어 있는가', 그리고 더 나아가 '나는 어떤 리더가 되고 싶은가'를 고민해야 합니다. 왜냐하면 리더는 다른 사람들에게 중요한 영향을 미치는 사람이기 때문입니다. 그 영향력을 어떻게 만들어갈 것인지는 리더인 당신에게 달려 있습니다. 당신의 가치관은 팀의 구성원에게 스며듭니다. 따라서 당신의 비전과 소명은 팀의 문화에 영향을 줄 수 있습니다. 팀장인 우리는 리더로서 구성원과 함께 더 나은 내일을 만들어갈 수 있도록 팀원을 독려해야 합니다. 그렇게 하기 위해 먼저 리더는 자신의 내면부터 잘 살펴야 합니다. 나를 알고 타인을 이해하며 우리로 나아가는 여정에서 이 책은 소중한 길잡이가 될 것입니다. 이 책에서 얻은 통찰과 성장을 통해 행복한 리더로서 선한 영향력을 발휘하기 위한 발걸음을 내디딜 수 있기를 바랍니다.